科学出版社"十四五"普通高等教育本科规划教材

社会统计与R语言

主 编 柯新利 杨 嬛

副主编 左成超 宋 钰 周 婷

科学出版社

北 京

内 容 简 介

本书是写给社会科学类专业的青年学子或者研究人员的社会统计学入门教材，内容深入浅出、文字通俗易懂，致力于帮助读者建立统计思维、掌握社会统计学基本原理和方法。本书共 16 章，分为四篇，第一篇统计基础，包含统计思维、描述性统计和概率与分布初步等内容；第二篇统计推断，包含抽样分布、参数的假设检验、方差分析、非参数检验、相关与回归等内容；第三篇统计模型，包含统计建模基础、线性回归模型应用基础、回归诊断、虚拟变量回归模型等内容；第四篇写给零基础学习者的 R 语言基础，包含 R 基本操作、R 语言数据组织与基本数据管理、高级数据管理、R 语言数据可视化等内容。

本书可作为普通高等学校经济学、管理学、社会学等专业的本科生教材，也可供相关专业人员参考。

图书在版编目（CIP）数据

社会统计与 R 语言 / 柯新利，杨嬡主编. -- 北京：科学出版社，2025. 3. --（科学出版社"十四五"普通高等教育本科规划教材）. -- ISBN 978-7-03-080498-3

Ⅰ. C91-03

中国国家版本馆 CIP 数据核字第 2024U10L26 号

责任编辑：杨 红 郑欣虹 / 责任校对：杨 赛
责任印制：赵 博 / 封面设计：有道设计

科 学 出 版 社 出版
北京东黄城根北街 16 号
邮政编码：100717
http://www.sciencep.com
三河市骏杰印刷有限公司印刷
科学出版社发行 各地新华书店经销

*

2025 年 3 月第 一 版 开本：787×1092 1/16
2025 年 10 月第二次印刷 印张：16 1/4
字数：401 000
定价：59.00 元
（如有印装质量问题，我社负责调换）

前　言

几年前，我在与学生们交流的过程中发现：虽然社会科学类专业的学生借助 SPSS、Stata 等工具可以依葫芦画瓢地开展各种统计分析，但是由于缺乏对统计原理的理解，经常闹笑话。在和其他学校教师交流的过程中，我发现这种情况比较普遍。随着社会的不断进步，社会统计变得越来越重要。学习社会统计，最重要的是学习统计思维和统计原理，而不是本末倒置把学习的重点放在对统计分析工具的使用上。于是我组建了一支精干的教学团队，在学院面向所有本科生开设"社会统计与 R 语言"课程，希望能帮助学生们建立科学的统计思维、理解重要的统计原理、学会规范的统计分析。

课程虽然有了，但是授课面临很多困难，最困难的是没有合适的教材。市面上关于统计分析的教材汗牛充栋，但大多都要求读者具有扎实的数学功底，在数学原理上着墨很多，公式是主要的表达形式。而社会科学类专业的学生，很多数学功底没有扎实到足够读懂这些教材的程度。在苦苦探索解决方案的过程中，我读到了李连江老师的《戏说统计》，顿时觉得眼前一亮：这不就是我们追求的讲法吗？后来我又读到了 Ferris Ritchey 的《统计想象》，对如何帮助学生们建立统计思维有了更深刻的理解和更清晰的方向。

基于这几年的教学实践探索，我有了出版这么一本教材的想法。在这本教材编写的过程中，我们努力贯彻"读者友好"原则。我们把这本教材的读者定位为：统计理论、方法和工具的用户，而不是生产者。也就是说，我们的读者是应用统计理论、方法和工具去解决或解释社会科学领域专业问题的用户，而不是研究统计理论、方法和工具的统计学家或者计算机科学家。编写这本教材的目标是读者不需要有扎实的数学功底，学习完本书后就能建立起科学的统计思维、理解重要的统计原理、学会规范的统计分析。

在这个目标的指引下，我们组织了编写团队，由我任主编，左成超、宋钰、杨嬛、宾朋、曾晨、姜庆志等几位老师参与。这个团队在 2021 年 12 月完成了书稿的第一个版本，为本书的完成奠定了坚实的基础。然而，我请几位学生读了该书稿之后，得到的反馈是"不太读得懂"。我与编写组的老师们多次讨论，重新拟定了大纲，组织队伍，仍然由我牵头，杨嬛老师协助我总体协调，左成超、宋钰、周婷、黄宸、姜庆志、周青、杨柏寒等几位老师参加。其间，我的学生代亚强、朱梦珂、朱锦维、张文慧、张玥、唐兰萍、王杨、李萍、张柳、杜丹妮、李佳怡、杨银玲、陈晶、张莹等做了大量的工作。2023年春节过后，形成了书稿的新版本。随后，我们请几位同学利用寒假阅读了书稿，得到了她们的基本认同，这增强了我们的信心。在此基础上，我们邀请华中师范大学杨柏寒、西北农林科技大学郑伟伟、浙江财经大学唐兰萍三位老师对书稿进行了修改。此后，我们又请一批学生和几位任课老师通读了书稿，大多数人对稿件的风格给予了肯定。至此，我们才把书稿提交给了出版社。

总体而言，我们努力做到如下几点：

一、以读者友好的原则组织内容。本书的目标读者是社会科学类专业的青年学子或者专业人士，不是数学家。所以，在本书撰写过程中特别注意目标读者的阅读体验，努力做到目标读者愿意读、读得懂，更重要的是能引发读者的思考。

二、以帮助读者建立统计思维为重要目标。统计分析与大家之前学的数学有明显不同：代数学、几何学、微积分等都是确定性的数学，而统计分析是研究不确定性问题的。我们过去学习的数学让我们形成了确定性的数学思维模式；而在学习统计分析的过程中，转向不确定性的思维模式是非常重要的，也是比较困难的。

三、尽可能少用公式，通过统计实验讲明统计原理。鉴于"公式越多，读者越少"，本书尽可能避免使用数学公式，而是用统计实验阐明统计原理。希望读者们拿起 R 语言这个工具，认真做一做书中的统计实验，结合深度思考，真正把统计原理领悟清楚。

四、以统计分析原理为重点，实现原理、方法和工具应用的统一。在原理、方法和工具应用三者之间，原理是最底层的，也是最重要的，方法次之，最后是工具应用。但是，部分青年学子把学习的重点放在工具应用这个层次，经常听到青年学子讲"我会 SPSS"或者"我会 R 语言"，而不清楚其中的统计分析原理，这是本末倒置的。统计原理是内核，是基础——基础不牢，地动山摇。原理清楚了，区别就在于工具应用的快与慢、精确与不够精确；但若原理不清楚，那就是对与错的区别了，与运用什么工具无关。

有一点要特别指出的是，本书的书名是《社会统计与 R 语言》，社会统计是"本"，R 语言是"末"，切不可本末倒置。R 语言在本书中有两个作用：一是做统计实验的工具，帮助读者通过统计实验理解统计原理；二是做统计分析的工具，帮助读者应用 R 语言这个工具开展统计分析。其中，第一个作用在本书中更重要。因为，只要理解了统计原理，用什么统计工具都可以开展科学的统计分析。反之，不理解统计原理，再高明的工具都没有意义。

本书内容分为四篇。

第一篇　统计基础。本篇内容包含统计思维、描述性统计和概率与分布初步三方面的内容。这一部分内容主要帮助读者建立简单的统计思维、理解统计的基本概念，为后续学习统计推断的内容打下基础。

第二篇　统计推断。本篇内容包含抽样分布、参数的假设检验、方差分析、非参数检验、相关与回归等内容。这一部分内容是统计分析的核心基础，极其重要。同时，这一部分需要读者的思维模式从确定性向不确定性转变，所以学习起来也比较困难。我们介绍了很多"思维体操"来帮助读者转变思维模式，希望读者多做做这些"思维体操"，在此过程中慢慢领悟。这个过程可能会比较慢，但一定是值得的。

第三篇　统计模型。这一部分是统计分析的主要内容，包含统计建模基础、线性回归模型应用基础、回归诊断、虚拟变量回归模型。本篇内容紧扣"规范"二字，试图帮助读者树立规范的统计分析意识，摒弃"凑结果"的错误做法。统计分析是科学的方法，但是不"规范"的"统计分析"会沦为笑话。不规范的、凑结果的"统计分析"是我们一直想努力避免和阻止的。

第四篇　写给零基础学习者的 R 语言基础。前面已经提到，R 语言在本书中有两个作用：一是做统计实验的工具；二是做统计分析的工具。其中，第一个作用在本书中更重要。所以，这一篇介绍了 R 语言最基础的知识，主要是为了满足本书其他部分统计实验的要求。

在这四篇中，第一至三篇是有前后逻辑关系的，需要按顺序学习。第四篇相对独立，主要是为前面各篇的学习提供统计实验的工具。所以，可以先学第四篇，也可以等到需要用的时候再学。

本书撰写过程中，参加了两轮编写的老师和同学们都付出了辛勤的努力，感谢大家的付出！本书的出版得到了华中农业大学公共管理学院教材出版专项资金的资助，在此表示感谢！

本书为了实现"通俗易懂""读者友好"，尽可能避免使用数学公式和数学推理，取而代之的是统计实验和"思维体操"，所以可能会牺牲掉一些严谨性。但我们认为，用部分严谨性的损失换来更多读者科学统计思维的建立、规范统计分析习惯的养成是值得的。由于能力和水平的限制，我们在严谨性和"通俗易懂""读者友好"之间进行选择时，可能存在一些偏颇。若有不当之处，敬请读者批评指正！

柯新利

2024 年 8 月 7 日

目　录

前言

第一篇　统计基础

第二篇　统　计　推　断

第三篇 　统 计 模 型

第四篇　写给零基础学习者的 R 语言基础

第一篇　统计基础

第1章 统计思维

很多人提及统计就感到害怕，因为在他们的印象中统计就是一堆枯燥乏味的数学公式。但事实上统计是一种思维方式，统计思维为人们提供了一种审视世界的视角，帮助人们理解海量数据背后的含义，也为透过现象看本质打开了一扇"窗户"。学习统计最关键的就是学习统计思维，而不是沉迷于统计方法或统计公式。因此，本章重点围绕统计思维的基本特征、大数据分析的内核、统计分析的任务及注意事项等方面展开，希望大家通过本章的学习，初步建立统计思维。

1.1 统计是一种思维方式

1.1.1 统计学家和普通人想得不一样

很多人觉得统计学高深莫测，甚至提及统计学都感到害怕和焦虑。有研究表明，高达 80%的大学生经历了某种形式的统计学焦虑。人们之所以害怕统计学，一方面是因为市面上有关统计学的书籍和课程大多是讲解统计学的数学原理，而非从普通用户的角度、用最少的数学公式讲清楚最核心的统计分析的原理与逻辑；另一方面是在学习统计学的时候，更多关注的不是统计思维和底层逻辑，而是统计方法和技术细节。这些方法和技术往往涉及大量数学公式和逻辑推导，使得人们看到这些天书般的符号就感到害怕和抵触。

虽然很多人害怕统计学，但是几乎每天都在和统计打交道。人们会讨论大家的学年综合测评成绩，津津乐道谁又获得了第一名；也会很自然地分析今年夏天是不是比去年炎热，今年冬天是不是比去年寒冷；还热衷于讨论今年的就业形势是不是更严峻了，等等。可以说，统计几乎无处不在。

需要知道的是，统计学家和普通人的思考方式是迥然不同的。

例如，对于这样的问题："社会统计与 R 语言"这门课程到底难不难？普通人和具有统计思维的人分别会如何思考呢？作为普通人，大多数人可能通过身边已经修过这门课的学长学姐的反馈来判断该课程到底难不难。但是这种判断经常会出错。例如，一个学生向喜欢这门课的学长学姐打听情况，很有可能得到的结果是这门课很有意思，并且一点儿也不难。但是，当他向这门课出现挂科情况的学长学姐打听时，很可能得到的结果是这门课非常难。而具有统计思维的人会怎么理解这一问题呢？他们一般不会通过个别人的成绩得出结论，而是会通过收集并分析过去几年这门课程的成绩数据，依据其及格率、平均分、成绩中位数等指标来综合判断这门课程的难易程度。

又如，人们有时候会思考：到底是坐飞机安全，还是坐高铁安全？对这一问题的思考会影响人们出行方式的选择。作为普通人可能有这样的经历，在"7·23"甬温线特别重大铁路交通事故发生后的一段时间内会选择不坐高铁，在"3·21"东航 MU5735 航空器飞行事故发生后的一段时间不坐飞机，因为直觉告诉人们选择这种出行方式不安全。具有统计思维的人会如何审视这一问题呢？他们会以更理性的方式收集整理过去不同出行方式的事故发生率和死亡率等指标，以此判定哪种出行方式更安全。

再讲一个葡萄酒质量鉴定的案例。在普通人的观念中，葡萄酒的质量一般是由专业的品酒师进行鉴定，但雇佣品酒师不仅需要花费巨额成本，也只能在葡萄酒生产出来之后才能得到鉴定结果，而且鉴定结果受品酒师品位影响较大。具有统计思维的人会如何思考这一问题呢？他们会通过分析葡萄酒的生产、加工、储存等一系列环节中影响葡萄酒质量的因素，弄清楚影响葡萄酒质量的关键因素及其与葡萄酒质量的关系之后，通过输入某年某地这些关键因素的监测值，计算出该年该地的葡萄酒质量，在葡萄酒生产出来之前就可以预测葡萄酒的质量。

有时候我们还会遇到这样的问题：某位高中球员在未来可能成为球星吗？在普通人的眼中，这可能需要专业的球探，通过他们到高中学校观看多场高中球员的比赛，依据球员在赛场的各种表现判定高中球员是否有可能成为未来球星。看得出来，这是一个费时费力费钱的工作，而且受球探品位的影响较大。作为统计学家，他们会通过大量的数据分析有哪些因素会影响到球员的水平，只要弄清楚这些关键因素与球员水平的关系，通过输入某一高中球员这些关键因素的监测值，就可以计算出该球员未来成为球星的可能。

1.1.2　统计思维的特征

1. 统计思维是理性的思维

普通人大多根据经验和直觉去理解和感知现实世界，而统计思维以理性的眼光审视这个世界。统计思维综合了哲学思维和数学思维，可以帮助人们认识世界的不确定性和复杂性，抓住问题的本质，从数据上升到信息，在掌握事物总体数量等客观特征的基础上形成有用的结论。以葡萄酒质量鉴定为例，品酒师一般是根据自己已有的经验和直觉判定葡萄酒的质量，而具有统计思维的人会利用统计数据和统计方法客观地评价葡萄酒的质量。

2. 统计思维是从一组数据中获得认知，而不是依据一个数据做出判断

从统计的视角来看，通过一个数据就做出判断是不具有科学性和客观性的。例如，通过小明的成绩看他所在学校的办学质量高低，这显然是不合理的。要科学判定学校的办学质量，至少需要一群学生的成绩数据。因此，作为一个具有统计思维的人，是不会根据生活中的个别现象就做出判断或决策的。

3. 统计思维是不确定性的思维

首先，统计思维是概率的思维，它告诉我们什么情况更有可能发生，什么情况更不可能发生。例如，大部分乌鸦都是黑的，说明乌鸦是黑色的概率很高，但也不排除出

现其他颜色的乌鸦。其次，统计思维是具有随机性的思维，它允许有误差存在。例如，应不应该购买彩票，应不应该购买保险，这些生活中的事情都是具有不确定性的，统计思维可以帮助判断这些事件发生的概率，但是在某一特定情境下这些事件是否会发生是不确定的。

4. 统计思维是简化的思维

很多时候，摆在人们面前的原始数据数量大、类别多，事物的本质被淹没在庞杂的数据背后。统计分析通过简化原始数据，用少量特征数据表达重要的决策信息。例如，奥运会体操比赛中，将一套多难度组合的复杂动作浓缩为一个得分：9.8；采用人均收入水平表达一个国家居民最近几年是更富裕了还是更穷了。

5. 统计思维是服务于决策的思维

对于国家或政府来说，不仅需要在推出一项政策之前进行严谨的统计分析，而且常常在一项政策实施之后需要评估政策的效果。例如，在政策实施一段时间以后，会通过随机抽样的方式去看看政策实施前后，以及有无该政策的地区到底有什么差别。对于企业来说，在投资一个项目时，各大股东会考虑风险和利润率的高低，这实际上也是利用统计思维来指导决策。对于个人来讲，在做决定时充分利用统计思维也可以让决定更明智。例如，在面临通过整容获得更好的容貌和通过读书来提升能力这两个选项时，统计分析会告诉我们"腹有诗书气自华"才与收入呈现正相关的关系。根据这个分析结果，相信人们能够更容易地做出明智的选择。

1.2　统计是大数据分析的内核

1.2.1　我们已置身大数据时代

随着人工智能、云计算、区块链、互联网等新技术的兴起和发展，数据的获取形式和内容正发生深刻变革，大数据时代已经来临。大数据在人们日常生活中应用十分广泛：当今几乎人手一部智能手机，人们经常使用的计步软件会留下个人的运动轨迹；淘宝、京东等电商平台会记录顾客的购物偏好，以实现广告的精准推送；人们看视频、点外卖、出行等产生的一系列生活轨迹和行为活动也会被记录、储存、运算，集合成大数据，并根据用户需求，为其推荐感兴趣的视频或商品。大数据应用已经逐渐深入到每个人的生活。

大数据正在改变人们的生活方式，例如：①大数据使人们的购物方式更加多元化。以前只能在商超或专卖店购物，如今在大数据的支持下，不仅能在网络上挑选种类多样的物品，平台还能根据浏览和购买记录实现商品的精准推送。②大数据使人们出行更加便利。以前出行需要到站点买票、在路边叫出租车，如今在大数据的支撑下不仅可以在网络上在线选票，而且可以比较价格，以最优惠的方式出行。③大数据让人们的生活更加便捷。以前人们主要通过线下网点实现生活缴费，如今足不出户就可以实现水、电、天然气、电话等产品或服务的缴费。④大数据让人们就医效率更高。以前需要在医院或者诊所挂号排队看病，在大数据时代，不仅可以在网上挂号，而且可以通过大数据分析，制定个性化的医疗服务。

同时，大数据也改变了人们的思维方式：①从样本思维向总体思维转变。在大数据时代，可以方便快捷地获取研究对象的大量数据，能够全面系统地认识总体状况，而不再仅仅依靠部分样本数据。②从精确思维向容错性思维转变。在大数据时代，拥有海量的结构化、非结构化数据，此时绝对的精准不再是人们追求的主要目标，容许一定程度的错误与混杂，才有机会打开一扇新的世界之窗。③从因果思维转向相关思维。在大数据时代，可以通过大数据挖掘技术分析隐蔽的关联关系，帮助人们捕捉现在和预测未来。④从自然思维向智能思维转变。智能、智慧是大数据时代的显著特征，要不断提升大数据系统的社会计算能力和智能化水平，获得更多具有洞察力和新价值的东西。

值得注意的是，大数据有利也有弊：

一方面，大数据使一部分人工作和生活都变得更加高效。①大数据使决策更高效，大数据技术的应用可以让人们获得海量数据，通过数据分析可以帮助人们做出更好的、更个性化的决策。②大数据使生活更高效，在大数据的支持下，出行、购物、就医、旅游、缴费等生活方式发生了翻天覆地的变化，使人们的生活更便利。③大数据使工作学习更高效，可以获取多种多样的资料、数据和智能化工具，不仅获取途径多样，而且更加快捷、智能。④大数据使部分企业可以利用大数据识别潜在消费群体，实现精准营销。

另一方面，大数据也使一部分人变成机器的奴隶。大数据为人们打造了一个便利、高效的社会，却正在吞噬人们之所以为人的重要组成部分——自由选择和理性思维。在这个万物互联的时代，大数据能明白人们想看什么、玩什么、吃什么、去哪里、干什么等。人们经常不需要动脑，拿出手机搜索一下就行了。在这样的环境下，有些人失去了自主性，成为大数据的"奴隶"。

总之，人们已经步入了大数据的时代，大数据不仅改变了人们的生活方式和思维方式，也为生活带来了许多便利，提高了效率。置身在大数据时代，要主动拥抱大数据，合理利用大数据，让大数据更好地为人们服务。但是，也不能在大数据中迷失自我，过度依赖大数据，成为大数据的"奴隶"。事实上，大数据提供的只是参考答案，而不是最终答案，帮助只是暂时的，更好的方法和答案还是在人们自己的大脑中。

1.2.2　大数据时代的世界

大数据时代来临，给人们的生活、企业商业活动及政府管理带来巨大的变化。在大数据的支持下，居家生活、旅游出行、投资理财更为便捷、多样化，人们能随时刷到自己喜欢的信息，能及时找到自己需要的商品，外卖能半小时内送到门口，快递能做到"211限时达"。对于企业来说，大数据不仅改变了企业的营销方式和服务方式，使其更精准地把握市场需求，而且改变了企业的管理模式，大数据逐渐成为企业的关键竞争力。对于政府管理来说，大数据在一定程度上降低了人工管理成本，但也带来信息安全、隐私保护等管理难度提升的挑战。

大数据时代，人工智能发展迅速，近来大火的 ChatGPT 就是典型代表，它能根据聊天的上下文进行互动，真正像人类一样聊天交流，甚至能完成撰写邮件、视频脚本、文案、代码，以及进行翻译等任务。另一个典型的例子就是 AlphaGo 升级版 AlphaZero 的横空出世。AlphaZero 是 DeepMind 开发的人工智能，它不预先存储比赛数据，从零开始训练学习国际象棋、日本将棋和围棋。有趣的是，AlphaZero 只使用了基本规则，没有人的经验，通过与自己对弈并根据经验更新神经网络，从而自主发现棋类游戏的原理。AlphaZero 经过不断训练，不仅击败了人类最强棋手，而且击败了此前最强的围棋、国际象棋和日本将棋的人工智能。

大数据时代，人们的购物方式也发生了翻天覆地的变化，网络购物走进人们的生活并占据重要地位。在淘宝、京东等网络平台购物的过程中，相信大家都发现平台经常推荐喜欢的商品和服务，有时候推荐的东西是自己都没有想到，但是确实是想要的。事实上，在大数据时代，人们的行动轨迹、消费记录、购物偏好、人脉关系等数据都会被记录和分析，这样购物平台就能根据用户的喜好针对性地推荐个性化的商品和服务。

大数据给人们的生活带来了便利。但近年来，大数据"杀熟"现象屡次出现。大数据"杀熟"是指同样的商品或服务，老客户看到的价格反而比新客户要贵出许多的现象。大数据"杀熟"的本质其实是一种差异化的定价策略，将同样的商品和服务，通过大数据分析和预测手段，对不同顾客特征进行精准"画像"，并为其"量身定制"收取不同价格。大数据"杀熟"这个现象最早在国外的一些网站就已经有了，而且已经持续了很多年。国内近年来大数据"杀熟"也已经出现，多个网络购物和出行平台都曾被消费者指责有大数据"杀熟"的嫌疑。

大数据时代消费者也可以利用数据分析应对卖方利用数据分析操纵价格的行为，从而实现反击。例如，华盛顿大学计算机系教授奥任·伊特兹尼奥创建了机票价格预测网站 Farecast.com，通过对航空公司进行大数据分析，帮助消费者搜寻目前最低的票价，并预测票价的走势。

不只消费者，聪明的商家也会通过大数据分析选择不同的营销策略。Capital One 是美国最大的信用卡发卡公司之一，平均每月有 250 多万人给该公司打电话，该公司通过大数据分析可以列出客户最喜欢购买的产品和服务清单。当遇到客户打电话只是为了查询账户余额或款项是否到账时，电脑程序会记录打此类电话的客户并把他们转到自动语音系统；当客户要取消账户时，如果系统识别该客户不是很有价值，会被转到语音自助服务；如果系统识别该客户能给公司带来利润，系统会转到一位"劝留专员"并生成可提供的优惠列表。

1.2.3 大数据的底层逻辑是统计分析

在大数据分析革命中，Capital One 无疑尝到了甜头，让其卓然领先的原因是它不满足于对客户行为的历史数据分析，而是通过随机试验主动参与到市场当中。1995 年，Capital One 生成了 60 万个潜在客户的信件列表，将这些客户分为 10 万人一组，给每组寄出的优惠利率的优惠幅度和优惠期限不同，通过比较统计上相似的客户组的反馈率，就可以计算出不同优惠的效果，进而选择相应的策略。可以看出，Capital One 最终策略的选择依赖于大量数据的随机试验，通过对大数据的随机试验，可以衡量营销策略的效果如何。形象地说，营销策略的选择实质上是在大数据时代"掷骰子"。

现在越来越多的国家开始采用随机试验来评估公共政策的效果，其中典型的案例要数墨西哥的"教育、健康和营养计划"(Progresa)。该计划有条件地向穷人转移支付现金，要得到这笔现金，必须让孩子上学，怀孕时必须做孕期保健、参加营养监测。为了在任期内看到政策实施的成效，墨西哥总统格特勒在 500 多个镇中的 24000 多个家庭进行一次小型但从统计上仍然属于大规模的随机试验，从效果上来看，该计划所覆盖镇的教育和健康状况几乎马上就有了显著改善。事实上，Progresa 是大数据分析对现实世界真实影响的极好例证，涉及 24000 多个家庭信息的收集、分析，如此大规模的宏观经济影响随机试验还前所未有。

众所周知，品酒专家通常使用"品咂并吐掉"的方法判断葡萄酒的品质，主要依赖于直觉判断和经验估计，但普林斯顿大学的经济学家奥利却试图通过数据分析来评估葡萄酒的品质。他认为酒作为一种农产品，每年都会受到气候条件的强烈影响，通过对区域气候数据加以分析，就可以预测出任意一种葡萄酒的平均品质。以前人们做的很多决策都仅仅是简单地根据经验和直觉，但现在都逐渐利用数据分析来指导决策。奥利通过气候数据对葡萄酒品质进行鉴定正是大数据分析的典型案例。随着大数据时代的到来，人们被纷繁多样的信息数据所包围，简单通过经验、直觉进行决策显然不靠谱，通过大数据分析，能够挖掘隐含的因果关系，实现理性决策。

大数据的底层逻辑是统计分析，不同之处在于大数据时代可以获得更大的样本量，有时候甚至接近全样本。大数据是探索事物规律的有效工具，可以将大数据应用于决策，用大数据探索事物的发展规律和发展趋势。过去由于记录、储存和分析数据的工具不够好，只能收集少量数据进行分析，以最少的数据获得最多的信息。如今技术条件已经大大改善，可以处理的数据量大大增加。但是，从本质上来讲，大数据的底层逻辑依然是统计分析，只是分析对象由样本数据逐步转向全样本数据，统计分析的工具和技术不断提升。

1.3　统计分析是为了寻找真相

大部分时间，人们都在寻找真相，而统计分析是寻找真相的有力工具。如今网络自媒体信息传播速度非常快，碎片化的信息满天飞，有些人们以为真实的新闻，只是一些人为了获取流量编撰出来的故事。因此，在这个信息传播迅速的时代，我们更需要寻找、甄别事情的真相，不能被表象所迷惑，这个时候统计分析作为理性判断的重要工具就派上用场。但数据是抽象的，只有通过统计分析工具，才能找出数据背后隐藏的真相，发现事实和规律。

接下来，举几个简单的例子，以便更好地理解如何通过统计分析寻找事情的真相。

第一个例子，需要控制体重了吗？要回答这个问题，需要做如下分析：首先，需要找到一个衡量体重合理性的指标，如体脂率、腰臀比等，这个指标往往直接与健康挂钩，若指数在合理范围内，不需要控制体重，当指数超出合理范围，就需要考虑控制体重；其次，要明确这个指标的合理范围应该是多少，合理范围往往需要分析大量样本数据加以确定；最后，观测自己体重、身高等指标，计算体脂率或腰臀比，并比较这个数值是否在合理范围之内，若不在合理范围，就需要控制体重。

第二个例子，应该录取某位考生吗？要回答这个问题，需要做如下分析：首先，需要确定录取考生的规则和标准是什么，包括总共需要录取多少人，录取考生需要具备哪些素质，如学习成绩、英语水平、科研能力、实践能力等，这些素质需要用哪些指标表征，每项指标所占的权重如何等；其次，确定每项指标的合理范围和标准是什么，综合成绩如何计算；最后，排除单项指标不满足要求的考生，按照综合成绩、单项指标成绩对所有考生进行排名，对照录取总人数，观测这位考生综合排名和单项成绩排名是否在录取总人数范围之内，若在范围之内即可录取。

第三个例子，保险公司应该对房屋火灾保险收取多高的保费？保险公司收取保费主要用于支付火灾的风险赔偿金，这是保险公司的预期损失，当然还会有盈余，即利润。保险公司根本上来说需要盈利。因此，其保费的多少取决于预期损失和火灾发生概率。假设房屋火灾赔偿额度为 35 万美元，每年房屋火灾发生的概率为 1/1000，该房屋发生火灾的预期损失为 350 美元，那么该房屋火灾保险的保费应该高于 350 美元。

第四个例子，吸烟真的有害健康吗？回答这个问题需要做如下分析：首先，假定吸烟与人体健康无关，如果能在现实中找到大量的案例证明吸烟的人健康状况确实比不吸烟的人差，就可以反驳这一假定，进而认为吸烟有害健康。由于在现实中不可能找到除了吸烟与否之外，其他完全一样的两个人，为了排除其他因素的影响，可以对大量吸烟的人和不吸烟的人在一生中不同时间点的信息进行收集，例如，每两年进行一次采访，收集的信息包括身高、体重、血压、教育背景、家庭构成、饮食、吸烟习惯、用药信息等，并追踪记录这些参与者多年的信息。通过观测吸烟群体与不吸烟群体在健康方面的差异，就可以判断吸烟是否有害健康。

第五个例子，高压电缆会引发儿童白血病吗？回答这一问题需要做以下分析：首先，假定高压电缆附近居住的儿童患白血病的风险与其他儿童没有区别，只要找到现实案例证明高压电缆附近居住的儿童患白血病的比例确实比其他地区的儿童高，就可以反驳这一假定，证明高压电缆会引发儿童白血病；其次，收集研究区域内一定时间段的儿童数据，包括是否患白血病、居住地附近是否有高压电缆、家族遗传史、家庭条件等信息；最后，比较暴露在高压电缆之下患白血病儿童和健康儿童的比例差异，据此得出结论，证明高压电缆是否引发儿童白血病。

第六个例子，是否应该实施最低工资保障政策？最低工资保障政策，是强制规定用人单位支付给劳动者的工资不得低于国家规定的最低工资标准，以保障劳动者能够满足其自身及其家庭成员基本生活需要的政策。那么国家是否应该实施最低工资保障政策？当最低工资标准高于劳动力市场平均工资时，最低工资保障政策增加了市场中的劳动供给量而减少了劳动需求量，会造成一部分劳动力失业；但是从另一个角度看，最低工资保障政策在一定程度上保障了低收入人群的收入。是否应该实施最低工资保障政策，可以对已经实施最低工资保障政策的地区进行大量居民群体的信息收集，观察该政策的影响，进而得出是否应该实施该政策的结论。

从上述案例的分析可以看出，统计可以找出数据背后隐藏的事实真相，是指导决策的重要工具。总体来看，统计分析有三大任务，即把握现状、洞察因果、预测未来。

把握现状，即认识现实中客观对象的数量特征和数量关系。例如，收集个人身高、体重等数据计算体脂率、腰臀比；通过调查估算现在有多少人正在使用某种产品，使用该产品的人平均年龄是多少；检验某制造业试验品规格的平均值是多少，其浮动有何特点。

洞察因果，即利用统计分析洞察社会现象背后的原因。洞察因果关系是指导决策的有力武器。例如，销售工作中如果找到下单和不下单客户的差别，就能进行有针对性的销售；弄清楚性别、年龄、血压、吸烟习惯与心脏病发病率的因果关系，就能为改变不健康的生活习惯提供有益指导。

预测未来，即利用统计学来尝试预测未来可能发生的现象，一般是利用事物过去发展的规律性资料对未来发展变化进行统计推断。例如，通过统计分析预测未来原材料价格是否会上升，或者库存会如何变化等。

1.4　统计数字会撒谎

统计数字是用来描述现象的，千万不可本末倒置，被数字牵着鼻子走。统计数字是简化的描述性数据，主要作用是描述复杂的事件或现象，但是使用统计数字描述复杂现象这一过程并不是精确无误的。所选用的描述性数据会影响他人对现象或事件的认识，这就为掩盖真相创造了大量空间，一些别有用心的人会用光鲜的数据来支持真假存疑或完全不成立的结论。马克·吐温有句名言，"谎言有三种：谎言、该死的谎言，以及统计学"。可见，统计数字面临被滥用的风险，要警惕被统计数字牵着鼻子走。

首先，应该弄明白"精确"和"准确"的区别。"精确"反映的是描述事物的精度，"准确"反映的是正确与否。例如，在描述你从学校到家的距离时，"23 公里"就比"大约 20 公里"更精确；但是，你后来发现单位应该是"英里"（1 英里=1609.34m）而非"公里"，看似"精确"的描述(23 公里)却是错误的。这个例子告诉人们，即使是精确的描述性数据，都有可能是不正确的。因此，不能将"精确"和"准确"混为一谈，如果一个答案是准确的，那么在此基础上越精确越好；但如果答案从一开始就是不准确的，那么再精确也毫无意义。

其次，需要仔细分析数字背后的真相，有以下几项需要警惕。

(1) 警惕被误导。在美国，一个官员依据 2013 年有六成学校考试成绩低于 2012 年，判断教育水平正变得越来越糟糕；而另一个官员依据 2013 年有八成学生考试成绩高于 2012 年，判断教育水平正变得越来越好。请问这两个官员中谁的判断是正确的呢？第一个官员以学校为衡量单元，但是每个学校的学生人数可能不一样，如果考试成绩下降的学校恰好学生人数较少，那么这一判断就失之偏颇；而第二个官员很可能没有考虑到试卷的难易程度，以及学生其他方面的成长，也可能存在判断不准的情况。可见，数字也会撒谎，要警惕被数字牵着鼻子走，一定要弄明白数字背后描述的对象到底是什么，仔细分析数字背后隐藏的真相。

(2) 警惕"被平均"。平均数的特点是对异常值高度敏感，个别数据偏大或偏小都会引起平均数较大变化。例如，针对小布什政府的减税政策，有官员曾指出政策推行后，将会有 9200 万美国人享受减税待遇，人均减税额达 1083 美元，那么这 9200 万人大部分都可以减税约 1000 美元吗？事实上减税额的中位数不足 100 美元，减税额度高的更多的是那些高收入群体。可见，平均数有时也具有误导性，要警惕"被平均"。

(3) 警惕被"中位数"误导。中位数是一组数据中间的那个点，有一半的数据位于这个点之前，有一半的数据位于这个点之后，中位数的特点就是对异常值不敏感。这里有一个经典案例，进化生物学家古尔德曾被诊断出患有某种癌症，他被告知患这种癌症的人有 1/2 活不过 8 个月，有 1/2 的人能活超过 8 个月，但事实是 20 年过去后，他死于另一种不相关的癌症。这个例子告诉人们中位数不考虑数据距离中间位置有多远或多近，而是关注它们是高于中间位置还是低于中间位置，中位数有时不一定能反映真实的信息。

(4) 警惕"把苹果和橙子做比较"。"把苹果和橙子作比较"说的是拿两件不同的事物进行比较，这显然是荒谬可笑的。例如，伦敦的酒店每晚 150 英镑，而巴黎相同档次的房间每晚 180 欧元，我们能单纯通过数字比较哪里的房价更贵吗？显然不能，因为英镑和欧元是不同的，两种货币之间有兑换汇率。再如，1970 年美国政府投入住房补贴 1000 万美元和 2011 年政府投入 4000 万美元，能否仅仅通过数字得出 2011 年美国政府补贴投入更多的结论呢？显然不能，因为 1970 年的 1 美元相当于 2011 年的 5.83 美元。

(5) 警惕被数据操控。利用统计学进行管理能够让个人或组织的潜在行为往好的方向改变，但有些时候统计学的功能仅仅是让数据看上去更顺眼。以美国教育部前部长罗德·佩奇为例，他之所以被提名掌管美国教育部，是因为他成功降低了休斯敦地区学生的辍学率、提高了学生的考试分数。但是，在统计过程中，有些学校将辍学的学生统计为转学、出国或攻读一般同等学力文凭；有些学校想办法让那些成绩差的学生"远离"考场，甚至出现让成绩差的学生不参加统考的狡猾运作，在这样的运作之下，辍学率会降低，平均成绩也会有所提升。可见，统计数据也可能存在陷阱，扭曲现实和真相，要警惕被数据操控。

总的来说，统计是用来描述现象的，它能够让人们更理性地认识世界。但是统计数字也会说谎，而且说谎的方式有很多，而解决统计数字说谎的方案就是要实事求是，不仅要掌握一定的统计学知识，警惕可能存在的统计数字说谎的情形，警惕被统计数字牵着鼻子走；而且还要培养独立思考的能力，看到数据要辨别数据来源的真实性、明白数据背后的真正含义、了解数据解读可能存在的局限性。总之，实践是检验真理的唯一标准，想要更深层次地挖掘数据背后的意义，需要秉承实事求是的精神，这样才能不被统计数字欺骗。

1.5　本 章 小 结

本章介绍了统计思维的基本特征，介绍了大数据的底层逻辑是统计，明确了统计分析的三大任务，同时也提出要警惕被统计数字牵着鼻子走。

统计思维是获取数据、提取信息、论证结论的过程中表现出来的一种思维模式，对于提高人类认知水平有巨大的作用。统计思维是理性的思维、不确定的思维、简化的思维，也是服务于决策的思维。

随着人工智能、云计算、区块链、互联网等新技术的兴起和发展，大数据在人们日常生活中的应用日益广泛。大数据改变了人们的生活方式和思维方式，为人们的生活带来了许多便利。但是，也不能在大数据中迷失自我，过度依赖大数据，成为大数据的"奴隶"。从根本上来讲，大数据的底层逻辑是统计分析，不同之处在于大数据时代可以获得更大的样本量，有时候甚至接近全样本。

很多时候需要寻找真相，而统计分析是寻找真相的重要工具。统计分析可以找出数据背后隐藏的事实真相，是指导实际生活和决策的重要工具。统计学有三大任务：把握现状、洞察因果、预测未来。

虽然统计是理性决策的重要工具，但是值得注意的是统计数字也会说谎，而且说谎的方式有很多。在实际工作中，需要秉承实事求是的精神，科学利用统计学知识，避免统计数字说谎的现象；同时，要培养独立思考的能力，辨别数据来源的真实性、明白数据背后的真实含义、了解数据解读可能存在的局限性。

第 2 章　描述性统计

统计科学无处不在，为人们打开了一个理性、客观世界的大门。即使你没有发现，这个世界也已经被数据洪流包围。只要你存在，你就是数据的使用者和制造者。大家是否发现过一些有趣的现象：提前退休会缩短寿命；素食主义者不太容易误机；男性通常认为自己的驾驶技术比女性好，但男性的交通事故死亡率几乎是女性的两倍。又如，每次考试过后人们经常会被问到这样的问题：你们班的平均成绩是多少？你们班所有同学成绩的差异有多大？你的 GPA 是多少？你的 GPA 在本年级的排名如何？这些问题既是个人评估自身学习成效的基础，也是学校评优评先的依据。教务老师公布的成绩单一般包含以下信息：①总分；②科目门数；③总学分、已获得的学分、不及格学分及通过率；④算术平均分及排名；⑤学分加权平均分及排名；⑥平均绩点及排名；⑦平均学分绩点及排名；⑧学分绩点及排名；⑨各科成绩。可见，构成这份沉甸甸"成绩单"的就是各种各样的"成绩"数据。

数据，是指对客观事件进行记录并可以鉴别的符号，是对客观事物的性质、状态及相互关系等进行记载的数学符号或这些数学符号的组合，是可识别的、抽象的符号(王珊和萨师煊，2014)。不同的数据代表不同的含义，其计算公式也不尽相同。例如，平均分包括算术平均分和加权平均分；绩点包括平均绩点、平均学分绩点、学分绩点。尽管从字面上看差别不大，但是各指标的计算公式及其含义却大不相同。以前，借助计算器或者人工计算，统计学生成绩需要花费大量的时间，特别是面对大量数据。例如，计算全校、全市乃至全省、全国学生成绩时，人工计算不仅费时费力，准确率也无法保证。因此，往往只能在容忍一定误差的基础上，选择用样本数据来推断总体数据。

进入大数据时代后，由局部数据推测整体情况而产生的误差得以解决，通过掌握"大数据"，人们能够迅速把握事物的整体特征、相互关系和发展趋势，从而使预判更加准确、决策更加科学、行动更加精准。因此，"大数据"也成为信息时代的重要工具之一。作为数据经济时代最核心、最有价值的生产要素，数据正在深刻地改变着人类社会的生产和生活方式。年度账单、运动轨迹等互联网平台提供的功能，基于用户使用的大数据为用户提供更加精准的"个人总结"和"用户画像"；音乐榜单、饮食榜单、娱乐榜单等各大榜单为人们的衣食住行提供了更多的选择⋯⋯当面对大量信息的时候，经常会出现数据越多事实越模糊的情况，因此需要对数据进行简化，描述统计学就是一门用关键数字来描述数据集的整体情况的学问。

本章主要针对"数据说明了什么"这个基本问题展开讨论，帮助读者理解如何对数据的分布趋势进行描述。通过对本章的学习，读者将会了解以下内容。①数据测量的层次：定类尺度、定序尺度、定距尺度、定比尺度；②数据的集中趋势描述：平均数、中位数、四分位数、众数；③数据的离散趋势描述：极差、方差、标准差、离散系数。

2.1　数据测量层次

同样是数字，在不同的场景下所表达的信息是不一样的。例如，有这样几个场景：①小明是男生(用 1 表示)，小红是女生(用 2 表示)；②小李是本科生(用 1 表示)，小陈是研究生(用 2 表示)；③今天的气温是 1℃，昨天的气温是 2℃；④小王手上有 1 个苹果，小张手上有 2 个苹果。上述四个场景中都有数字 1 和数字 2，但是所表达的意义是不相同的，能做的运算也是不一样的。例如，不能说小红的性别比小明的性别大，但可以说小陈的学历比小李的学历高；不能说小陈的学历比小李的学历高 1，但可以说昨天的气温比今天的气温高 1℃；不能说昨天的气温比今天的气温高 1 倍，但可以说小张手上的苹果数量是小王手上苹果数量的 2 倍。

为什么同样的数字，有的能进行数学运算，有的却不行；有的只能相加减，而有的还能相乘除呢？这是因为数据的测量方式不同。测量(measurement)是指根据一定的法则，将某种物体或现象所具有的属性或特征用数字或符号表示出来的过程，主要作用是确定一个特定分析单位的特定属性的类别或水平。在社会研究中，变量按照取值的性质可以分为定类变量、定序变量、定距变量、定比变量。定类变量称为定性变量，后三个变量称为定量变量。变量的解释和运用离不开测量，不同的变量需要采用相应的测量尺度。史蒂文斯(Stevens)于 1951 年创立了测量尺度分类法，将测量尺度分为定类尺度、定序尺度、定距尺度、定比尺度。

2.1.1　定类尺度

定类尺度(nominal scale)又称为名义尺度，是用于测量定类变量的尺度。其在本质上是一种分类体系，即把研究对象按不同属性或特征加以区分，标以不同的名称或符号，确定其类别。定类尺度所分的类别必须兼具穷尽性和互斥性，即既要相互排斥，互不交叉重叠，又要包罗各种可能的情况。所测量的每一个对象，都会在分类体系中占据一个类别，并且只占据一个类别。性别、种族、职业、籍贯等都是典型的定类尺度。定类尺度的数学特征表现为"等于"或"不等于"，测量给出的数字仅仅是识别调查对象或对调查对象进行分类的标签或编码，并不能说明其本质特征。定类尺度还具有对称性和传递性，即如果甲与乙同类，则乙也一定与甲同类；如果甲与乙不同类，则乙也一定不会与甲同类；如果甲与乙同类，乙与丙同类，则甲与丙一定也是同类。

对于任何一门学科来说，分类都是基础。其他几种层次的测量也都把分类作为其最低限度的操作，都包含着定类尺度的分类功能。在社会现象的测量中，大量的变量都是定类变量，分类是最基本的目标和最经常的操作。定类尺度可以分为标记和类别两种。标记就是一个识别的记号。当数字被用作标记时，不表示数量的多少，也不能做加减乘除运算。例如，大家的家庭住址，××市××区××街道 1 号；篮球队员的编号，乔丹 23 号，科比 24 号，既不能说 23 号<24 号，也不能说 23 号+24 号=47 号。类别就是作为区分变量不同状态的度量，数字仅仅用以说明观测对象的属性，并不能进行运算。正如前面所说的那样，1 和 2 仅仅是男性和女性的标识符，不能将其相加减，不能说小明的性

别比小红的性别少 1。也许在这一场景中 1 表示男性，2 表示女性；但在另一场景中，就可以用 1 表示女性，2 表示男性。由此大家应该能够发现，定类尺度是测量尺度中最低的一种，包含的信息也最少。如果既需要获取变量的类别，也需要了解变量的次序，那么就需要选择更高一级的数据测量尺度。

2.1.2 定序尺度

定序尺度(ordinal scale)又称为等级尺度、顺序尺度，一个变量如果能够按照某种逻辑顺序，依据操作定义所界定的明确特征或属性而排列等级大小、高低、先后的次序，就适合用定序尺度进行测量。相较于定类尺度，定序尺度能够包含更多的信息，而对变量各种情形的分派标记也时常隐含着高低顺序之别。按照常规的逻辑，会按照从低到高或者从高到低的顺序来进行排列，正如在前面的例子中，用 1 表示本科，2 表示研究生，很容易得知小陈的学历比小李的学历要高，但究竟高多少我们却不能得出 2−1=1 的结论。定序尺度可以按某种特征或标准将变量区分为强度、程度或等级不同的序列或者类别，为了统计分析的需要，研究者把这些序列转化成大小不等的数字。这些数字并非真正意义上的"数字"，不具有数学中数字的实际内涵和功能，不能进行数学运算，仅仅显示等级顺序，单纯表示"大""小"，等级之间的间隔也不一定相等。如果想要了解这种差异究竟大多少、小多少、高多少、低多少等更多信息，就必须选择更高一级的测量尺度。

2.1.3 定距尺度

定距尺度(interval scale)又称为等距尺度、区间尺度，其不仅能够把社会现象或事物区分为不同的类别、不同的等级，还可以确定相互之间不同等级的间隔距离和数量差别。温度就是典型的定距变量。

例如，在前面的例子中，今天的气温是 1℃，昨天的气温是 2℃，那用不同测量尺度来表示就是，今天的气温与昨天的气温不同(定类尺度)；今天的气温比昨天的气温低(定序尺度)；今天的气温比昨天的气温低 1℃(定距尺度)。通过对比，可以发现，在定距尺度中，不仅可以说明哪一类别的等级较高，还能说明这一等级比那一等级高出多少单位。每一等级之间的间距是相等的，可以相加减。不同类别可以比较绝对值大小。但是，由于定距尺度没有绝对零点，它仅可以用来相加或者相减，相乘或者相除都是没有意义的。同样用之前的例子，可以说今天的气温比昨天的气温低 1℃，但我们不能说昨天的气温是今天气温的 2 倍。定距尺度的值可以为 0，但是这个"0"不具备数学中的"0"的含义，不是绝对的"无"，而是以某种人为标准设置的标志值，例如，水的温度是 0℃，并不是指水没有温度。

在实际研究中，研究者常常把某种特定的定序尺度的测量结果近似看作定距尺度的运用。例如，用李克特量表来调查人们的态度变量时，最常见的取值是"非常赞成""比较赞成""中立""不太赞成"和"很不赞成"，这就是将定序尺度的变量看作定距尺度来使用。但是，如果想要运用更为复杂的统计方法来对数据进行深入分析，则需要确保测量尺度取值的划分是基本等距的。

2.1.4 定比尺度

定比尺度(ratio scale)又称为比例尺度、等比尺度,能够测量事物间的比例、倍数关系。定比尺度是测量中的最高层次,含有前三个测量尺度的特征,具有实际意义的真正零点。定比尺度下的数字可以进行加减乘除运算,运算结果具有实际的意义。对收入、年龄、出生率、性别比、离婚率、城市的人口密度等进行的测量都依据定比尺度。例如,在前面的例子中,我们既可以说小张手上的苹果数量比小王手上苹果数量多 1 个,也可以说小张手上的苹果数量是小王手上苹果数量的 2 倍。由此可见,定比尺度与定距尺度的唯一区别就是是否存在具有实际意义的零点(绝对零点)。一个变量能否以定比尺度测量,关键在于零点是否是绝对的、固定的。例如,在温度这个变量中,零点的位置是不固定的,摄氏度中的 0 度是华氏度中的 32 度,所以温度不能用定比尺度来测量。而年龄可以用定比尺度测量,因为年龄有一个真正的零点,即刚出生的时刻。

通过比较发现,在四种尺度中,定类尺度处于最底层,定比尺度处于最高层。即定类尺度→定序尺度→定距尺度→定比尺度,四类尺度层次依次上升,趋向复杂,水平也不断提高。

由表 2-1 可知,高层次的测量包含所有较低层次测量的特性,并且提供另外的信息。在搜集数据的过程中,使用哪一种测量尺度,取决于研究目的。如果不确定需要什么样的信息,最安全的办法是用高层次的尺度,这样可以得到详细的信息。如果在分析中不需要这些信息,可以将变量重新编码成低层次的变量,从而放弃一些信息。表 2-2 能够进一步帮助大家理解四种数据测量尺度的差异及其适用情境。

表 2-1　四种数据测量尺度的比较

比较项	定类尺度	定序尺度	定距尺度	定比尺度
类别	√	√	√	√
等级次序		√	√	√
相等间距			√	√
绝对零点				√
运算法则	=≠	=≠><	=≠><+-	=≠><+-×÷

表 2-2　四种数据测量尺度的比较范例

数据测量尺度	A、B 两人的年龄特征	测量精度	计算方法	信息数量
定类尺度	A 出生在 20 世纪 B 出生在 21 世纪	很低	=或者≠	A、B 两人出生于不同世纪
定序尺度	A 为中年人 B 为青年人	较低	=或者≠;>或者<	A、B 两人出生于不同世纪 A 的年龄比 B 大

续表

数据测量尺度	A、B 两人的年龄特征	测量精度	计算方法	信息数量
定距 尺度	A 出生于 1977 年 B 出生于 2001 年	较高	=或者≠；>或者<； +、−运算	A、B 两人出生于不同世纪 A 的年龄比 B 大，A 比 B 大 24 岁
定比 尺度	今年 A 48 岁 今年 B 24 岁	最高	=或者≠；>或者<； +、−、×、÷运算	A、B 两人出生于不同世纪 A 的年龄比 B 大，A 比 B 大 24 岁 A 的年龄是 B 的 2 倍

在数据测量过程中，也会根据实际需要和数据的具体情况选择合适的变量分类方法。例如，还可将变量分为类别变量和数字变量，也可以分为离散变量和连续变量。

2.2　集中趋势描述

了解了变量的分类及其测量尺度后，可以对收集到的数据进行概括和总结，以简单明了的方式对数据进行描述，使其他人能够快速掌握大量数据背后隐藏的含义。描述和组织数据信息的方法有很多，主要取决于变量本身的特性、受众及传递这些信息的目的。在定量社会科学的分析中，可以用图形、数字和一般的语言(如中文)传递信息，还可以用它们之间的结合帮助我们更加有效地表达信息。

回到在本章开头提到的问题，你们班期末考试的平均成绩是多少？通过率是多少？这些信息能够帮助我们了解班级成绩的总体情况，以及同学们对课程知识点的掌握程度，如果平均成绩和通过率偏低，说明同学们对课程知识点的掌握程度不理想；如果平均成绩中等，但通过率偏低，则说明一部分同学对课程知识点的掌握程度较高，一部分同学对课程知识点的掌握程度较低；如果平均成绩偏低，但通过率较高，说明同学们掌握了基础知识点，但对有一定难度的知识点却不能够很好地掌握。从这个例子可以知道，能够通过诸如平均数等指标来获取总体水平，即集中趋势。换而言之，作为总体的代表水平同其他同质的总体进行比较，集中趋势反映的是同质总体的共性、集中性，常用的测度指标有平均数、中位数、四分位数、众数等。

2.2.1　平均数

平均数(average)是最常用的集中趋势指标。常见的平均数包括简单算术平均数、加权算术平均数、几何平均数。不同的平均数算法的含义和应用场景均有所不同。

如果你手中的数据未分组，同时每一个变量值的作用相同，这时候影响平均数大小的因素只有变量值，这个时候就可以选择简单算术平均数。这也是使用最为频繁的一种平均数。例如，某课程的成绩是由 5 次随堂测验成绩的平均成绩构成，小明的 5 次随堂测验成绩分别为 70 分、75 分、80 分、85 分、90 分，那么小明的课程总成绩的平均分就是(70+75+80+85+90)÷5=80 分。

在 R 语言里，可以使用 mean()函数计算简单算术平均数，例如：

```
> a=c(70,75,80,85,90)
```

```
> mean(a)
```

如果你手中数据变量值的重要程度不同，简单算术平均数就不能准确反映数据集中情况，这个时候就需要选择加权算术平均数。依据每一个数值的重要程度赋予其不同的权重，将各变量值分别乘以代表该变量值重要程度的权重，然后用此乘积之和除以权数之和，所得的商为加权算术平均数。同样用刚才的例子，如果 5 次随堂测验成绩占总成绩的比重分别为 0.1，0.2，0.2，0.3，0.2，那么小明的课程总成绩就变成 70×0.1+75×0.2+80×0.2+85×0.3+90×0.2=81.5。

在 R 语言里，可以使用 weighted.mean()函数计算加权算术平均数，例如：

```
> wt=c(0.1,0.2,0.2,0.3,0.2)
> weighted.mean(a,wt)
```

如果你手中的数据是比例、速度等相对数，那么就不能再使用简单算术平均数或者加权平均数了，这个时候就需要选择几何平均数。例如，第七次全国人口普查公报中指出，"全国人口与 2010 年第六次全国人口普查的 1339724852 人相比，增加 72053872 人，增长 5.38%，年平均增长率为 0.53%。"这里提到的年平均增长率的计算方式就是采用的几何平均数算法。另外，在财务、投资和银行业等金融领域，几何平均数的应用尤为常见，当任何时候想确定过去几个连续时期的平均变化率时，都能应用几何平均数，如年投资回报率、储蓄年利率(按复利计算)。

在 R 语言里，可以使用 geometric.mean()函数计算几何平均数，例如：

```
>geometric.mean(a)
```

需要注意的是，用平均数描述变量的分布只适用于定距变量或定比变量；平均数极易受异常值的影响，当数据组中存在比几乎其他所有数值都要大很多或者小很多的数值时，平均数就会显著提高或降低，这时平均数便不再具有代表性。例如，张三的年收入是 10 万，李四的年收入是 12 万，那么他们的平均年收入是 11 万；可是，如果将王五的年收入 10 亿纳入统计范围，那么他们三人的平均年收入就瞬间被拉升至超过 3.33 亿，显然该数值具有相当大的误导性，张三和李四明显"被平均"了。

2.2.2　中位数

中位数(median)也是常用的数据集中趋势测度指标，将变量数列的各观测值按从小到大的顺序排列，处于中间位置的数值就是中位数。如果数据个数为奇数，那么排在序列正中间的数就是中位数；如果数据个数为偶数，那么排在序列正中间就有两个数，中位数就是取这两个数的均值。例如，某部门有 7 位职员，他们的工资从低到高分别是 2000 元、3000 元、4000 元、5000 元、6000 元、20000 元、100000 元，那么该部门职员的平均工资为 20000 元，而中位数为 5000 元。通过这个例子我们会发现，当数据集中数值差异性较大或者存在异常值时，中位数似乎比平均数更能代表部门职员工资的真实水平。

有趣的是，除了定距变量和定比变量外，定类变量和定序变量也有中位值。例如，网购平台完成购物后会被邀请参加满意度评价：1 差评；2 中评；3 好评。结合各分值满分比，我们就可以知道一件商品评价的中位数了。

中位数永远处于中间，它是个中间值。但是碰到数据较多的数据集时，计算中位数相对会比较麻烦。

在 R 语言里，我们可以使用 median() 函数计算中位数，例如：

```
>median(x)
```

2.2.3 四分位数

四分位数(quartile)用来描述数据集的分布状态，也可以用来识别可能的异常值。把所有数值从小到大排列并分成四等份，处于三个分割点位置的数值就是四分位数。简单来说，就是把数据集分成两个 50%，中间的值就是中位数；把前 50%分成两个 25%，中间的值就是下四分位数；把后 50%分成两个 25%，中间的值就是上四分位数(图 2-1)。

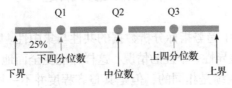

图 2-1 四分位数示意图

在 R 语言里，可以使用 quantile()函数计算四分位数，例如：

```
>quantile(x,probs=seq(0,1,0.25))
```

2.2.4 众数

简单来说，众数(mode)就是数据集中出现次数最多的那个值。尽管它不易受到极端值的影响，但并不是所有的数列都存在众数；也并不是所有的数列有且仅有 1 个众数，常常也会遇到一个数列中存在多个众数的情况(表 2-3)。但是，需要注意的是，当数据中众数很多时，计算众数就显得没有价值。

表 2-3 众数的范例

无众数	10	5	9	12	6	8
一个众数	6	5	9	8	5	5
多于一个众数	25	28	28	36	42	42

在 R 语言里没有直接求众数的函数，可以自己手动集合其他函数求出众数。根据众数的定义，相信大家已经知道，众数就是一组数据中出现次数最多的数据，那么可以考虑用 table()这个频率函数。

第一步，我们先用 table()函数求出每个数据的频数。

```
>table(x)
>max(table(x))
```

第二步，再来查看这些原始数据，以及其对应的频率。

```
>table_x==max(table(x))
>names(table_x)
```

集中趋势的测量指标很多，在实际应用过程中应该如何选择呢？第一，最基本的标准仍然是需要结合实际需要和数据的具体情况来进行选择；第二，对于定类变量和定序变量，可以用众数和中位数，其中中位数能够提供相对更多的信息；第三，对于定距变量和定比变量，上述类型均可以使用，其中平均数提供的信息最详细，但是当分布有偏的时候，中位数更加适合。

2.3　离散趋势描述

2.2 节介绍了采用集中趋势指标分析数据的共性与集中性。除了分析整体的、共性的情况，我们还需要了解差异性、个性的情况，这样才能更全面地了解情况。例如，在一次考试中，两个班的平均成绩是相同的，但是其整齐程度并不一样；两个同学期末考试各科的平均成绩是相同的，但是其个别科目的分数可能相差很大。在这种情况下，大家应该很容易发现，如果只比较平均成绩，可能并不能够真实地反映考试的情况，只有在比较考试成绩共性与集中性的同时，也对考试成绩的个性和差异性进行比较，才能够更加准确全面地分析考试的情况。

接下来将介绍如何采用离散趋势指标分析数据的个性与差异性。离散趋势是指观测变量各个取值之间的差异程度，是用来衡量数据分散程度大小的指标。常用的测量离散趋势的指标有极差、方差、标准差，以及离散系数。

2.3.1　极差

极差(range)又称为全距，是指数据集中最大取值与最小取值之间的差值，也就是数据集的最大值与最小值之间的区间跨度。它能体现一组数据波动的范围。极差越大，离散程度越大，反之，离散程度越小。

例如，A 班和 B 班"社会统计与 R 语言"课程的考试成绩如表 2-4 所示。

表 2-4　A 班和 B 班"社会统计与 R 语言"课程的考试成绩　（单位：分）

班级	甲同学	乙同学	丙同学	丁同学	戊同学	极差
A 班	80	95	94	94	95	15
B 班	90	92	94	93	95	5

从 A 班和 B 班考试成绩的极差来看，A 班 5 位同学的考试成绩分布的离散程度要明显高于 B 班。但仔细观察数据，我们也会发现，A 班甲同学的成绩要远低于班级其他同

学，属于异常值，如果将甲同学的考试成绩剔除，我们会发现 A 班考试成绩的极差会降低至 1 分，离散程度低于 B 班。

极差是测度离散趋势最简单的指标，它的优点是计算简单、含义直观、运用方便，因此在数据统计分析中运用十分广泛。但是，通过上述例子也会发现，极差的大小仅仅取决于两个极端值的水平，只说明了数据集的最大离散范围，却未能利用数据集中全部数值的信息来细致地反映数值彼此相符合的程度，更不能反映数据集变量的分布情况。正如上述例子所呈现出来的，如果一个数据集中存在异常值，那么极差则不能很好地反映数据集的离散水平。

在 R 语言里，可以结合使用 max() 和 min() 函数计算极差，例如：

```
>R=max(a)-min(b)
```

2.3.2 方差

方差(variance)是统计学中最常用的衡量一组数据离散程度的重要指标，用来计算每一个变量(观察值)与总体平均数之间的差异。为避免出现差异值正负相抵消而导致变异值总和为零，我们通常选择先对差异值取平方，然后再将其相加，即采用差异值的平方和来描述变量的离散程度。一般而言，数据越集中于平均值的周围，方差就越小；而越分散且远离平均值，方差就越大。形象地看，就是一个队伍中，成员的身高越趋于一致，方差就越小，成员的身高越是参差不齐，方差就越大。可见，方差越小，数据越集中；方差越大，数据越分散。同样可以用方差描述稳定性，方差越小，稳定性越好；方差越大，稳定性越差。现实中，很多情况下会追求数据的稳定性，例如，某同学或者运动员的成绩等，越稳定越有利。相较于极差，方差将数据组中的所有数值都纳入计算范围，能够更准确地呈现数据集中数据的分布情况，所以计算方差在统计学中有着非常大的意义。

为了帮助大家进一步理解方差的含义，继续用表 2-4 的例子来计算方差，经计算，A 班 "社会统计与 R 语言" 课程考试成绩的总体方差为 42.3，而 B 班考试成绩的总体方差为 3.7，方差的计算结果再次印证了极差的结果，说明 A 班考试成绩的离散程度远高于 B 班。

在 R 语言里，可以使用 var() 函数计算方差，例如：

```
>var(x)
```

2.3.3 标准差

除了方差，标准差(standard deviation)也常常被用来测量数据集的离散趋势。标准差，又称为均方差，即方差的平方根，是描述数值如何广泛地分布在均值左右的度量值。数值小，说明数据比较集中地分布在均值附近，反之则比较分散。

大家可能会疑惑，既然有了方差来描述变量与均值的偏离程度，那为什么还需要再计算标准差呢？因为方差与标准差要处理的数据的量纲是不一致的，虽然能很好地描述数据与均值的偏离程度，但是处理结果不符合我们的直觉思维。再次用表 2-4 的例子来解释，经计算，A 班和 B 班 "社会统计与 R 语言" 课程考试成绩的总体方差分别为 42.3

和 3.7，分数的单位是分，计算出来的方差单位就是"分的平方"，而"分的平方"从日常来看没有意义，如果转化成 6.5 分和 1.92 分，就符合我们日常的使用习惯了。

在 R 语言里，可以使用 sd()函数计算标准差，例如：

```
>sd(x)
```

2.3.4　离散系数

当进行两个或者多个数据集离散程度的比较时，如果数据集的平均数相同或者单位相同，可以直接利用方差或者标准差来比较。如果数据集的平均数不同或者单位不同，就不能再采用方差和标准差来比较其离散程度，而需要采用标准差与平均数的比值来比较，将其称为离散系数(coefficient of variation)。对于数据集的单位不同的情况，标准差和平均值与变量值的单位是一致的，故标准差与平均值的比值刚好能够消掉单位，达到无量纲化的目的(即相除后单位也相互抵消了)。而对于数据集的平均值不同的情况，既然变成了分数，那就可以进行通分，比较分子(即分母一样，就可以理解为平均值相同)。例如，两组数据的离散程度分别为 2/3、4/5，通分可得 10/15、12/15，此时对其分子进行比较，也就意味着在平均数相同的情况下进行比较了。

离散系数是测度数据离散程度的相对统计量，主要用于比较不同样本数据的离散程度。离散系数的大小不仅受变量值离散程度的影响，还会受到变量值平均水平的影响。离散系数越大，说明数据集的离散程度越大；反之，离散系数越小，说明数据集的离散程度也越小。

需要特别注意的是，离散系数的大小同时受到平均数和标准差两个统计量的影响，因此在利用离散系数表示数据集的离散程度时，最好也同时将平均数和标准差列出，能够更好地呈现出数据集的离散情况。

在 R 语言里，可以结合使用 sd()和 mean()函数计算离散系数，例如：

```
>sd_x=sd(x)
>mean_x=mean(x)
w_x=sd_x/mean_x
```

2.4　本章小结

本章介绍了数据的测量层次，由低级到高级依次为定类尺度、定序尺度、定距尺度、定比尺度。层次越高，测量的精度越高，所包含的信息量也就越大，计算方法越复杂。高层次测量尺度包含低层次测量尺度的所有特征和功能。因此，在对社会现象进行测量时，如果你的研究所要求的精确度高，那么请尽可能选择定距尺度或者定比尺度；如果对数据的丰富程度和精确程度要求不那么高，定类尺度或者定序尺度已经能够满足研究的需要，那么就没有必要选择高级尺度徒增调查和分析的工作量了。

确定了数据的测量层次，便可以对数据进行描述。通常情况下，需要描述数据的集中趋势和离散趋势，这也是本章的两大核心内容。数据的集中趋势描述既能够很好地反映事物目前所处的位置和发展水平，通过对事物集中趋势指标的测量和比较，还能说明事物的发展和变化趋势。描述数据集中趋势的常用指标有平均数、中位数、四分位数和众数。其中，简单算术平均数应用最广，适用于定距数据和定比数据；加权平均数适用于数据的重要程度不同的情况；几何平均数适用于数据之间为乘积关系的情况；中位数和四分位数多用于有较大偏斜的数据集的集中趋势描述，能够有效避免极端值对集中趋势分析准确度的干扰；众数一般用于反映数据集的真实聚集情况。上述指标并不存在优劣之分，大家需要根据实际需要来选择最合适的集中趋势测量指标。

除了数据的集中趋势描述，本章还探讨了数据的离散趋势描述，它反映了各个数据远离其中心点的程度。描述数据离散程度采用的测度值主要有极差、方差、标准差和离散系数。极差适用于描述数据的范围，但无法描述其分布状态，且容易受异常值的影响；方差和标准差是应用最广泛的离散程度测度值，在实际应用中，经常使用标准差来反映数据的离散程度，但它只能用于统一体系内的数据比较；离散系数是统一的数据波动性比较参数，如果计算的结果中有离散系数，可以直接使用离散系数进行比较，就不用看方差与标准差。

第 3 章　概率与分布初步

人们每天都在做决策，小到今天应该穿什么衣服，大到毕业后是直接工作还是接着攻读更高一级的学位。虽然日常生活中，做决策时基本上不会计算概率，甚至都不会提到"概率"这个词汇。但实际上，概率是做决策的重要基础。本章将从人们做决策的一些例子入手，介绍人们是如何依靠概率进行决策的。在此基础上，讲述概率的基本概念和规则，阐述概率的分布及分布曲线。最后，为大家介绍正态分布曲线的概念、特征及其应用。

3.1　概率是决策的基础

3.1.1　人类渴望预知未来，未来充满了不确定性

人类每天都在做决策。如明天早上应该穿什么衣服？中午选择吃什么菜？周末要去哪里玩？和朋友吃饭应不应该拒绝喝酒？大学毕业是选择升学还是工作？

仔细想一想，人类在做决策时会对未来进行预判。例如，对于"明天早上应该穿什么衣服"这个问题，可能会根据明天是否有重要场合，或者明天是否会降温来做出决策；对于"大学毕业后是选择工作还是升学"这个问题，会预判大学毕业后找到一份称心如意的工作的可能性，以及攻读研究生后找到一份更好工作的可能性，并据此形成决策……

其实，未来可以分为确定的未来和不确定的未来。确定的未来，是指人们可以预知并且一定会发生的事情。如彗星出现的时间、月食/日食出现的时间、四季交替、昼夜交替等。而不确定的未来，是指人们对未来的状况不能完全确定的情况，这些情况可能发生也可能不发生，即便是发生了也可能会出现多种不同的情况。如明天是否会出现彩虹？明天可能会出现彩虹，也可能不出现彩虹。而不出现彩虹明天则可能会是晴天，也可能是阴天，又或者一直下雨，等等。

事实上，现实世界中充满了很多的不确定性，而这些不确定性主要来源于这个世界的复杂性，以及人们对这个世界认知的有限性。

3.1.2　概率是不确定性情形决策的重要工具

在不确定性的情形下，做决策是以概率为基础的，虽然很多时候人们并没有意识到自己用了概率。例如，如果没有天气预报的话，明天出门要不要带雨伞？如果带雨伞，则表示估计明天下雨的概率高于不下雨的概率。反之，不带雨伞的决策就说明估计明天不下雨的概率高于下雨的概率。

此外，宏观的社会经济发展也都存在着不确定性情形下利用概率做决策的案例。自2019 年底新冠疫情暴发开始到 2022 年底我国全面放开疫情控制，其过程具有深度不确

定性。在新冠疫情防控的每一次决策过程中，概率都起到了重要的指引作用。我国政府从"坚持清零"到"逐步放开"，其中新冠病毒的患病率、住院率、致死率等皆是做出决策的重要依据，为抗击新冠疫情提供了有力的科学支撑。

3.1.3　需要注意的决策谬误

由于人类认知的局限性及行为偏差，有时会做出不理性的决策，称为决策谬误。一种典型的决策谬误为幸存者偏差。第二次世界大战期间，为减少盟军轰炸机在敌人防空炮火中的损失，军方决定为这些飞机加装甲板，而美国统计学家亚伯拉罕·沃德奉命解决的问题是，确定这些防弹装甲板的安装位置。为了找出最有效的位置，沃德每天将返航轰炸机的弹孔数量和位置统计到图上。很快，图上的"轰炸机"就被弹孔覆盖了，仅有几个地方例外。这时很多人都猜想将装甲板安装在弹孔位置最多的地方，因为这些地方最容易遭受攻击。但事实真的如此吗？这样的决策其实陷入了由幸存者偏差所导致的决策谬误。幸存者偏差，即人们在观察和统计时，更容易注意和搜集到成功案例，而容易忽略或无法统计到失败案例，在此基础上得出的结果，是可能存在偏差的，甚至可能是错误的结论。因此，正确的决策应该如沃德所决定的那样，将草图上没有弹孔的地方安装上防弹装甲板，理由是，这些地方中弹的飞机一架也没有回来。

除此之外，篮球界著名的热手效应也是典型的决策谬误。不论是在日常篮球比赛还是美国职业篮球联赛(NBA)的比赛中，球员们都喜欢将球传给某位进球数比较多的球员。因为人们会下意识地认为一个球员连续进了三四个球，那么他下一次命中的可能性也会很大。然而阿莫斯·特沃斯基、托马斯·季洛维奇和罗伯特·瓦隆三位研究者对篮球热手效应所做的研究结果并非如此。在职业篮球赛中，无论球是从球场上投出还是从罚球线投出，根本没有热手效应这一说法。虽然有一些球员会比其他球员投篮更准，但进球与投篮未中都只是随机的。研究者认为，人们之所以会"感知"到"热手效应"的存在，本质上是对随机性的一种错觉，人们会错误地将每次随机试验之间独立的概率建立起联系。选择性记忆强化了人们对热手效应的认同。

3.2　概率的基本知识

3.2.1　概率的基本概念

在了解概率的概念之前，先看看几个例子。向上抛一枚硬币，结果只会呈现两种可能：正面朝上或反面朝上。老师进入教室的方式通常只有两种：左脚先迈进教室或者右脚先迈进教室。我们向上丢一枚骰子，其结果也只会有 6 种可能：数字 1、2、…、6 中的某一面朝上。我们随手打开一本 2021 年的日历，有 365 种可能：1 月 1 日至 12 月 31 日中的某一天对应的日历页。不难发现，发生在我们生活中的各项事件，都会有不同的结果，而各个结果发生的可能性，在数值上称为概率。

世界上，有些事件发生的结果是肯定的，例如，在北半球的人们一定会看到太阳从东边升起，从西边落下。这些一定会发生的事件，其发生的概率可以很轻易地计算出来，即为 100%。当然，有些事情是否发生，则是无法预料的。例如，明年会不会患感冒？某位博士生是否能够成功获得学位？女性肺癌患者能否被治愈？对于这类不确定的事件，可以从历史数据中推算其发生的可能性，也就是事件发生的概率。可以从前几年每年患感冒的次数，推测出一年中患感冒的概率是多少；可以找到许多个与上述这位博士生个人属性特征，包括努力程度、智力高低、身体素质等属性特征相近的博士生，计算他们成功获得学位的比例，推算出这位博士生能够成功获得学位的概率。可以从许多女性肺癌患者中发现被治愈的个体数量及其特征，从而得到被治愈的概率。

3.2.2　概率的基本规则

1. 概率总是介于 0～1

任何概率都是介于 0～1 的数。概率为 0 的事件确定不会发生，概率为 1 的事件确定会发生。而许多事件并不是如此确定，它们的发生概率介于"从不"和"永远"之间，即 0～1。例如，概率为 0.17 的事件，表明长期下来只有 17%的概率会发生，例如，掷 1 次骰子数字 6 朝上的概率。

2. 事件和概率的加法规则

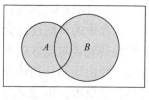

图 3-1　事件和$(A \cup B)$

事件 A 和事件 B 至少有一个发生所构成的事件 C，称为事件 A 和事件 B 的事件和，记作：$A+B$ 或者 $A \cup B$，图 3-1 中灰色的部分代表事件 A 和事件 B 的事件和。

举个例子，从一副标准的 54 张扑克牌中抽取一张 A 或红心的概率是多少？一副扑克牌中 A 有 4 张，红心有 13 张，抽中一张 A 或红心的概率是 17/54 吗？当先从 54 张扑克牌中找出 A 及红心，会发现一共有 16 张，这代表我们抽取一张牌，其为 A 或者红心的概率为 16/54。但是，红心 A 是事件 A 和事件 B 同时发生的情况，在计算概率时进行了重复计算，要将其减去。因此事件和概率的一般公式为

$$p(A \cup B) = p(A) + p(B) - p(AB) \tag{3-1}$$

运用公式计算从一副扑克牌中抽取一张 A 或红心的概率则为

$$p(A \cup \text{heart}) = p(A) + p(\text{heart}) - p(A * \text{heart}) = \frac{n^A + n^{\text{heart}}}{N} - \frac{n^{A*\text{heart}}}{N} = \frac{17}{54} - \frac{1}{54} = \frac{16}{54} = 0.2963$$

3. 互斥事件的加法规则

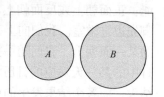

图 3-2　事件和：A 与 B 为
　　　互斥事件

当事件 A 和事件 B 的交集为空时，事件 A 和事件 B 称为互斥事件(图 3-2)，也称为互不相容事件，即不可能同时发生的事件。互斥事件的事件和是一般事件和的特殊情况，由于事件 A 和事件 B 没有交集，$p(AB)$ 为 0。互斥事件概率的加法规则第 1 条：互斥事件的概率等于独立事件的概率之和，即：如果

两个事件不会同时发生，那么这两个事件中肯定有一个会发生的概率是这两个事件各自的发生概率之和[式(3-2)]。如果一个事件的发生概率是 30%，另一个事件的发生概率是40%，且这两个事件不可能同时发生，那么这两个事件中肯定有一个事件会发生的概率是70%，即 30%+40%=70%。

$$p(A \cup B) = p(A) + p(B) \tag{3-2}$$

例如，从一副纸牌中抽出 1 个 A 或 1 个 K 的概率是多少？一副扑克牌中通常有 4 个A 和 4 个 K，因此：

$$p(A \cup K) = p(A) + p(K) = \frac{n^A}{N} + \frac{n^K}{N} = \frac{4}{54} + \frac{4}{54} = 0.1481 \tag{3-3}$$

式中，$p(A \cup K)$ 为从一副牌中抽出 1 个 A 或 1 个 K 的概率；$p(A)$ 和 $p(K)$ 分别为从一副牌中抽出 1 个 A 的概率和 1 个 K 的概率；n^A、n^K 和 N 分别为一副牌中 A 的数量、K 的数量和整副牌的数量。

互斥事件概率的加法规则第 2 条：所有可能结果的概率加起来为 1。因为每次实验总会发生某个结果，所以所有可能结果的概率之和一定是 1。在后面的章节中，用 $p(s)$ 来表示成功的概率，$p(f)$ 来表示失败的概率，也就是说，$p(s) + p(f) = 1$，即 $p(s \cup f) = 1$。由此，可以发现，如果知道 $p(s)$ 就可以快速推算出 $p(f)$，即 $p(f) = 1 - p(s)$，反之，$p(s) = 1 - p(f)$。因此得到互斥事件概率的加法规则第 3 条：一个事件不会发生的概率等于 1 减去该事件发生的概率。

接着上面的例子，可以发现，在一副扑克牌中，若 $p(s)$ 为抽中一个 A 或一个 K 的概率，则 $p(f) = 1 - p(s) = 1 - 0.1481 = 0.8519$。换句话说，有大约 15%的概率从一副扑克牌中抽到 A 或 K，有大约 85%的概率既抽不到 A 也抽不到 K。

4. 联合概率的乘法规则

有时两个事件会同时发生，例如，在班级里面找一个身高超过 170cm 并且留短头发学生的概率，那么这个学生同时具有以上两个特征。两个事件同时发生称为联合事件，其发生的概率为联合概率，图 3-3 中灰色部分即为联合事件发生的情形。

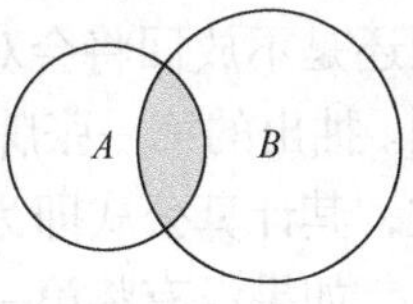

图 3-3 联合事件($A \cap B$)

存在联合概率时，事件 A 是否发生会影响事件 B 发生的概率，反之亦然。将一个事件已经发生条件下另一事件发生的概率称为条件概率。$p(A|B)$ 为事件 B 发生时，事件 A 发生的概率；$p(B|A)$ 为事件 A 发生时，事件 B 发生的概率。

事件 A 和事件 B 同时发生的联合概率，是事件 A 已经发生时，事件 B 也发生的概率；或者事件 B 已经发生时，事件 A 也发生的概率。因此联合概率的计算公式为

$$p(A \cap B) = p(A)p(B|A) = p(B)p(A|B) \tag{3-4}$$

举个例子，从一副标准的 54 张扑克牌中抽取一张红心 A 的概率是多少？即抽取 A和抽取红心两个事件同时发生的概率，根据式(3-4)可以计算得出

$$p(\text{A}\bigcap\text{heart}) = p(\text{A})\,p(\text{heart}\,|\,\text{A}) = \frac{n^{\text{A}}}{N} \times \frac{n^{\text{heart}}}{n^{\text{A}}} = \frac{13}{54} \times \frac{1}{13} = \frac{1}{54}$$

5. 组合概率的相乘规则

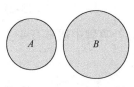

对于一些事件来说，它们由两个或多个部分构成。将这些由多个部分组成的事件称为组合事件。当组合事件中两个事件相互独立时(图 3-4)，适用组合概率的相乘规则，即一个组合事件的概率等于该事件各个部分概率的乘积。换句话说，如果事件 A 和事件 B 相互独立，事件 A 和事件 B 均发生的概率为

图 3-4　组合事件($A\bigcap B$)

$$p(A\bigcap B) = p(A) \times p(B) \tag{3-5}$$

例如，连续两次从一副扑克牌中抓到 K 的概率，即抓到一张 K，再将其放回，重新洗牌后再抓到一张 K 的概率，计算为

$$p(\text{K}\bigcap\text{K}) = p(\text{K}) \times p(\text{K}) = \frac{4}{54} \times \frac{4}{54} = 0.0055$$

再举一个抛硬币实验的例子，以便读者对组合事件概率的相乘规则有更加深刻的理解。计算连续抛两次硬币，且两次都正面朝上的概率，每次抛硬币都是独立的事件，连续两次抛硬币则是一个组合事件，其概率为两次独立事件概率的乘积：

$$p(\text{front}\bigcap\text{front}) = p(\text{front}) \times p(\text{front}) = 0.5 \times 0.5 = 0.25$$

仔细思考一下，会发现组合事件是联合事件的特殊情况。由于事件 A 和事件 B 是相互独立的，事件 A 发生时，事件 B 发生的概率不受事件 A 的影响，因此 $p(B\,|\,A) = p(B)$；同理，$p(A\,|\,B) = p(A)$，因此对于相互独立的组合事件，公式(3-3)和公式(3-4)是等价的。

6. 组合概率计算的放回与不放回计数

将从一副牌中连续抽取两次且都抓到 A 定义为成功。那么，第一次抽到 A 后选择放回还是不放回将会对第二次抽取的分子和分母都产生影响，从而导致组合事件的概率不同。抽出的第一张牌要在第二张牌抽出之前放回牌堆，这种组合事件被称为"有放回"计数，其计算公式即为式(3-4)。

如果没有将第一张抽出的牌返还牌堆，那么将这种组合称为"不放回"计数，"不放回"计数规则下的组合概率计算公式为

$$p(\text{A}^{1}\bigcap\text{A}^{2}) = p(\text{A}^{1}) \times p(\text{A}^{2}) = \frac{4}{54} \times \frac{3}{53} = 0.0042$$

第一张抽到扑克牌是 A 的概率在有没有放回的情况下都是相同的，因为事件以 54 张牌和 4 个 A 开始。但是如果第一张牌是 A，并且没有被放回，那么第二次所抽的牌的总数就只有 53 张，A 也只有 3 张。第二次抽取概率的分子和分母也会发生变化。

因此，当两次抽取的样本特征一致时，"不放回"计数的概率计算为式(3-6)，式中 N 为事件总数；n 为具有抽取特征样本的数量。

$$p\left(A^1 \bigcap A^2\right) = p\left(A^1\right) \times p\left(A^2\right) = \frac{n}{N} \times \frac{n-1}{N-1} \tag{3-6}$$

再举一个例子，一个由 100 个学生组成的群体，其中 20 个男生、80 个女生，从这个群体中进行两次随机抽取，每次抽取 1 名同学，其中第一次抽到 1 名男生、第二次抽到 1 名女生的概率是多少？

"有放回" 计数：

$$p\left(\text{boy}^1 \bigcap \text{girl}^1\right) = \frac{20}{100} \times \frac{80}{100} = 0.1600$$

"不放回" 计数：

$$p\left(\text{boy}^1 \bigcap \text{girl}^2\right) = \frac{20}{100} \times \frac{80}{99} = 0.1616$$

因此，当两次抽取的样本特征不一致时，"不放回" 计数的概率计算为式(3-7)。式中，N 为事件总数；n 为具有抽取 A 特征样本的数量；m 为具有抽取 B 特征样本的数量。

$$p\left(A^1 \bigcap B^2\right) = p\left(A^1\right) \times p\left(B^2\right) = \frac{n}{N} \times \frac{m}{N-1} \tag{3-7}$$

可见，放回和不放回的规则导致了单独事件发生概率的变化，从而导致组合概率也相应发生变化。

3.3 概率分布及分布曲线

3.3.1 概率分布

概率分布用于表述随机变量取值概率的分布特征，也就是事件全部可能的结果与各种可能结果发生概率之间的对应关系。例如，掷一个骰子，每一个点数都是随机的。经过大量掷骰子实验，每个点数出现的频率形成了一个点数的分布，它遵循均匀分布。骰子点数的概率分布即是骰子六个点数和对应点数出现的概率之间的关系。再如，随机变量 x 表示"抛掷一枚硬币"所有可能的取值，x 的概率分布是指 x 所有可能取值与对应取值出现概率的关系。这个例子中，x 所有可能的取值为"正面朝上，或者反面朝上"，其中"正面朝上"的概率是 0.5，"反面朝上"的概率是 0.5。把随机变量 x 所有可能的取值和对应的概率之间的关系用图形表示就可以得到图 3-5。

可以想象一下，用随机变量 x 表示身高所有可能的取值时，x 的取值就不只有两个了，而是有很多个。同样地，可以用类似的方法得到表示身高随机变量 x 的所有取值与各取值概率之间关系的图形，如图 3-6 所示。

总结一下上面两个例子，想要知道什么是概率分布，首先要知道随机变量。随机变量，其实就是概率中实验的结果。随机变量将每一个可能出现的实验结果赋予一个数值。根据数据的类型，随机变量又可分为离散型随机变量和连续型随机变量。例如，投掷硬币，其实验的结果无非就是两种：一种正面朝上，一种反面朝上，这就是典型的离散型随机变量。又如，婴儿出生的性别，无非是男或者是女，这也是一个离散型随机变量。也就是说，离散型随机变量的全部可能取值可以一一列举出来，是有限的。

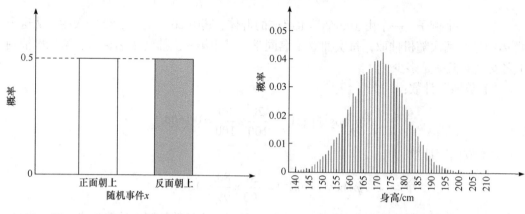

图 3-5 投掷硬币的概率分布图　　　　　图 3-6 身高的概率分布柱状图

与离散型随机变量相对应的是连续型随机变量，其所有可能性取值不能够被完全列出，在实验区间内能够取无限个值，上面提到的身高就是一种连续型随机变量。再如，时间也是一种典型的连续型随机变量，能够无限分割；研究国民经济状况时，通常使用的国内生产总值(gross domestic product，GDP)、固定资产投资额、人均消费额、各产业产值等，都属于连续型随机变量。也就是说，连续型随机变量可以在某区间内取任一实数，即其取值是连续的。

3.3.2　分布曲线

分布曲线是概率分布的图形表达形式。把图 3-6 中所有柱子顶点的中点用光滑的曲线连接起来，这条光滑的曲线就是身高这一随机变量 x 的概率分布曲线(图 3-7)。

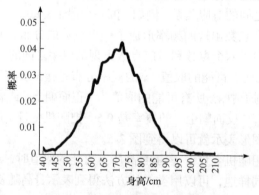

图 3-7 身高的概率分布曲线图

对于连续型随机变量，可以用概率密度函数来描述其分布特征。其实概率密度函数就是概率密度曲线的函数表现形式。概率密度函数具有如下重要的性质。

(1) $\int_{-\infty}^{+\infty} f(x)\mathrm{d}x = 1$，即曲线 $y=f(x)$ 与 x 轴围成的面积为 1，也就是说连续型随机变量

在区间(−∞, +∞)上的概率为 1。

(2) 对任何实数 a、b $(a<b)$，有 $p(a \leqslant X \leqslant b) = \int_a^b f(x)\mathrm{d}x$，由该性质可知随机变量 X 落在区间$[a, b]$的概率 $p(a \leqslant X \leqslant b)$ 等于曲线 $y=f(x)$ 与 x 轴及直线 $x=a$、$x=b$ 所围成的曲边梯形的面积。

3.4　正态分布

3.4.1　正态分布概述

从图 3-7 可以看出，身高的概率分布呈现左右对称的"钟形"分布：中等身高出现的概率很高，而特别高和特别矮的身高出现的概率很低。其实，在生活中这种"钟形"分布非常常见，如学生成绩的分布、体重的分布、身体质量指数(body mass index，BMI[①])的分布等。这种"钟形"分布在统计学领域有一个专门的名词——正态分布。

正态分布的概念最早是由法国数学家棣莫弗于 1733 年首次提出的。棣莫弗最初在对一个概率作近似计算时发现了正态曲线；1809 年，数学家高斯在研究测量误差时，第一次以概率分布的形式重新提出此分布，并赢得了人们的普遍关注和研究。然而人们对统计数据与观测数据不相容性的认识，使得它的应用范围仅限于天文学、测地学等误差论领域；19 世纪中叶至末期，凯特莱在社会学领域、高尔顿等在生物学领域的工作，使正态分布的应用迅速扩大到更多自然科学和社会科学领域，并最终进入统计学，成为一系列核心理论的基础。正态分布又称为常态分布或常态分配，是连续随机变量概率分布的一种，是在数理统计的理论与实际应用中占有最重要地位的一种理论分布。

3.4.2　正态分布曲线的特征

正态分布曲线是一条中间高，两端逐渐下降且完全对称的钟形曲线(图 3-8)。

正态分布曲线对应的函数形式为

$$f(x) = \frac{1}{\sqrt{2\pi}\sigma} \exp\left(-\frac{(x-\mu)^2}{2\sigma^2}\right) \tag{3-8}$$

式中，$f(x)$ 为纵轴，表示概率密度；x 为横轴，代表测量值；π 为圆周率，exp 为以自然对数为底的指数函数运算。除此之外，μ 为总体平均值；σ 为总体标准差，总体一旦确定以后，μ 和 σ 就可以确定下来了。所以，只要知道了 μ 和 σ，就能够画出正态分布曲线了。

换句话说，正态分布曲线由两个参数决定：总体平均值 μ 和总体标准差 σ。总体平均值 μ 决定了正态分布曲线的位置，总体标准差 σ 决定了正态分布曲线的集中程度。总体标准差 σ 越大，正态分布曲线越分散，如图 3-9 所示。

① BMI 是国际上常用的衡量人体胖瘦程度及是否健康的一个指标。其公式为：BMI=体重(kg)÷身高 ^{2}(m^2)。

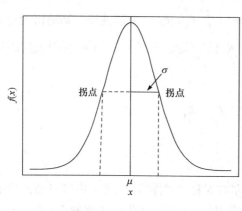

图 3-8　正态分布曲线

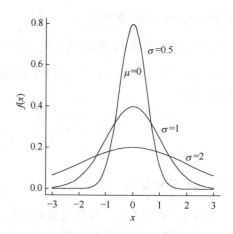

图 3-9　不同标准差的正态分布曲线

正态分布曲线有如下特征：集中性、对称性和均匀变动性。①集中性：正态曲线的高峰位于正中央，即总体平均数所在的位置。也就是说，现实世界中许多变量，如考试成绩、人群的智商(intelligence quotient, IQ)等大部分都会集中在平均数所在位置的附近，并且平均值出现的概率最大。②对称性：正态分布曲线以平均数为中心，左右对称，曲线两端永远不与横轴相交。③均匀变动性：由平均数所在处开始，分别向左右两侧逐渐均匀下降。

3.4.3　正态分布曲线的 Z 值

每一条正态分布曲线都有一个非常值得关注的自然度量单位——标准差，是指横轴上的取值离均值有几个标准差。

Z 值所对应的正态分布曲线下方面积反映了变量值落在该区间的概率。当 $Z=2$ 时，即当取值范围为 $\mu \pm 2\sigma$ 时，正态分布曲线下方的面积为 47.7%+47.7%=95.4%。换言之，服从正态分布 $N(\mu,\sigma)$ 的数据，取值范围位于 $\mu \pm 2\sigma$ 的概率为 95.4%。当 $Z=3$ 时，即当取值范围为 $\mu \pm 3\sigma$ 时，正态分布曲线下方的面积为 99.8%。换言之，服从正态分布 $N(\mu,\sigma)$ 的数据，取值范围位于 $\mu \pm 3\sigma$ 的概率为 99.8%(图 3-10)。

在实际运用中，要重点关注几个特殊的 Z 值及其对应曲线下方的面积。主要是 Z 值为 1、1.96、2.58 的几个点。当 $Z=1$ 时，即当取值范围为 $\mu \pm \sigma$ 时，正态分布曲线下方的面积为 68.27%。当 $Z=1.96$ 时，即当取值范围为 $\mu \pm 1.96\sigma$ 时，正态分布曲线下方的面积为 95%。换言之，服从正态分布 $N(\mu,\sigma)$ 的数据，取值范围位于 $\mu \pm 1.96\sigma$ 的概率为 95%。当 $Z=2.58$ 时，即当取值范围为 $\mu \pm 2.58\sigma$ 时，正态分布曲线下方的面积为 99%。因此将其称为 68-95-99 规则(图 3-11)。这一规则又称为 3σ 规则，通常用于剔除数据异常值，并且用样本简单推定总体。

例如，某所乡村学校七年级学生的 IQ 测试分数分布为正态分布，这个分布的平均数为 111，标准差为 11。想知道参加 IQ 测试中，68%学生的 IQ 值会集中分布于哪个区间？首先，根据正态曲线的 Z 值，可以发现 68%正是 Z 值为 1 时的特殊值，因此可以得到，Z 值为 1 是距离平均值 1 个标准差的地方，也就是(100，122)分之间。如果想继续了解在

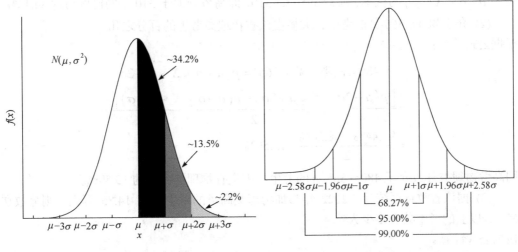

图 3-10 正态分布的 Z 值　　　　图 3-11 正态分布的特殊 Z 值

参加 IQ 测试的所有学生当中，分数超过 100 的占多少百分比，可以发现 100 距离平均值刚好 1 个标准差，因此分数超过 100 的百分比就等于 50%+68%/2=84%。如果还想知道 IQ 测试分数低于 78 的学生占多少百分比，首先，分析得到观察值距平均值相差 3 个标准差，再加之正态分布曲线具有对称性，因此分数低于 78 的百分比等于 (100%−99%)/2=0.5%。

3.4.4　正态分布曲线的应用

接下来，用一个实例来看看该如何运用正态分布曲线的相关知识解决实际问题。

已知某省 2022 年高考物理类考试成绩分布服从正态分布，其均值与标准差分别为 395 与 85(图 3-12)。

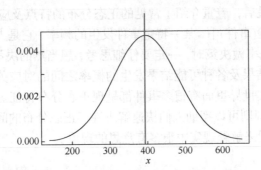

图 3-12　某省 2022 年高考物理类考试成绩分布图

(1) 某专家称，该省物理类考生中，高考分数大于 x 分的比例高达 84.13%，那 x 的实际值最有可能是多少？

根据正态分布曲线的性质，高考分数大于 395 分与低于 395 分的概率均为 50%，则 $p(x<$ 高考分数 $\leqslant 395)=p($ 高考分数 $>x)-p($ 高考分数 $\leqslant 395)=34.13\%$。不难看出 34.13%

是 $p(\mu-\sigma<X\leqslant\mu)$ 的概率, 则 x=395-85=310, 即高考分大于 310 分的比例高达 84.13%。

(2) 介于 480～565 分的考生, 大概占该省物理类考生的百分之几?

根据公式计算:

$$p\left(480<高考分数\leqslant565\right)=p\left(\mu+\sigma<X\leqslant\mu+2\sigma\right)$$

$$=\frac{\left[p\left(\mu-2\sigma<X\leqslant\mu+2\sigma\right)-p\left(\mu-\sigma<X\leqslant\mu+\sigma\right)\right]}{2}$$

$$=\frac{95.44\%-68.26\%}{2}=13.59\%$$

则高考物理类分数介于 480～565 分的考生约占全省物理类考生的 13.59%。

(3) 据该省教育厅统计, 2022 年参加物理类高考的考生共计 14.85 万人, 则分数在 650 分以上的考生共有多少人?

根据公式计算:

$$p\left(高考分数>650\right)=p\left(X\geqslant\mu+3\sigma\right)=\frac{\left[1-p\left(\mu-3\sigma<X\leqslant\mu+3\sigma\right)\right]}{2}$$

$$=\frac{1-99.73\%}{2}=0.135\%$$

说明高于 650 分的考生占全省物理类考生的 0.135%, 其人数为样本总量×概率 = 0.135%×14.85×10000≈200 人。

3.5　本 章 小 结

本章首先阐述了概率是人类决策的重要工具; 其次, 阐述了概率的定义、基本特征, 以及常见的概率计算公式, 进一步辨析了离散型随机变量和连续型随机变量两种类型的概率分布及其异同; 最后, 着重介绍了常见的正态分布的特点及应用。

概率是很多次试验(事件)中, 某一特定事件发生的频率, 它是人们在不确定性情形下做决策的依据。在用概率做决策时, 一定要仔细思考, 想当然的决策是会出错的。概率分布是事件全部可能的结果及各种可能结果发生的概率之间的对应关系。正态分布是一种常见的概率分布, 现实世界里面有很多事件都呈现正态分布特征。正态分布有几个特殊的值, 记住 68-95-99 规则可以帮助人们快速解决许多正态分布的问题。最后, 正态分布及正态分布曲线可以用来解释现实中很多有意思的现象。

第二篇　统计推断

第4章 抽样分布

学习统计学时会遇到这样的问题：去年中国家庭年平均收入是多少？某省今年所有成年人的平均身高有多高？某市上个月出租车司机月平均收入是多少？某高校所有学生上个月的月平均消费是多少？……这样的问题往往无法直接回答，因为很难获得中国每一个家庭去年的收入数据、某省今年每一位成年人的身高数据、某市上个月每一位出租车司机的收入数据、某校每一个学生上个月的消费数据……

为回答上述问题，通常的做法是抽样。本章阐述了抽样的基本逻辑、抽样分布、t 分布及大数定理和中心极限定理等。通过学习本章内容，大家就能明白是否能用抽样的方法推断总体均值。

4.1 为什么要抽样

因为有时无法获得总体数据或难以获得总体数据，所以需要借助抽样来推断总体的平均值等。以"某高校所有学生的平均身高是多少"这个问题为例，通常的做法是：①从全校所有的学生中随机抽出 n 个学生；②测量这 n 个学生的身高；③计算这 n 个学生身高的平均值；④用这 n 个学生身高的平均值来推断"全校所有学生的平均身高是多少"这一问题的答案。也就是说，是用"这 n 个学生身高的平均值"推断全校所有学生身高的平均值，即用"样本均值"推断"总体均值"。

样本均值推断总体均值的逻辑过程如图 4-1 所示，其中，μ 是总体均值，$\bar{X}$ 是样本均值。

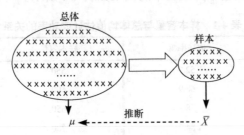

图 4-1　样本均值推断总体均值的逻辑过程

4.2 可以用样本均值推断总体均值吗

但是，可以用样本均值推断总体均值吗？从上面的例子可以看出，每一次抽样计算得到的样本平均值只是总体平均值的一个估计，样本平均值与总体平均值之间存在着一些差距，这个差距就是抽样误差。很明显，如果抽样误差很小，我们就可以用样本平均值推断总体平均值；否则，如果抽样误差比较大，就不能用样本平均值推断总体平均值。遗憾的是，我们并不知道每一次抽样的抽样误差。所以，对于某一次具体的抽样，我们很难说我们有多大的把握可以用样本平均值推断总体平均值。

为了回答"到底能不能用样本均值推断总体均值"，我们可以做一个统计实验：①从一个已知的总体中(因为总体已知，所以总体均值μ也是已知的)，取出 n 个个体组成一个样本 S_1，计算该样本的均值 $\overline{X}_1$；②比较样本均值 $\overline{X}_1$ 和总体均值 μ，如果两者差值很小，就可以认为成功用样本均值推断了总体均值，记为成功；否则，如果两者差值较大，记为失败；③重复①～②步操作 m 次(即抽样 m 次)，计算成功率有多高。

本书生成了一套实验数据供大家做上述统计实验(height_30000)。这套数据是某校 30000 名在校生的身高数据(即总体数据)，这 30000 名学生的身高平均值为 170cm(总体均值)。上述统计实验可以具体化为：①从上述总体数据中取出 $n(n=50)$ 个身高数据组成一个样本 S_1，计算该样本的均值 $\overline{X}_1$；②比较样本均值 $\overline{X}_1$ 和总体均值 μ(170)，如果两者差值很小(这里设为 1cm 以内)，就可以认为成功用样本均值推断了总体均值，记为成功；否则，如果两者差值较大，记为失败；③重复①～②步操作 10000 次，计算成功率有多高。

大家可以运用 R 语言尝试计算"成功率"。

因为读者在做统计实验的过程中抽得的样本和作者做统计实验抽得的样本是不一样的，所以统计实验得到的成功率可能会稍有差别，但应该都在 53%(本书计算的结果)左右。也就是说：在上述统计实验中，用样本均值推断总体均值，成功率约为 53%。因此，没有很大的把握认为用样本均值可以推断总体均值。

有没有办法提高成功率(样本均值接近总体均值)呢？

在上述的统计实验中，我们每次随机抽取 50 个学生的身高构建一个样本，也就是说样本容量为 50。直觉告诉人们：如果增加样本容量，也许成功率就能提升了？但是直觉对吗？可以用统计实验来验证一下直觉。

对上述代码进行简单改造，就可以得到不同样本容量下的成功率了。通过统计实验得到的样本容量与总体均值估计成功率的关系如表 4-1 所示。

表 4-1　样本容量与总体均值估计成功率的关系

样本容量	成功率/%	样本容量	成功率/%
50	52.7	550	98.2
100	68.9	600	98.8
150	78.3	650	99.1
200	84.7	700	99.3
250	88.9	750	99.5
300	92.0	800	99.6
350	94.3	850	99.7
400	95.8	900	99.8
450	96.8	950	99.8
500	97.6	1000	99.9

从表 4-1 可以看出，直觉是对的：样本容量越大，取得好样本的概率就越大。当样本容量为 300 时，成功率达到了 90%以上；当样本容量为 400 时，成功率达到了 95%以上；当样本容量为 650 时，成功率达到了 99%以上。可见，当样本容量比较大的时候，有比较大的把握用样本均值来推断总体均值。

4.3 抽样分布的概念

从 4.2 节的统计实验可以知道，"是否能用样本均值推断总体均值"这个问题的答案可以转化为"用样本均值推断总体均值的成功率"。如果成功率很高，就有把握说"可以用样本均值推断总体均值"；否则，就没有把握。

从 4.2 节的统计实验还可以看出，成功率和两个因素有关：①样本容量(每次抽样所选取的样本数量)；②判断成功的标准(样本均值和总体均值的差值在多少以内才算成功)。在 4.2 节统计实验基础上，分别做样本容量为 50，100，200，300，400，500，…，1000 的抽样，发现：当样本容量为 50 的时候，成功率仅为 52.7%；当样本容量为 300 的时候，成功率增加到 92.0%；当样本容量为 400 的时候，成功率增加到 95.8%；当样本容量为 1000 的时候，成功率高达 99.9%。在 4.2 节的统计实验中，设定当样本均值与总体均值的差值为 1cm 的时候，认定为成功；如果将判断成功的标准认定为"样本均值与总体均值的差值为 2cm"，则会显著提高抽样的成功率。

如果在抽样之前就知道了样本均值的分布特征，那我们就可以知道任何给定样本容量、给定成功判断标准之下的成功率了。这里我们回顾三个重要概念：①总体分布，总体中每个个体的数据形成的分布特征；②样本分布，一次抽样的样本中每个个体的数据形成的分布特征；③抽样分布，多次抽样所获得的多个样本均值形成的分布特征。其中，对回答问题有效的数据是抽样分布数据。

接下来，仍然以高校学生身高为例，来帮助大家进一步理解"抽样分布"。在包含某校 30000 名在校生的身高数据的数据库(height_30000)中，重复进行 n 次抽样，就可以计算得到 n 个样本平均值 $\overline{X}_1, \overline{X}_2, \cdots, \overline{X}_n$。根据这 n 个样本平均值制作直方图，如图 4-2 所示。

图 4-2 中非常清晰地呈现：①n 个样本均值在总体均值(170)附近分布；②n 个样本均值的分布较为集中，并且越靠近总体均值，出现的频率越高；③n 个样本均值的分布概率近似于正态分布。

在此基础上，我们可以将描述抽样分布的直方图用曲线来表示，这条曲线就称为抽样分布曲线，如图 4-3 所示。

由图 4-3 可见，身高的抽样分布曲线呈现如下特征：①抽样分布曲线是一条近似正态分布的曲线；②曲线以总体均值为对称轴左右对称；③离总体均值越远的区域，样本均值出现的概率越小。

从上述身高数据的抽样分布曲线的特征，发现样本均值在总体均值 170cm 附近分布，并且样本均值在 165~175cm 的分布非常集中。也就是说，在高校学生身高这个例子中，用样本均值推断总体均值是非常有把握的，尤其是抽样次数较多的时候。可见，重复抽样的次数越多，用样本均值推断总体均值的成功率也就越高。

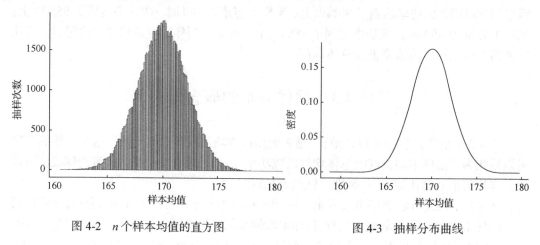

图 4-2 n 个样本均值的直方图   图 4-3   抽样分布曲线

4.4 t 分 布

我们仔细观察 4.3 节中统计实验得到的抽样分布曲线，发现它特别像正态分布曲线。通过前期的学习，我们知道正态分布曲线具有集中性、对称性和均匀变动性等特征。所以，如果这条曲线是正态分布曲线，则表明样本均值所在的位置位于正中央，并且以样本均值为中心，左右对称，曲线由中心所在位置分别向左右两侧逐渐均匀下降。

这里要注意的是：虽然高校学生身高一例中的曲线很像正态分布曲线，但这条曲线并不是正态分布曲线，而是一条被压扁的正态分布曲线。实质上，这条被压扁的正态分布曲线就是 t 分布曲线。

t 分布的最大特点是它实质上是一族分布，每一个 t 分布的形态被一个称为自由度的指标所制约。对应一个自由度就有一个 t 分布，随着自由度的增大，t 分布曲线的中间就越来越高，两头却越来越低，整条曲线越来越趋近于正态分布，当自由度接近无穷大时，t 分布就变成了正态分布。

可以认为，正态分布曲线是 t 分布曲线的一种特殊形式，t 分布曲线具有一切正态分布曲线的特征。t 分布曲线具有以下特征：①t 分布曲线是一条近似正态分布的曲线；②曲线以总体均值为对称轴左右对称；③离总体均值越远的区域，样本均值出现的概率越小；④样本均值的分布较为集中。

其实，不仅仅身高的抽样分布会呈现近似的正态分布，所有定距变量和定比变量均值的抽样分布都呈近似的正态分布。也就是说，家庭年收入、出租车司机月收入、学生月消费等变量的抽样分布都呈现近似的正态分布。这些变量的抽样分布曲线都具有上述四个特征。

所以，如果通过一次抽样就能画出抽样分布曲线，那就可以比较准确地知道能不能用样本均值推断总体均值，或者更准确地说：就可以比较准确地知道有多大的把握推断总体均值位于哪一个区间。问题的关键在于：能否通过一次抽样就能画出抽样分布曲线。

前面已经讲到，t 分布曲线是一条近似的正态分布曲线，或者说是一条被压扁的正态分布曲线。所以，先看看正态分布曲线由哪些因素决定。

图 4-4 表明，要画出一条正态分布曲线需要明确两个因素：均值 μ 和标准差 σ。均值 μ 决定正态分布曲线的位置，标准差 σ 决定正态分布曲线的形状。

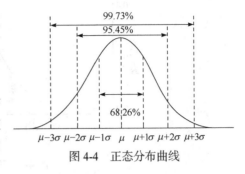

图 4-4　正态分布曲线

t 分布曲线是被压扁的正态分布曲线，决定其被压扁的程度的参数是自由度 df。在上述的统计实验中，自由度 df $= n-1$，n 为样本容量。

要绘制一条 t 分布曲线，需要确认以下几个参数：①均值 μ，即样本均值的平均值；②标准差 σ，即样本均值的标准差；③自由度 df。

如果一次抽样可以得到(或者推断出)以上三个参数，就可以通过一次抽样绘制出一条 t 分布曲线。绘制出了 t 分布曲线，就可以回答：有多大的把握推断总体均值位于哪一个区间。

首先，看样本均值的平均值 μ。一次抽样只能获得一个样本均值，因此，无法直接计算样本均值的平均值。但是，从 4.2 节的内容可知，样本均值的平均值是等于总体均值的。而总体均值是要推断的值，知道总体均值在样本均值附近，但是不知道它的确切位置。

其次，看样本均值的标准差 σ。同样，一次抽样只能获得一个样本均值，因此，也无法直接计算样本均值的标准差。但是，可以用样本标准差来推断样本均值的标准差，公式为

$$SD_{\bar{X}} = \frac{SD_X}{\sqrt{n}} \tag{4-1}$$

式中，$SD_{\bar{X}}$ 为样本均值的标准差；SD_X 为样本标准差；n 为样本容量。一次抽样获得一个样本之后，样本标准差 SD_X 就可以计算得到了，样本容量 n 也知道了，根据式(4-1)就可以推断出样本均值的标准差 $SD_{\bar{X}}$ 了。

最后，看自由度 df。在上述的统计实验中，自由度 df 仅与样本容量有关。因此，一次抽样获得一个样本之后，自由度 df 也就知道了。

可见，一次抽样获得一个样本之后，样本均值的标准差 σ、自由度 df 都可以推断出来了，描述抽样分布的 t 分布曲线的形状就能确定了，只是位置还不确定。

由于 t 分布曲线是近似的正态分布曲线，t 分布曲线具有与正态分布曲线类似的特征。另外，当样本容量大于 120 时，t 分布曲线与对应的正态分布曲线差异就不太明显了。所以，先回顾一下正态分布曲线的特征。

从图 4-5 可以看出，服从正态分布的一组数据，其值有 68.26% 的概率落在区间 $[\mu-1\sigma, \mu+1\sigma]$，有 95% 的概率落在区间 $[\mu-1.96\sigma, \mu+1.96\sigma]$，有 99% 的概率落在区间 $[\mu-2.58\sigma, \mu+2.58\sigma]$。

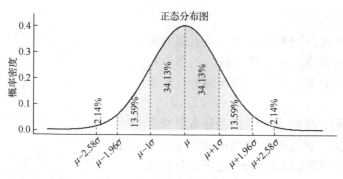

图 4-5　正态分布的置信区间

　　上述正态分布曲线的特征为统计分析提供了非常强有力的工具,当样本容量大于 120 时, t 分布曲线与正态分布曲线的差异就不太明显了。在之前讨论的身高问题中,假设抽取样本容量为 300 的一个样本,就可以用正态分布曲线来估计样本均值与总体均值之差。

　　例如,想知道总体均值有 99% 的可能落在哪个区间。假如我们通过一次采样(样本容量为 300),计算出样本均值为 169,样本标准差为 0.3,则可以用正态分布曲线特征来回答上述问题。根据正态分布曲线的特征可知,总体均值有 99% 的可能落在区间 $[169-2.58\times0.3, 169+2.58\times0.3]$。值得注意的是:2.58 这个系数是由“正态分布”和“99%”这两个要素决定的。也就是说:只要知道了样本均值呈正态分布,给定 99% 的概率,就可以计算出总体均值的取值区间为 $[169-2.58\times0.3, 169+2.58\times0.3]$;如果知道样本均值分布呈正态分布,给定概率为 95%,则可以计算出总体均值的取值区间为 $[169-1.96\times0.3, 169+1.96\times0.3]$。也就是说:只要抽取一个样本,并且知道样本均值为正态分布,在给定的概率要求下,就可以计算出总体均值的取值区间 $[169-z\times0.3, 169+z\times0.3]$,而 z 值在正态分布曲线中仅由概率决定。

　　然而,当样本容量小于 120 时,就不能再用正态分布曲线分析上述问题了,因为样本容量小于 120 时,样本均值的分布与正态分布的差异比较明显。幸运的是,知道样本均值的分布呈现 t 分布,如果 t 分布与正态分布具有类似的特征,对于“总体均值有 99% 的可能落在哪个区间”这样的问题的分析也较容易。

　　前述提及, t 分布曲线具有与正态分布曲线近似的特征,它是一条被压扁的正态分布曲线,曲线被压扁的程度受自由度(df)的影响。

　　因此,在样本容量较小的时候,要知道总体均值有 99% 的可能落在哪个区间,可以采取与样本容量较大时类似的分布。假如通过一次采样(样本容量为 30),计算出样本均值为 169,样本标准差为 0.3,此时,由于样本容量太小,不能用正态分布曲线来分析,只能用 t 分布曲线来分析。根据 t 分布曲线的特征,总体均值有 99% 的可能落在区间 $[169-t\times0.3, 169+t\times0.3]$。与正态分布曲线不同的地方在于,这里的系数变成了 t,在正态分布曲线的分析中系数为 z。尤其值得一提的是:在正态分布曲线的分析里面,只要给定了概率,就知道对应的 z 值;而 t 分布曲线是一条被压扁的正态分布曲线,给定了概率之后,其 t 值还受自由度(df)的影响。也就是说:在 t 分布曲线的分析中,系数 t 由自由度(df)和概率(p)两个关键因素共同决定。

　　统计学家已经做好了 t 分布表,只要知道某个变量呈 t 分布,采样之后就知道了自由度(df)，给定概率(p)之后，查表就可以得到系数 t。

现在回到前面的案例：想知道全校所有学生的身高平均值(总体均值)，但是无法获得全校所有同学的身高数据(总体数据)，所以只有采用抽样的方法，从全校学生中随机选择一部分学生，被选择的这一部分学生的身高组成了样本。首先，根据上述知识可知：定距变量或定比变量的均值抽样分布是 t 分布，所以，身高均值的抽样分布为 t 分布。并且有了样本之后，样本容量就知道了，样本标准差就可以计算出来了。根据样本标准差可以推算出总体标准差。根据总体标准差和样本容量就可以知道身高均值 t 分布曲线的形状。t 分布曲线的形状确定之后，给定置信水平下样本均值与总体均值的差值位于哪一个范围也就知道了，即

$$\overline{X} = \mu \pm t \times \sigma$$

容易推出：

$$\mu = \overline{X} \pm t \times \sigma \tag{4-2}$$

可见，抽取一个样本，就可以计算出给定置信水平下总体均值的范围。

综上，通过一次抽样就能知道抽样分布曲线的形状，可以计算出给定置信水平下总体均值的范围，也就是说样本均值的分布满足 t 分布曲线的时候，能够回答"用样本均值推断总体均值的成功率"这个问题。

4.5 大数定理和中心极限定理

4.5.1 大数定理

从表 4-1 可以看出：样本容量会影响样本均值的离散程度。样本容量越大，用样本均值成功推断总体均值的把握越大。那么，不同样本容量下的抽样分布曲线有什么不同呢？可以进一步用统计实验的方法来探索样本容量对样本均值离散程度的影响规律。在这里，依然沿用"某高校所有学生的平均身高是多高"这个统计试验。重复多次抽样，运行下述实验代码：

```
> Library (ggplot2)
> Fn <- "d://R_Learning/height_30000.csv"
> origData <- read.csv (Fn,header=F)
> matData <- as.matrix (origData)
> rawdata <- as.vector (matData)
> df_rawData <- data.frame (lab="原始数据", dat=rawdata)
> df_total <- df_rawData
> for (samSize in c (10,300))
> {
> arrMean <- c ()
```

```
> for (i in 1:100000)
> {
    > smpData <- sample (rawdata,samSize,replace=TURE)
  > meanData <- mean (smpData)
> arrMean <- c (arrMean,meanData)
> }
> df_arrMean <- data.frame (lab=paste("n=",smpSize),dat=arrMean)
> df_total <- rbind(df_total,df_arrMean)
> }
> df_total$lab <- factor (df_total$lab)
> ggplot (df_total,aes(x=dat,colour=lab))+geom_density()
```

得到不同样本容量下的样本均值的分布曲线，如图 4-6 所示。

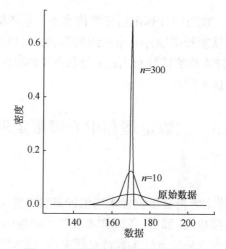

图 4-6　不同样本容量下的样本均值

从图 4-6 可以看出，不同样本容量下的抽样分布曲线差别主要表现在样本均值的集中程度上：样本容量越大，抽样分布越集中。这就是著名的大数定理。

前面讲到，可以用样本标准差来推断样本均值的标准差[式(4-1)]，因此，大数定理说明：样本容量越大，用样本均值正确估计总体均值的把握越大。

4.5.2　中心极限定理

本章前面所讲的关于抽样分布、正态分布曲线、t 分布曲线的规律与结论均是基于"高校学生身高"这一统计实验得到的。虽然"家庭年收入""出租车司机的月收入""高校学生的月消费"等变量的抽样分布也呈现 t 分布。但是，这里我们需要考虑一个问题：身高、家庭年收入、出租车司机月收入、学生月消费等变量本身就是呈正态分布或者近似正态分布的，会不会是因为这个，这些变量的抽样分布曲线才呈现近似的正态分布呢？如果总体中各个体的分布曲线与正态分布曲线完全不一样，对其进行 m 次抽样，所获得

的 *m* 个样本均值是否还是近似的正态分布呢？也就是说：总体分布与正态分布有明显差别时，抽样分布是否还会呈现近似的正态分布？

用统计实验的方法来探索这个问题的答案：假设有一个由 1000 个数组成的总体，这 1000 个数分别是 100 个 0、100 个 1、100 个 2、……、100 个 9。很显然，这 1000 个数的分布是矩形分布，与正态分布存在明显的差别。每次随机从这 1000 个数中抽取 30 个数形成一个样本并计算样本均值，重复这样的抽样 100000 次，可以得到 100000 个样本均值，这 100000 个样本均值是否呈近似的正态分布？

实现上述统计实验的代码为：

```
> library (ggplot2)
> rawdata <- c (rep(c(0:9),100))
> arrMean <- c()
> for (I in 1:100000)
> {
    > smpData <- sample (rawdata,30,replace=TRUE)
    > meanData <- mean (samData)
    > arrMean <- c (arrMean,meanData)
> }
> df_vecData <- data.frame (lab="原始数据",dat=rawdata)
> df_arrMean <- data.frame (lab="样本均值", dat=arrMean)
> df_total <- rbind (df_vecData,df_arrMean)
> df_total$lab <- factor (df_total$lab)
> ggplot (df_total,aes(x=dat,colour=lab))+geom_density()
```

上述代码运行的结果如图 4-7 所示。

可见，虽然总体中各个体的分布呈矩形分布，但抽样分布仍然满足如下特征：①抽样分布曲线是一条近似正态分布的曲线；②曲线以总体均值为对称轴左右对称；③离总体均值越远的区域，样本均值出现的概率越小；④样本均值的分布较为集中。

也就是说，不管总体中各个体呈现什么分布特征，样本均值的分布都是 *t* 分布。这个规律就是非常有名的"中心极限定理"。

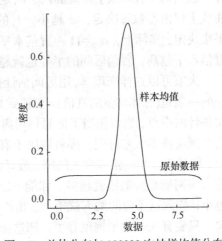

图 4-7　总体分布与 100000 次抽样均值分布

4.6　区　间　估　计

用样本数据估计总体均值的做法其实就是找总体均值的真值的过程。可以用"抓鱼"的思维实验来思考这个问题：一个池塘(可以认为是总体样本)里面有一条鱼(可以认为是总体均值的真值)，参数估计的过程就是要抓到这条"鱼"。抓鱼的方法至少有两种：一种是拿鱼叉去叉，一种是拿渔网去捕。拿鱼叉叉鱼的过程就是点估计，拿渔网捕鱼的过程就是区间估计。

前面介绍的用样本均值直接推断总体均值的思路是点估计。遗憾的是，对于点估计方法给出的参数估计值，我们无法判断其准确程度。因为样本具有随机性，如果换一组样本，估计值会变化，所以哪一个样本的估计值更接近真实值呢？很显然，用鱼叉把鱼抓住比较困难，同理，用点估计的方法准确推断总体均值也比较困难。所以，在统计中，也希望像用渔网抓鱼一样，估计出一个区间，使得总体均值落在这个区间之内。

采用渔网捕鱼时，有两个关键：一是在什么地方撒网；二是需要用多大的网。类似地，在统计中，采用样本数据估计出一个区间，让这个区间有较大把握包含总体均值，也有两个关键点：一是区间的中点在哪里(类似于在什么地方撒网)；二是区间的半径有多大(类似于需要用多大的网)。

首先解决区间的中点如何估计的问题。前面抽样分布的知识说明：从总体中随机取出一个样本，样本均值接近总体均值的可能性是比较大的。所以，在进行区间估计时，可以直接采用样本均值作为区间估计的中点。

其次解决区间的半径如何确定的问题。同样地，抽样分布的知识说明：样本均值的抽样分布是 t 分布。也就是说，从总体中随机抽取一个样本，这个样本的均值 x 是 t 分布曲线上的一个点，样本均值 x 和总体均值 μ 之间的距离等于 $t_\alpha \times \sigma$，这个距离就是区间估计中区间的半径。这个距离的两个决定因素中，σ 可以由样本标准差计算得到，而 t_α 在 t 曲线上仅由参数 α 决定，α 越小，t_α 的值就越大，区间的半径也就越大。而 α 由置信水平来决定，实际上，α =(1− 置信水平)/2。而置信水平根据估计需要来确定。也就是说，置信水平越高，置信区间的半径也就越大。

大家可以这样来理解，用区间估计推断总体均值就像用渔网去抓池塘(总体样本)中唯一的一条鱼(总体均值的真值)。要抓到总体均值的真值这条鱼，需要先用样本均值确定区间估计的中点，也就相当于把船划到离这条鱼比较近的地方。接下来，就可以撒网了。那这个网应该多大才好呢？那就取决于有多想抓到这条鱼。如果想以 100%的把握抓到这条鱼，那就应该用一张非常大的网，最好能覆盖整个池塘。但是这样做代价太大了，因为网越大买网所需要的钱就越多。那能不能用小一点儿的网来捕鱼呢？当然可以，不过，网越小，捕到这条鱼的概率就越小。相似地，如果不追求 100%捕到这条鱼，而是退而求其次，只要有 95%的把握就好了，那这张网的半径就应该是 $t_{0.025} \times \sigma$；如果再退而求其次，只要有 90%的把握就好了，那这张网的半径就只需要 $t_{0.05} \times \sigma$ 了。总之，对捕到这条鱼的概率要求越高，网就应该做得越大；如果对捕到这条鱼的概率要求没那么高，网就可以做得小一点儿，这样可以节省成本。

接下来，看一个具体的例子。例如，估计本校大学生每月生活费的平均值是多少。大学生月生活费平均值对于学校确定贫困生的标准有一定参考意义，但是又没有重要到非得把这个平均值弄得100%准确。因此，在估计的时候，可以估计出一个置信区间，只要这个置信区间有95%的把握包含本校大学生每月生活费的平均值就可以了。

有了这个认识后，我们就可以通过随机抽样的方式得到100位同学的月消费额数据。

```
> exp
  [1] 1722 1285 1265 1961 2003 1413 1282 1465 1833 1680 1336 1487
 [13] 1024 1681 1129 1698 1324 1408 1916  972 1636 1140 1672 1143
 [25] 1845 1491 1581 1322 1420 1495 1635 1640 1869 1243 1880 1070
 [37] 1688 1604 1361 1787 1355 1084 1627  918 2159 1506  837 1207
 [49] 1347 1770 1755 1605 1674 1299 1810 1977 1285 1802 2378 1183
 [61] 1072 1465  954 1574 1310 1353 1569 2121 1427 1786 1244 1441
 [73] 1047 1473  909 1267 1862 1330 1289  980 1223 1395 1512 1138
 [85] 1979 1676 1258 1912 1887 2150 2165 1571 1491 1442 1107 1309
 [97] 1575 1646  491 1596
```

通过计算这100个数据的平均值来确定区间估计的中点。在这个例子中，区间估计的中点(即这100个数据的平均值)是1489.8。

再接下来，求区间估计的半径。由前面的知识可知，区间估计的半径等于 $t_\alpha \times \sigma$。t_α 可以通过查阅 t 分布表得到：样本容量为100，所以自由度为99；另外，置信水平为95%，所以 α 为0.05(双侧)。因此，t_α 是自由度为99，α 为0.05(双侧)对应的 t 值，即1.984。而 $\sigma = \dfrac{\text{SD}}{\sqrt{n}}$，即33.61。所以，置信区间的半径为 $1.984 \times 33.61 = 66.68$。

因此，置信区间为[1489.8 − 1.984 × 33.61，1489.8 + 1.984 × 33.61]，即[1423.12，1556.48]。也就是说，有95%的把握认为：本校的大学生每月生活费的平均值位于[1423.12，1556.48]。值得注意的是：这里的"本校的大学生每月生活费的平均值"是一个数值。所以，在95%的置信水平下，本校大学生月生活费平均值的置信区间为[1423.12，1556.48]并不是指"本校有95%的大学生月生活费位于[1423.12，1556.48]"，而是指"本校所有大学生月生活费的平均值这一数有95%的可能性位于[1423.12，1556.48]"。

当然，在 R 语言里，可以直接用 t.test()函数求置信区间。求解上述例子置信区间的 R 语言代码和运行结果如下：

```
> t.test(exp, conf.level = 0.95)
    One Sample t-test

data:   exp
t = 44.327, df = 99, p-value < 2.2e-16
alternative hypothesis: true mean is not equal to 0
95 percent confidence interval:
 1423.12 1556.48
sample estimates:
mean of x
    1489.8
```

其中，exp 为随机抽样获取的 100 个学生的月消费额数据；conf.level = 0.95 表示置信水平为 95%。

4.7 本章小结

本章首先阐述了为什么要抽样及抽样分布的重要意义，在此基础上分析了抽样分布及正态分布曲线、t 分布曲线特征，探究如何用 t 分布曲线来回答"用样本均值推断总体均值的成功率"这个问题。其次，本章介绍了通过统计实验证明大数定理和中心极限定理的内容，直观展示了大数定理和中心极限定理的内涵。最后，介绍了应用 t 分布曲线开展区间估计的相关内容。本章的关键知识点主要包括以下几点。

(1) 抽样分布曲线：重复进行很多次(m 次)抽样，可以计算出 m 个样本均值，描述这 m 个样本均值分布的曲线就称为抽样分布曲线。

(2) 大数定理：样本容量越大，抽样分布越集中，用样本均值正确估计总体均值的把握越大。

(3) 中心极限定理：不管总体呈现什么分布特征，样本均值的分布都是近似的正态分布，这种近似的正态分布就是 t 分布。

(4) t 分布曲线的决定因素：样本均值的平均值、样本均值的标准差、自由度。

第5章 参数的假设检验

在现实生活中，经常需要回答类似的问题：2022年，中国居民人均可支配收入是否已经超过了1万美元？北京市城市居民人均可支配收入是否高于上海市城市居民人均可支配收入？校外超市的商品价格是否比校内超市的商品价格更贵？某一种政策实施前后，老百姓的福利水平是否有所提升？

在统计学里，上述几个问题的本质是：判断某个总体的平均值是否大于、等于或小于某一个具体的值；或是判断某个总体的平均值是否大于、等于或小于另一个总体的平均值。回答上述问题的难点在于难以获得总体中每一个个体的数据，因而无法直接计算出总体均值。例如，因为不太可能获得2022年每一位中国居民的可支配收入，所以无法准确计算出2022年中国居民人均可支配收入，也就无法直接回答中国居民人均可支配收入是否已经超过1万美元。

针对这一难点，通常采用"大胆假设，小心求证"的逻辑回答上述问题：先给定关于总体的一个假设，例如，假设"2022年中国居民人均可支配收入超过1万美元"；然后抽取样本数据，用获得的样本数据检验上述假设是否成立。以上这个过程就称为参数的假设检验。可见，参数假设检验的基本原理是先对总体的参数特征作出某种假设，然后通过抽样推断假设是否成立。

本章首先用一个游戏介绍假设检验的基本逻辑，并据此提炼假设检验的6个步骤。在此基础上，本章将向大家介绍单样本均值假设检验、双样本均值假设检验、配对样本均值假设检验的相关知识。

5.1 假设检验的基本逻辑

下面是一个掷骰子游戏，其中蕴含了假设检验的基本逻辑。

案例 5-1 掷骰子游戏。

你的同学小明要和你玩一个掷骰子的游戏，游戏规则是这样的：有两枚骰子，由小明来掷，如果掷出的两枚骰子点数之和为7，则小明获胜，否则你获胜，输的一方要做10个俯卧撑。你是否愿意玩这个游戏？

其实，只要用一个简单的表格就可以计算出你的胜算有多大(表5-1)。

表5-1 两枚骰子点数所有可能的组合

骰子	1	2	3	4	5	6
1	2	3	4	5	6	7
2	3	4	5	6	7	8

续表

骰子	1	2	3	4	5	6
3	4	5	6	7	8	9
4	5	6	7	8	9	10
5	6	7	8	9	10	11
6	7	8	9	10	11	12

从表 5-1 可以看出，同时掷两枚骰子总共有 36 种可能的组合，在这些组合中，两枚骰子点数之和为 7 的组合有 6 种。也就是说，掷出的两枚骰子点数之和为 7 的可能性是 6/36，也就是 1/6。所以，在游戏中，小明获胜的概率为 1/6，而你获胜的概率为 5/6。你获胜的概率是小明获胜概率的 5 倍。经过这个评估之后，你决定和小明玩这个游戏。

由小明来掷骰子，结果小明第一次掷出了 7。你会想：小明的运气真好！然后，爽快地做了 10 个俯卧撑。接着进行第二轮，小明又掷出了 7。你会想：不会吧，小明的运气太好了吧？你又做了 10 个俯卧撑。接着进行第三轮，小明又掷出了 7。这个时候你开始有些疑惑了：小明怎么会有这么好的运气？你非常不情愿地又做了 10 个俯卧撑。接着进行第四轮，小明又掷出了 7。这个时候你不由得开始要怀疑小明是否作弊了。为什么呢？因为小明的运气好得超出了你能接受的程度。

重新梳理一下在上述游戏中你的思考过程。

首先，你的脑袋里有一个假设：小明没有作弊。

接下来，你快速计算上述假设成立的情况下，小明连续掷出四个 7 的可能性有多大。每一次掷骰子，小明的胜率为 1/6。因此，小明第一次获胜的概率为 1/6，连续两次获胜的概率为 $(1/6)^2$，连续三次获胜的概率为 $(1/6)^3$，连续四次获胜的概率为 $(1/6)^4$——约等于万分之八。

万分之八这个概率实在太小了，小到你不得不怀疑假设的真实性。因此，你拒绝最初的假设，即认为"小明没有作弊"这个假设不成立。那么，认为"小明作弊了"是不是就一定正确呢？其实不一定，从前面的计算中可以看出，即使小明没有作弊，他也是有可能连续掷出四个 7 的，只不过是概率非常小——大概是万分之八。所以，拒绝"小明没有作弊"这个假设是要冒一定风险的，只不过这个风险非常小而已。

基于上述游戏，可以梳理假设检验的 6 个步骤。

(1) 给定假设。案例 5-1 中，你首先给出假设：小明没有作弊。在假设检验中，这一假设被称为"原假设"，与原假设对应的是"备择假设"——即原假设不成立时的命题。容易推出，与"小明没有作弊"这个原假设对应的备择假设是"小明作弊了"。

(2) 确定在原假设为真时的抽样分布。抽样分布是指当"小明没有作弊"这个原假设成立时，掷出各个点数的可能性，图 5-1 是"当原假设为真"时的抽样分布。

(3) 给定显著性水平 α。案例 5-1 中，你并没有显式地给出显著性水平，但是你内心是有一个"能接受的程度"的，这个"能接受的程度"就是显著性水平。在做统计分析时，需要显式地给出显著性水平。在社会科学研究实践中，通常会设定 5% 的显著性水平，即当一个假设成立的概率小于 5% 时，倾向于拒绝原假设。显著性水平其实是愿意接受的风险程度。例如，显著性水平是 5% 的时候，表示接受在 5% 以内的概率下犯这样的错误：原假设是真的，但是却拒绝了原假设。在实际的社会科学研究中，显著性水平

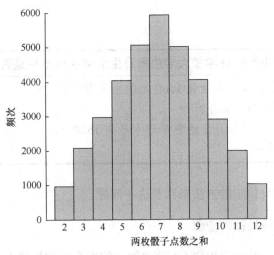

图 5-1　两枚骰子点数之和的概率分布

根据问题的重要性程度会有所不同。

(4) 抽样，并计算原假设为真时获得这个样本的可能性 p。前面的例子中，观察小明掷出骰子的点数，并计算观察到的现象出现的概率。小明第一次掷出 7 点，你会在脑海里面默默想，这个事件发生的概率是 1/6；小明连续两次掷出 7 点，你的大脑会快速地计算这个事件发生的概率是$(1/6)^2$；类似地，小明连续三次、四次掷出 7 点，你的大脑会快速地计算这个事件发生的概率分别是$(1/6)^3$、$(1/6)^4$ 等。可见，小明掷骰子的过程，其实是你抽样并计算抽到这样的样本有多大概率的过程。

(5) 比较 p 与 α，判定是否拒绝原假设。当你发现小明连续四次掷出 7 点，这一事件出现的概率是万分之八。如果小明没有作弊，这么小概率的事件怎么会发生呢？他的运气不可能有这么好吧？有了这样的想法，你就会决定拒绝"小明没有作弊"这个原假设。这里比较了"小明的运气"（即小明连续四次掷出 7 的概率 p 为万分之八）和"你心中可以接受的程度"（即显著性水平 $\alpha=5\%$）：万分之八是一个远远小于 5% 的概率。这意味着出现这件事情的概率远远小于你能接受的程度，因而你拒绝原假设，从而接受备择假设。可见，抽样并计算概率 p 之后，你会比较 p 与 α。当 $p < \alpha$ 时，你会拒绝原假设；当 $p \geqslant \alpha$ 时，你会接受原假设。

(6) 运用假设检验结果。当通过假设、抽样、计算、比较等步骤之后，认为"小明没有作弊"这个原假设成立时抽到这样的样本（即观察到小明连续四次掷出 7 点的概率非常低，你会拒绝原假设"小明没有作弊"，接受备择假设"小明作弊了"，决定不再继续和小明玩这个游戏。假设检验的目的是基于假设检验结果指导你作出决策。

5.2　单样本均值假设检验

5.2.1　什么是单样本均值假设检验

生活中，常常需要用到单样本均值假设检验。下面的例子就是单样本均值假设检验的应用场景。

案例 5-2　检验小明所在学校大学生每月生活费平均水平是否等于 1500 元。

小明：爸爸，您能每个月给我 1500 元的生活费吗？

爸爸：为什么是 1500 元呢？

小明：因为学校学生每月生活费平均水平是 1500 元。

爸爸：你能证明吗？

小明可以采用假设检验的方法来回答这一问题。

5.2.2　单样本均值假设检验的步骤

单样本均值假设检验可以采用 5.1 节中所述的 6 个步骤解答案例 5-2。

(1) 给定假设。

原假设 H_0 为"小明所在学校大学生每月生活费平均水平等于 1500 元"。

备择假设 H_1 为"小明所在学校大学生每月生活费平均水平不等于 1500 元"。

(2) 确定原假设为真时的抽样分布。想要检验的总体是小明所在学校所有大学生每月生活费平均水平，抽样即是从该总体中每次抽取 n 个学生，重复抽样 m 次(图 5-2)，这样可以获得 $\bar{x}_1, \bar{x}_2, \cdots, \bar{x}_m$，这 m 个样本均值的分布即抽样分布。根据第 4 章学习的大数定理和中心极限定理，定比/定距变量的均值的抽样分布服从 t 分布，并且该 t 分布曲线由 μ、σ 和 df 三个参数确定。本例中，μ 由 H_0 确定，σ 可以由样本标准差计算得到，df=$n-1$。所以，抽取一个样本就能画出小明所在学校所有大学生每月生活费平均水平的抽样分布曲线。

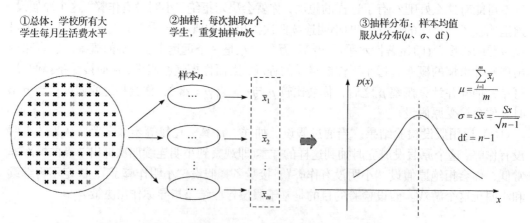

图 5-2　单样本均值假设检验：当原假设为真时的抽样分布示意图

(3) 给定显著性水平 α=5%。

(4) 抽样，并计算原假设为真时获得这个样本的概率 p。此时，小明从所在学校的大学生中抽取 n 个大学生的月生活费组成一个样本。有了这个样本之后，一方面，可以给出抽样分布曲线[见第(2)步]；另一方面，可以计算出样本均值 $\bar{x}$。根据 $\bar{x}$ 和抽样分布曲线的参数, 通过查找 t 值表, 就可以得到 p 值。

(5) 比较 p 与 α, 判定是否拒绝原假设。

(6) 运用假设检验结果。

基于上述 6 个分析步骤, 可以借助 R 语言实现"小明所在学校大学生每月生活费平均水平等于 1500 元"案例的假设检验的计算。

(1) 因为第二个分析步骤表明本案例的抽样分布为 t 分布, 所以采用 t 检验, R 语言对应的命令是"t.test", 形式如下:

```
> t.test(x, y = NULL,
    alternative = c("two.sided", "less", "greater"),
    mu = 0, paired = FALSE, var.equal = FALSE,
    conf.level = 0.95, ...)
```

(2) 参数"x"即为第(4)步中的样本数据, 本案例为大家准备好了抽样数据, 文件名为 cost_xiaoming.csv。

(3) 参数"alternative"对应第(1)步中的备择假设 H_1 的比较运算符"≠"。"two.sided"表示"≠"; "less"表示"<"; "greater"表示">"。由此设定本案例的"alternative"为"two.sided"。

(4) 参数"mu"(即 μ)对应第(1)步中的样本均值, 本案例中为"1500"。

据此得到本案例"t.test"命令如下:

```
> t.test(x, alternative = "two.sided", mu = 1500)
```

"t.test"命令的运行结果如图 5-3 所示。

```
        One Sample t-test

data:  x
t = 0.6893, df = 399, p-value = 0.491
alternative hypothesis: true mean is not equal to 1500
95 percent confidence interval:
 1493.774 1512.949
sample estimates:
mean of x
 1503.362
```

图 5-3 单样本均值假设检验的结果(案例 5-2)

(5)比较 p 与 α, 判定是否拒绝原假设: 由"t.test"命令运行结果的"p-value=0.491"可知, $p > \alpha = 5\%$, 以此判定无法拒绝原假设。

(6)运用假设检验结果, 得出结论: 小明所在学校大学生每月生活费平均水平为 1500 元。因此, 爸爸应该据此给小明每个月 1500 元的生活费。

接下来看一下案例 5-2 的延伸案例。

案例 5-3 检验小明所在学校大学生每月生活费平均水平是否不低于 1500 元。

(1) 给定假设。

原假设 H_0 为"小明所在学校大学生每月生活费平均水平不低于 1500 元"。

备择假设 H_1 为"小明所在学校大学生每月生活费平均水平低于 1500 元"。

(2) 确定原假设为真时的抽样分布：同案例 5-2。

(3) 给定显著性水平 $\alpha=5\%$。

(4) 抽样，并计算原假设为真时获得这个样本的概率 p：同案例 5-2。

(5) 比较 p 与 α，判定是否拒绝原假设。

(6) 运用假设检验结果。

基于上述 6 个分析步骤，可以借助 R 语言实现"小明所在学校大学生每月生活费平均水平不低于 1500 元"案例的假设检验的计算。

(1) 因为第二个分析步骤表明本案的抽样分布为 t 分布，所以采用 t 检验，R 语言对应的命令是"t.test"。

(2) 参数"x"即为第(4)步中的样本数据，同案例 5-2。

(3) 参数"alternative"对应第(1)步中的备择假设 H_1 的比较运算符"<"，设置为"less"。

(4) 参数"mu"(即 μ)设置为"1500"。

据此得到本案例的 R 语言代码如下：

```
> t.test(x, alternative = "less", mu = 1500)
```

"t.test"命令运行结果如图 5-4 所示。

```
            One Sample t-test

data:  x
t = -7.7284, df = 199, p-value = 2.632e-13
alternative hypothesis: true mean is less than 1500
95 percent confidence interval:
     -Inf 1208.822
sample estimates:
mean of x
 1129.626
```

图 5-4　单样本均值假设检验的结果(案例 5-3)

(5) 比较 p 与 α，判定是否拒绝原假设：由"t.test"命令运行结果的"p-value=2.632e-13"可知，p 远远小于给定的显著性水平 $\alpha=5\%$，因此有理由拒绝原假设，并接受备择假设。

(6) 运用假设检验结果：根据拒绝原假设，得出结论——小明所在学校大学生每月生活费平均水平低于 1500 元。

接下来看一下案例 5-2 的另一个延伸案例。

案例 5-4　检验小明所在学校大学生每月生活费平均水平是否高于 1500 元。

(1) 给定假设。

原假设 H_0 为"小明所在学校大学生每月生活费平均水平高于 1500 元"。

备择假设 H_1 为"小明所在学校大学生每月生活费平均水平不高于 1500 元"。

(2) 确定原假设为真时的抽样分布：同案例 5-2。

(3) 给定显著性水平 $\alpha=5\%$。

(4) 抽样，并计算原假设为真时获得这个样本的概率 p：同案例 5-2。

(5) 比较 p 与 α，判定是否拒绝原假设。

(6) 运用假设检验结果。

基于上述 6 个分析步骤，可以借助 R 语言实现"小明所在学校大学生每月生活费平均水平高于 1500 元"案例的假设检验的计算。

在掌握了上述知识后，如何基于假设检验的 6 个步骤实现 R 语言操作呢？

(1) 因为第(2)步表明本案的抽样分布为 t 分布，所以采用 t 检验，R 语言对应的命令是"t.test"。

(2) 参数"x"即为第(4)步中的样本数据，同案例 5-2。

(3) 参数"alternative"对应第(1)步中的备择假设 H_1 的比较运算符"$\leqslant$"。但是发现，参数"alternative"只有"two.sided""less""greater"这三个选项，无法满足"$\leqslant$"的需求。面对这种情况，可以将原假设和备择假设做一下调换，再根据单样本均值假设检验的 6 个步骤展开分析。

由此，对于案例 5-4 的 6 个步骤分析如下。

(1) 给定假设。

原假设 H_0 为"小明所在学校大学生每月生活费平均水平不高于 1500 元"。

备择假设 H_1 为"小明所在学校大学生每月生活费平均水平高于 1500 元"。

(2) 确定原假设为真时的抽样分布：同案例 5-2。

(3) 给定显著性水平 $\alpha=5\%$。

(4) 抽样，并计算原假设为真时获得这个样本的概率 p：同案例 5-2。

(5) 比较 p 与 α，判定是否拒绝原假设。

(6) 运用假设检验结果。

基于上述 6 个分析步骤，可以借助 R 语言实现"小明所在学校大学生每月生活费平均水平不高于 1500 元"案例的假设检验的计算。

(1) 因为第(2)步表明本案的抽样分布为 t 分布，所以采用 t 检验，R 语言对应的命令是"t.test"。

(2) 参数"x"即为第(4)步中的样本数据，同案例 5-2。

(3) 参数"alternative"对应第一个分析步骤中的备择假设 H_1 的比较运算符"＞"，设置为"greater"。

(4) 参数"mu"(即 μ)对应第一个分析步骤中的样本均值，设置为"1500"。

据此得到本案例的 R 语言代码如下：

```
> t.test(x, alternative = "greater", mu = 1500)
```

"t.test"命令运行结果如图 5-5 所示。

```
       One Sample t-test

data:  x
t = 24.742, df = 199, p-value < 2.2e-16
alternative hypothesis: true mean is greater than 1500
95 percent confidence interval:
 2309.697        Inf
sample estimates:
mean of x
 2367.648
```

图 5-5　单样本均值假设检验的结果(案例 5-4)

（5）比较 p 与 α，判定是否拒绝原假设：由 "t.test" 命令运行结果的 "p-value< 2.2e–16" 可知，p 远远小于给定的显著性水平 α=5%，据此有理由拒绝原假设，并接受备择假设。特别注意，该案例中调换过原假设和备择假设，t 检验结果接受的是备择假设 H_1：μ>1500。

（6）运用假设检验结果，得出结论：小明所在学校大学生每月生活费平均水平高于 1500 元。

从以上的一系列案例可以看出，参数的假设检验遵循 6 个统计检验分析步骤展开：①给定原假设与备择假设；②描述原假设为真时的抽样分布；③给出显著性水平 α；④抽样并计算原假设为真时获得样本的概率 p；⑤对比 p 与 α，判定原假设是否成立；⑥运用结果解决实际问题。

由于样本均值抽样分布是 t 分布，可以用 t 检验进行样本均值检验。在 R 语言中，执行 t 检验的命令是 "t.test"。执行 "t.test" 命令时，需要重点关注 "alternative" 和 "mu"，当遇见 "alternative" 需要设定为 ">" 或 "<" 时，可将原假设与备择假设对调后再根据均值假设检验的 6 个步骤展开分析，并注意基于对应的原假设和备择假设进行解译，以免出错。

5.3　双样本均值假设检验

5.3.1　什么是双样本均值假设检验

案例 5-5　检验小明所在学校大学生每月生活费平均水平是否等于小刚所在学校大学生每月生活费平均水平。

小明：爸爸，您能每个月给我 1500 元的生活费吗？

爸爸：为什么邻居小刚每个月只找他爸爸要 1300 元的生活费呢？

小明：因为我在武汉上大学，小刚在贵阳上大学，两个城市大学生的月消费水平是有明显差别的。

爸爸：你能证明吗？

当遇到上述场景时，小明依然可以采用假设检验的 6 个步骤来证明给爸爸看。与 5.2 节的案例有所不同的是，前面的案例都是在讨论一个学校的生活费水平，只有一个总体。当需要检验"小明所在学校大学生每月生活费平均水平是否等于小刚所在学校大学生每月生活费平均水平"时，就涉及小明和小刚对应的两个总体均值的比较，这种情况下需要开展双样本均值假设检验。

5.3.2 双样本均值假设检验的步骤

双样本均值假设检验与单样本均值检验一样，也是 6 个步骤。

(1) 给定假设。

原假设 H_0 为"小明所在学校大学生每月生活费平均水平等于小刚所在学校大学生每月生活费平均水平"。

备择假设 H_1 为"小明所在学校大学生每月生活费平均水平不等于小刚所在学校大学生每月生活费平均水平"。

(2) 确定在原假设为真时的抽样分布。对于双样本均值假设检验，引入新的统计量 $\Delta\mu$。由此，原假设和备择假设可相应地分别转换为 H_0：$\Delta\mu=0$，H_1：$\Delta\mu\neq0$。接下来，只需要确定在原假设为真时 $\Delta\mu$ 的抽样分布即可。

想要检验的总体是小明所在学校所有大学生每月生活费水平与小刚所在学校所有大学生每月生活费水平的差值 $\Delta\mu$。抽样即是从小明所在学校所有大学生每月生活费水平这个总体中随机抽取一定数量的学生 n_1，得到 $\bar{X}_{wh1}$；从小刚所在学校所有大学生每月生活费水平这个总体中随机抽取一定数量的学生 n_2，得到 $\bar{X}_{gy1}$；基于此可算出 $\Delta\bar{X}_1 = \bar{X}_{wh1} - \bar{X}_{gy1}$。重复这样的抽样 m 次，可以得到 $\Delta\bar{X}_1, \Delta\bar{X}_2, \cdots, \Delta\bar{X}_m$，由此组成 $\Delta\mu$ 的抽样分布(图 5-6)。

那么，需要思考一个问题：双样本假设检验 $\Delta\mu$ 的抽样分布呈现什么特征、服从什么分布？因为这关系到应该采用什么方法开展假设检验。统计学家已经证明了 $\Delta\mu$ 的抽样分布也服从 t 分布。所以，仍然是用 t 检验进行双样本均值假设检验。

值得注意的是，$\Delta\mu$ 的抽样分布 t 曲线的自由度 df 的计算方法比较复杂，在两个总体的方差相差不大与两个总体的方差相差很大两种不同情况下，该 t 分布曲线的自由度的计算公式有较大差别。不用关心自由度的计算公式，但需要知道两种情况下 t 分布曲线是不一样的。所以，开展双样本均值假设检验时，要先检验"两个总体的方差是否相差

①总体：学校所有大学生每月生活费水

②抽样：从 n_1 和 n_2 中分别抽取一定数量的样本计算 $\bar{X}_{wh1}$ 和 $\bar{X}_{gy1}$ 得到 $\Delta\bar{X}_1 = \bar{X}_{wh1} - \bar{X}_{gy1}$；重复抽样 m 次，由 $\Delta\bar{X}_1$、$\Delta\bar{X}_2$、$\cdots$、$\Delta\bar{X}_m$ 组成 $\Delta\mu$

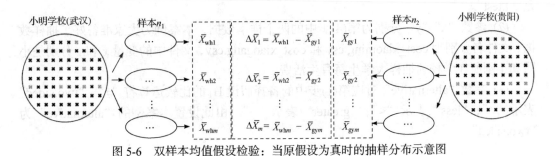

图 5-6 双样本均值假设检验：当原假设为真时的抽样分布示意图

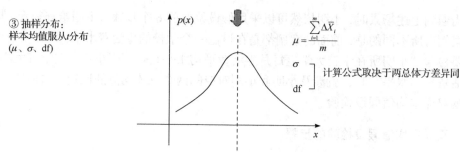

③ 抽样分布：
样本均值服从 t 分布
$(\mu$、σ、df)

$\mu = \dfrac{\sum\limits_{i=1}^{m} \Delta \bar{X}_i}{m}$

σ
df } 计算公式取决于两总体方差异同

➤ $S_大 \leqslant 2S_小$ 时，适用于双样本同方差 t 检验

$\sigma_{(同)} = S_{\bar{X}_1 - \bar{X}_2(同)} = \sqrt{\dfrac{(n_1-1)S_{X_1}^2 + (n_2-1)S_{X_2}^2}{n_1 + n_2 - 2}}\sqrt{\dfrac{n_1 + n_2}{n_1 n_2}}$

$\text{df}_{(同)} = n_1 + n_2 - 2$

➤ $S_大 > 2S_小$ 时，适用于双样本异方差 t 检验

$\sigma_{(异)} = S_{\bar{X}_1 - \bar{X}_2(异)} = \sqrt{\dfrac{S_{X_1}^2}{n_1 - 1} + \dfrac{S_{X_2}^2}{n_2 - 1}}$

$\text{df}_{(异)} = \dfrac{\left(\dfrac{S_{X_1}^2}{n_1-1} + \dfrac{S_{X_2}^2}{n_2-1}\right)^2}{\left(\dfrac{S_{X_1}^2}{n_1-1}\right)^2\left(\dfrac{1}{n_1+1}\right) + \left(\dfrac{S_{X_2}^2}{n_2-1}\right)^2\left(\dfrac{1}{n_2+1}\right)} - 2$

图 5-6 （续）

很大"。那么，怎么判断"两个总体的方差是否相差很大"呢？这里有一条比较简单的判断标准：当某一个样本的标准差大于另外一个样本的标准差的两倍（即 $S_大 > 2S_小$）时，就认为两个总体的方差相差很大，该情形适用于双样本异方差 t 检验；若是两个总体的方差没有很大差别（即 $S_大 < 2S_小$），则适用于双样本同方差 t 检验。所以，抽取一个样本就能画出小明所在学校大学生每月生活费平均水平与小刚所在学校大学生每月生活费平均水平的差值的抽样分布曲线。

(3) 给定显著性水平 $\alpha = 5\%$。

(4) 抽样，并计算原假设为真时获得这个样本的概率 p。从小明的学校和小刚的学校分别随机抽取一定数量的学生构成样本，即可计算得到抽样分布 t 曲线的 σ 和 df 值，并且本案例已知 $\Delta\mu = 0$。因此，本案例 t 分布曲线也可随之确定。此时，还能计算得到两个样本均值的差值 $\Delta\bar{x}$ 和抽样分布 t 曲线的参数。通过查找 t 值表，就可以得到 p 值。

(5) 比较 p 与 α，判定是否拒绝原假设。

(6) 运用假设检验结果。

基于上述 6 个分析步骤，借助 R 语言实现上述"小明所在学校大学生每月生活费平均水平等于小刚所在学校大学生每月生活费平均水平"假设检验的计算过程如下。

(1) 因为第(2)步表明本案的抽样分布为 t 分布，所以采用 t 检验，R 语言对应的命令是"t.test"。

(2) 参数"x""y"分别为第(4)步中的两个样本数据，本案例为大家准备好了抽样数据，文件名分别为 cost_xiaoming.csv 和 cost_xiaogang.csv，文件中的变量 x 和 y 分别是小明和小刚所在学校的抽样大学生每月生活费。

(3) 参数"alternative"对应第(1)步中的备择假设 H_1 的比较运算符"≠"，"two.sided"表示"≠"；"less"表示"<"；"greater"表示">"。由此设置本案例的"alternative"为"two.sided"。

(4) 参数"mu"(即 μ)对应第一个分析步骤的样本均值,设置为"1500"。

(5) 参数"var.equal"用于判定适用于双样本同方差 t 检验("TRUE")或双样本异方差 t 检验("FALSE"),根据抽样数据可知 $S_{xiaoming} \leqslant 2S_{xiaogang}$,因而设置为"TRUE"。

据此得到本案例的 R 语言代码如下:

```
> t.test (x, y, alternative = "two.sided", mu = 0, var.equal = TRUE)
```

"t.test"命令运行结果如图 5-7 所示。

```
        Welch Two Sample t-test

data:  x and y
t = 39.476, df = 271.17, p-value < 2.2e-16
alternative hypothesis: true difference in means is not equal to 0
95 percent confidence interval:
 472.4195 522.0136
sample estimates:
mean of x mean of y
 1503.362  1006.145
```

图 5-7 双样本均值假设检验的结果(案例 5-5)

(6) 比较 p 与 α,判定是否拒绝原假设:由"t.test"命令运行结果的"p-value < 2.2e−16"可知,p 远远小于 α=5%,以此判定拒绝原假设,从而接受备择假设。

(7) 运用假设检验结果,得出结论:小明所在学校大学生每月生活费平均水平不等于小刚所在学校的大学生每月生活费平均水平。因此,小明向爸爸证明了小明与小刚所在学校的大学生每月生活费平均水平是不一样的。

值得注意的是,在存在异方差和不存在异方差两种情况下,抽样分布曲线会有所区别,因此两个总体是否存在异方差性会对假设检验的分析结果产生影响。所以,在开展双样本均值假设检验时,应该先检验两个待比较的总体是否存在异方差性,然后再根据是否存在异方差性进行后续的分析。

接下来看一下案例 5-5 的延伸案例。

案例 5-6 检验小明所在学校大学生生活费平均水平是否不低于小刚所在学校大学生每月生活费平均水平。

(1) 给定假设。

原假设 H_0 为"小明所在学校大学生每月生活费平均水平不低于小刚所在学校大学生每月生活费平均水平"。

备择假设 H_1 为"小明所在学校大学生每月生活费平均水平低于小刚所在学校大学生每月生活费平均水平"。

(2) 确定在原假设为真时的抽样分布:同案例 5-5。

(3) 给定显著性水平 α=5%。

(4) 抽样，并计算原假设为真时获得这个样本的概率 p：同案例 5-5。

(5) 比较 p 与 α，判定是否拒绝原假设。

(6) 运用结果进行决策。

基于上述 6 个分析步骤，可以借助 R 语言实现"小明所在学校大学生每月生活费平均水平不低于小刚所在学校大学生每月生活费平均水平"假设检验的计算过程如下。

(1) 因为第(2)步表明本案的抽样分布为 t 分布，所以采用 t 检验，R 语言对应的命令是"t.test"。

(2) 参数"x""y"分别为第(4)步中的两个样本数据，同案例 5-5。

(3) 参数"alternative"对应第一个分析步骤中的 H_1 比较运算符"＜"，设置为"less"。

(4) 参数"mu"(即 μ)对应第一个分析步骤中原假设的均值，设置为"0"。

(5) 参数"var.equal"设置为"TRUE"，同案例 5-5。

据此得到本案例的 R 语言代码如下：

```
> t.test (x, y, alternative = "less", mu = 0, var.equal = TRUE)
```

"t.test"命令运行结果如图 5-8 所示。

```
        Welch Two Sample t-test

data:  x and y
t = 39.476, df = 271.17, p-value = 1
alternative hypothesis: true difference in means is less than 0
95 percent confidence interval:
     -Inf 518.0051
sample estimates:
mean of x mean of y
 1503.362   1006.145
```

图 5-8　双样本均值假设检验的结果(案例 5-6)

(6) 比较 p 与 α，判定是否拒绝原假设：由"t.test"命令运行结果的"p-value=1"可知，p 远远大于 α=5%，以此判定无法拒绝原假设。

(7) 运用假设检验结果，得出结论：小明所在学校大学生每月生活费平均水平不低于小刚所在学校的大学生每月生活费平均水平。

再来看一下案例 5-5 的另一个延伸案例。

案例 5-7　检验小明所在学校大学生每月生活费平均水平是否高于小刚所在学校大学生每月生活费平均水平。

---

(1) 给定假设。

原假设 H_0 为"小明所在学校大学生每月生活费平均水平高于小刚所在学校大学生每月生活费平均水平"。

备择假设 H_1 为"小明所在学校大学生每月生活费平均水平不高于小刚所在学校大学生每月生活费平均水平"。

(2) 确定在原假设为真时的抽样分布：同案例 5-5。

(3) 给定显著性水平 $\alpha = 5\%$。

(4) 抽样，并计算原假设为真时获得这个样本的概率 p：同案例 5-5。

(5) 比较 p 与 α，判定是否拒绝原假设。

(6) 运用结果进行决策。

基于上述 6 个分析步骤，借助 R 语言实现"小明所在学校大学生每月生活费平均水平高于小刚所在学校大学生每月生活费平均水平"的假设检验计算过程如下。

(1) 因为第(2)步表明本案的抽样分布为 t 分布，所以采用 t 检验，R 语言对应的命令是"t.test"。

(2) 参数"x""y"分别为第(4)步中的两个样本数据，同案例 5-5。

(3) 参数"alternative"对应第一个分析步骤的备择假设 H_1：$\Delta\mu \leqslant 0$。但是发现，只有"two.sided""less""greater"这三个选项，无法满足"$\leqslant$"的设置需求。这就要求将原假设和备择假设做一下调换，再根据双样本均值假设检验的步骤继续分析。

由此，对于案例 5-7 的 6 个分析步骤作出如下修改。

(1) 给定假设。

原假设 H_0 为"小明所在学校大学生每月生活费平均水平不高于小刚所在学校大学生每月生活费平均水平"。

备择假设 H_1 为"小明所在学校大学生每月生活费平均水平高于小刚所在学校大学生每月生活费平均水平"。

(2) 确定在原假设为真时的抽样分布：同案例 5-5。

(3) 给定显著性水平 $\alpha = 5\%$。

(4) 抽样，并计算原假设为真时获得这个样本的概率 p：同案例 5-5。

(5) 比较 p 与 α，判定是否拒绝原假设。

(6) 运用结果进行决策。

基于上述 6 个分析步骤，借助 R 语言实现上述假设检验的计算过程如下。

(1) 因为第(2)步表明本案的抽样分布为 t 分布，所以采用 t 检验，R 语言对应的命令是"t.test"。

(2) 参数"x""y"分别为第(4)步中的两个样本数据，同案例 5-5。

(3) 参数"alternative"对应第一个分析步骤的备择假设 H_1 的比较运算符"$>$"，设置为"greater"。

(4) 参数"mu"（即 μ）对应第一个分析步骤的样本均值，设置为"0"。

(5) 参数"var.equal"设置为"TRUE"，同案例 5-5。

据此得到本案例的 R 语言代码如下：

```
> t.test (x, y, alternative = "greater", mu = 0, var.equal = TRUE)
```

"t.test"命令运行结果如图 5-9 所示。

```
        Welch Two Sample t-test

data:  x and y
t = 39.476, df = 271.17, p-value < 2.2e-16
alternative hypothesis: true difference in means is greater than 0
95 percent confidence interval:
 476.4281        Inf
sample estimates:
mean of x mean of y
 1503.362   1006.145
```

图 5-9　双样本均值假设检验的结果(案例 5-7)

(6) 比较 p 与 α，判定是否拒绝原假设：由 "t.test" 命令运行结果的 "p-value < 2.2e-16" 可知，p 远远小于 $\alpha=5\%$，以此判定拒绝原假设 $H_0:\Delta\mu \leqslant 0$，从而接受备择假设 $H_1: \Delta\mu>0$。

(7) 运用假设检验结果，得出结论：小明所在学校大学生每月生活费平均水平高于小刚所在学校大学生每月生活费平均水平。

从本节内容可以看出，双样本均值假设检验中，需引入新的统计量 $\Delta\mu$。双样本均值抽样分布 $\Delta\mu$ 也服从 t 分布，所以仍然可以用 t 检验进行双样本均值检验。在 R 语言中采用 "t.test" 命令实现双样本均值假设检验。"t.test" 的参数设置主要涉及 "x" 和 "y"，分别是两个样本；"alternative" 对应备择假设的比较运算符，当遇见 "alternative" 需设定为 ">" 或 "<" 时，可将原假设与备择假设对调后再进行检验，但要注意在结果应用时对照更新后的原假设，以免出错；"mu" 则设置为 "0"；当某一个样本的标准差大于另外一个样本的标准差的两倍(即 $S_1>2S_2$)时，就认为两个总体的方差相差很大，该情形适用于双样本异方差 t 检验，参数 "var.equal" 设置为 "FALSE"，否则适用于双样本同方差 t 检验，参数 "var.equal" 设置为 "TRUE"。

5.4　配对样本均值假设检验

5.4.1　什么是配对样本均值假设检验

生活中还会经常遇见类似的情况，例如，研究服用某一药品前后，病人的状况是否得到改善；实施新型农村合作医疗保险前后农村人口健康水平是否得到明显改善；参加体能训练后长跑成绩是否提升，等等。配对样本均值假设检验适用于配对设计或自身对照设计的比较。

配对样本(也称为关联样本)指发生自然耦合或配对耦合关系的样本，表现为一组中的一个数据与另一组的某个数据存在唯一对应关系。使用配对样本参数假设检验的前提是两个样本之间是配对的：首先两个样本的观察数目相同，其次两个样本的观察值顺序必须一致。例如，校内外超市商品单价的比较如表 5-2 所示。

表 5-2　校内外超市商品单价对比表　　　　　　　　（单位：元）

商品编号	商品名称	校外超市价格 x_a	校内超市价格 x_b	价格差 Δx
01	订书机	19.90	13.80	6.10
02	胶带	12.50	9.31	3.19
03	固体胶	12.90	8.20	4.70
04	晨光牌直液式走珠笔	19.40	15.80	3.60
05	橡皮	10.90	7.13	3.77
06	得力牌修正带	23.00	23.90	−0.90
07	活页本	18.00	12.80	5.20
08	长尾夹	14.90	12.80	2.10
09	削笔机	10.90	9.90	1.00
10	晨光牌笔袋	5.00	4.95	0.05
11	得力牌便利贴 4 色	6.90	8.00	−1.10
12	彩笔	12.90	14.90	−2.00
13	得力牌套尺	12.90	12.90	0.00
14	得力牌笔筒	6.30	9.80	−3.50
15	晨光牌彩色铅笔	25.00	26.80	−1.80
⋮	⋮	⋮	⋮	⋮

5.4.2　配对样本均值假设检验的步骤

下面通过校内外超市商品价格的比较来介绍配对样本均值假设检验的步骤。

案例 5-8　检验小明所在学校校内超市的商品价格是否等于校外超市的商品价格。

后勤处：热心同学反映说，校内超市的商品价格比校外超市的商品价格贵。打算成立调查小组，确认一下是否确有此事？

小明：让我去调查确认，提交一份报告说明情况。

为了检验"校内超市的商品价格是否等于校外超市的商品价格"，可以采用配对样本均值假设检验。配对样本均值假设检验的分析步骤也可以按照假设检验的 6 个步骤展开。

(1) 给定假设。

原假设 H_0 为"某商品价格在校内超市与校外超市的差别等于 0"。

备择假设 H_1 为"某商品价格在校内超市与校外超市的差别不等于 0"。

(2) 确定在原假设为真时的抽样分布。想要检验的总体是商品在校内超市 a 和校外超市 b 价格差异 $\Delta\mu_{a-b}$ 是否为 0。抽样即是从校内超市和校外超市分别抽取同一件商品，并对比两个超市的价格之差 $a_{1\_1}-b_{1\_1}$；在两个超市重复抽取 n 件商品，并计算这些商品

在两个超市的价格之差 $a_{1\_n}-b_{1\_n}$，从而计算出商品在校内超市和校外超市的价格之差的

均值 $\overline{\Delta x_1}=\dfrac{\sum\limits_{i=1}^{n}\left(a_{1\_i}-b_{1\_i}\right)}{n}$ ，至此完成一次抽样。在进行 m 次抽样后，可得到 m 个校内超

市与校外超市商品价格之差的均值 $\overline{\Delta x_1}=\dfrac{\sum\limits_{i=1}^{n}\left(a_{1\_i}-b_{1\_i}\right)}{n}$ ， $\overline{\Delta x_2}=\dfrac{\sum\limits_{i=1}^{n}\left(a_{2\_i}-b_{2\_i}\right)}{n}$ ， …，

$\overline{\Delta x_m}=\dfrac{\sum\limits_{i=1}^{n}\left(a_{m\_i}-b_{m\_i}\right)}{n}$ ，由此组成 $\Delta\mu_{a-b}$ 的抽样分布(图 5-10)。统计学家已经证明，配对
样本均值假设检验的抽样分布也遵循 t 分布。所以，抽取一个样本就能画出校内超市和
校外超市商品价格的差别的抽样分布曲线。

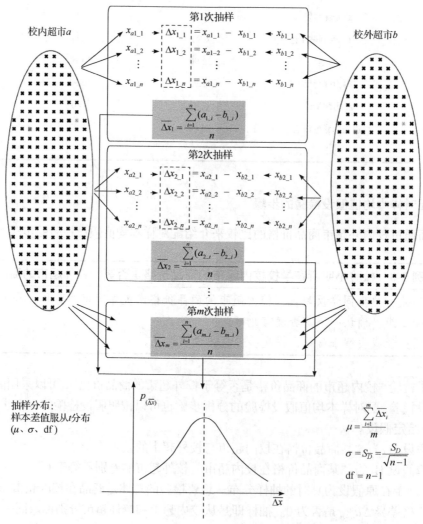

图 5-10　配对样本均值假设检验：当原假设为真时的抽样分布示意图

(3) 给定显著性水平α=5%。

(4) 抽样，并计算原假设为真时获得这个样本的可能性 p。从校内超市和校外超市分别随机抽取 n 件相同的商品，计算商品在校内超市和校外超市的价格之差，从而确定抽样分布 t 曲线的 σ 和 df 值，并根据该案例的原假设可知 $\Delta\mu_{a-b}=0$。因此，本案例 t 分布曲线也可随之确定。通过查找 t 值表，就可以得到 p 值。

(5) 比较 p 与α，判定是否拒绝原假设。前面给定了显著性水平α，也计算出了概率 p，对比二者的大小关系，就可确定是否拒绝原假设。

(6) 运用假设检验结果，帮助小明判别校内超市的商品价格是否等于校外超市的商品价格。

在掌握了上述知识后，如何基于假设检验的 6 个步骤实现 R 语言操作，检验"校内超市的商品价格等于校外超市的商品价格"呢？

(1) 因为第(2)步表明本案的抽样分布为 t 分布，所以采用 t 检验，R 语言对应的命令是"t.test"。

(2) 参数"x""y"分别对应第(4)步中的两个样本数据。小明分别在校内超市和校外超市随机选取了日用品、食品、饮品等类型共计 100 件商品，并记录了这些商品分别在两个超市的价格，抽样数据文件名为 price.csv。其中，变量 xn 和 xw 是随机抽样调查的 100 件商品分别在校内超市和校外超市商品的价格。

(3) 参数"alternative"对应第(1)步中的备择假设 H_1 的比较运算符"≠"。"two.sided"表示"≠"；"less"表示"<"；"greater"表示">"。由此设定本案例的"alternative"为"two.sided"。

(4) 参数"mu"（即 μ）对应第(1)步中的均值，设置为"0"。

(5) 配对样本均值假设检验的重要参数还包括"paired"，设置为"TRUE"时即为配对样本假设检验。

据此得到本案例的 R 语言代码如下：

```
> t.test (xn, xw, alternative = "two.sided", paired = TRUE)
```

从检验结果(图 5-11)可知，抽样统计的"p-value = 0.0154"，即 p 远远小于给定的显著性水平α(5%)，因此有理由拒绝原假设 $\Delta\mu_{a-b}=0$，接受备择假设 $\Delta\mu_{a-b}\neq 0$。根据检验结果，小明可以向后勤处证明：校内超市的商品价格不等于校外超市的商品价格。

```
        Paired t-test

data:  xn and xw
t = -2.4655, df = 99, p-value = 0.0154
alternative hypothesis: true mean difference is not equal to 0
95 percent confidence interval:
 -2.9838637 -0.3227363
sample estimates:
mean difference
        -1.6533
```

图 5-11　配对样本均值假设检验的结果(案例 5-8)

再来看案例 5-8 的一个延伸案例。

案例 5-9　检验小明所在学校校内超市的商品价格是否不高于校外超市的商品价格。

---

(1) 给定假设。

原假设 H_0 为"校内超市的商品价格不高于校外超市的商品价格"。

备择假设 H_1 为"校内超市的商品价格高于校外超市的商品价格"。

(2) 确定在原假设为真时的抽样分布：同案例 5-8。

(3) 给定显著性水平 α=5%。

(4) 抽样，并计算原假设为真时获得这个样本的可能性 p：同案例 5-8。

(5) 比较 p 与 α，判定是否拒绝原假设。

(6) 运用假设检验结果，帮助小明判别校内超市的商品价格是否不高于校外超市的商品价格。

在掌握了上述知识后，如何基于假设检验的 6 个步骤实现 R 语言操作，检验"校内超市的商品价格是否不高于校外超市的商品价格"呢?

(1) 因为第(2)步表明本案的抽样分布为 t 分布，所以采用 t 检验，R 语言对应的命令是"t.test"。

(2) 参数"x""y"分别对应第(4)步中的两个样本数据，同案例 5-8。

(3) 参数"alternative"对应第(1)步的备择假设 H_1 的比较运算符">"，设置为"greater"。

(4) 参数"mu"(即 μ)对应第(1)步的样本均值，设置为"0"。

(5) 参数"paired"设置为"TRUE"，表示开展配对样本假设检验。

据此得到本案例的 R 语言代码如下：

```
> t.test (xn, xw, alternative = "greater", paired = TRUE)
```

从检验结果(图 5-12)可知，抽样统计的"p-value = 0.9923"，即 p 远远大于给定的显著性水平 α(5%)，因此无法拒绝原假设 $\Delta\mu_{a-b} \leqslant 0$。根据检验结果，小明可以得出结论：校内超市的商品价格不比校外超市的商品价格贵。

```
        Paired t-test

data:  xn and xw
t = -2.4655, df = 99, p-value = 0.9923
alternative hypothesis: true mean difference is greater than 0
95 percent confidence interval:
 -2.766715      Inf
sample estimates:
mean difference
      -1.6533
```

图 5-12　配对样本均值假设检验的结果(案例 5-9)

接下来再看看案例 5-8 的另一个延伸案例。

案例 5-10 检验小明所在学校校内超市的商品价格是否低于校外超市的商品价格。

---

(1) 给定假设。

原假设 H_0 为"校内超市的商品价格低于校外超市的商品价格"。

备择假设 H_1 为"校内超市的商品价格不低于校外超市的商品价格"。

(2) 确定原假设为真时的抽样分布：同案例 5-8。

(3) 给定显著性水平 α=5%。

(4) 抽样，并计算原假设为真时获得这个样本的概率 p：同案例 5-8。

(5) 比较 p 与 α，判定是否拒绝原假设。

(6) 运用假设检验结果。

基于上述 6 个分析步骤，可以借助 R 语言实现"小明所在学校校内超市的商品价格低于校外超市的商品价格"案例的假设检验，计算步骤如下。

(1) 因为第(2)步表明本案的抽样分布为 t 分布，所以采用 t 检验，R 语言对应的命令是"t.test"。

(2) 参数"x""y"分别对应第(4)步中的两个样本数据，同案例 5-8。

(3) 参数"alternative"对应第(1)步的备择假设 H_1 的比较运算符"≥"，参数"alternative"无法满足"≥"的设置需求。这就要求将原假设和备择假设做一下调换，再根据配对样本均值假设检验的步骤继续分析。

由此，对案例 5-10 的 6 个分析步骤作出如下修改。

(1) 给定假设。

原假设 H_0 为"校内超市的商品价格不低于校外超市的商品价格"。

备择假设 H_1 为"校内超市的商品价格低于校外超市的商品价格"。

(2) 确定在原假设为真时的抽样分布。前面的内容已经介绍过，配对样本均值假设检验的抽样分布也遵循 t 分布，所以采用 t 检验。

(3) 给定显著性水平 α。和前面的案例一样，给定显著性水平 α=5%。

(4) 抽样，并计算原假设为真时获得这个样本的可能性 p。从校内超市和校外超市分别随机抽取一定数量的商品构成样本，记录这些商品的价格。计算假设为真时，抽到这样的样本的概率记为 p。

(5) 比较 p 与 α，判定是否拒绝原假设。

(6) 运用假设检验结果，帮助小明判别校内超市的商品价格是否低于校外超市的商品价格。

借助 R 语言实现上述假设检验的计算步骤如下。

(1) 因为第(2)步表明本案的抽样分布为 t 分布，所以采用 t 检验，R 语言对应的命令是"t.test"。

(2) 参数"x""y"分别对应第(4)步中的两个样本数据，同案例 5-8。

(3) 参数"alternative"对应第(1)步的备择假设 H_1 的比较运算符"<"，设置为"less"。

(4) 参数 "paired" 设置为 "TRUE"，表示开展配对样本假设检验。

所以，本案例的 R 语言代码如下：

```
> t.test (xn, xw, alternative = "less", paired = TRUE)
```

从检验结果(图 5-13)可知，抽样统计的 "p-value = 0.007701"，即 p 远远小于给定的显著性水平 α(5%)，因此有理由拒绝原假设。此处应注意，原假设修改成了 $\Delta\mu_{a-b} \geqslant 0$。因此根据检验结果，接受备择假设，即 $\Delta\mu_{a-b} < 0$。据此，小明可以向后勤处提交调研报告：校内超市的商品价格低于校外超市的商品价格。

```
        Paired t-test

data:   xn and xw
t = -2.4655, df = 99, p-value = 0.007701
alternative hypothesis: true mean difference is less than 0
95 percent confidence interval:
        -Inf -0.5398854
sample estimates:
mean difference
        -1.6533
```

图 5-13　配对样本均值假设检验的结果(案例 5-10)

从本节内容可以看出，配对样本均值假设检验中，需引入新的统计量 $\Delta\mu_{a-b}$。配对样本均值抽样分布 $\Delta\mu_{a-b}$ 也服从 t 分布，所以仍然可以用 t 检验进行配对样本均值检验。在 R 语言中采用 "t.test" 命令实现双样本均值假设检验。"t.test" 的参数设置主要涉及 "x" 和 "y"，分别是两个抽样样本；"alternative" 对应备择假设的比较运算符，当遇见 "alternative" 需设定为 "≥" 或 "≤" 时，可将原假设与备择假设对调后再进行检验，但要注意在结果应用时对照更新后的原假设，以免出错；"mu" 设置为 0；参数 "paired" 设置为 "TRUE" 时表示该检验为配对样本假设检验。

5.5　本 章 小 结

本章主要介绍了假设检验的基本逻辑与分析步骤。通过掷骰子的游戏归纳出了开展假设检验的基本逻辑及 6 个步骤：①给定原假设与备择假设；②描述抽样分布；③给定显著性水平 α；④抽样并计算原假设为真的情况下抽到这样的样本的概率 p；⑤比较 p 和 α，判定原假设是否成立；⑥应用结果解决实际问题。在此基础上，讲解了如何采用上述 6 个步骤分析单样本均值假设检验、双样本均值假设检验和配对样本均值假设检验，以及使用 R 语言进行上述分析的操作。

第6章 方差分析

第 5 章介绍了可以通过双样本 t 检验来比较两个总体的平均值是否存在显著差异，如检验 A、B 两个城市的大学生消费水平是否存在显著差异。但当需要检验多于两个总体的平均值是否存在显著差异时，如检验 A、B、C 三个城市大学生消费水平是否存在显著差异，还能通过 t 检验实现吗？

根据 t 检验的原理，显然是可以的。但用 t 检验开展多个总体均值差异显著性检验十分烦琐。首先，需要检验的次数会大幅增多；其次，对于多个总体来说，偶然因素导致差别的可能性也会增加。那么是否可以利用别的参数来进行检验呢？答案是肯定的，一般情况下，可以采用方差分析来检验多于两个总体的平均值是否存在显著差异。

6.1 什么是方差分析

方差分析首先由英国统计学家费希尔于 20 世纪 20 年代提出。1919 年，英国洛桑实验站的负责人希望费希尔能帮忙搞清楚施用不同肥料时土豆产量是否会不同。为此，费希尔在一块农田上种上土豆，然后对不同实验组施用不同肥料，并对收获后的数据进行采样，比较不同实验组的土豆产量是否有显著不同。根据采样结果，他发现土豆的产量确实存在差异，但他并不急于认定"产量差异是肥料造成的"，而是认为差异有两种可能的来源：第一种是肥料确实产生了效果，导致某实验组产量明显增加或减少；第二种则是除了肥料以外的其他随机因素造成了差异，它与肥料是否有效无关。为了判别究竟是肥料还是随机因素在起作用，他创造性地设计了"$\dfrac{组间差异}{组内差异}$"这个统计量。组间差异衡量了不同实验组产量数据的差异，由于这些样本数据来自不同实验组，产生差异的原因既可能是"肥料"，也可能是"随机因素"；而组内差异衡量的是同一实验组产量数据的差异，由于在同一实验组内只会施用同一种肥料，差异产生的原因只可能是"随机因素"。基于此他认为，若"肥料"无效，组间差异和组内差异都只包含"随机因素"，此时理论上二者比值为 1；但当"肥料"起作用时，二者比值会大于 1，而且当比值越大时，就越能证明"肥料对土豆产量产生了影响"。

上述内容介绍了方差分析的由来和基本原理，下面通过具体案例，以及沿用第 5 章常用的"假设检验的 6 个步骤"来说明方差分析的一般步骤。

6.2 方差分析的 6 个步骤

案例 6-1 模拟了费希尔提出的肥料施用对土豆产量的影响研究。

案例 6-1 不同肥料对土豆产量的影响研究。

对三个实验组分别施用 A、B、C 三种不同品种的肥料,通过采样得到三个实验组土豆产量的样本数据,如表 6-1 所示。请问三个实验组的土豆产量是否存在显著差异?

表 6-1 施用不同肥料的土豆的产量数据

产量	肥料品种		
	品种 A	品种 B	品种 C
观测值 1	70	83	55
观测值 2	71	85	66
观测值 3	75	70	67
观测值 4	69	70	67
观测值 5	69	65	69
观测值 6	60	73	67
观测值 7	72	80	56
观测值 8	70	80	72
观测值 9	72	70	66
观测值 10	71	73	66
平均值	69.9	74.9	65.1

基于上述例子,先来系统梳理一下方差分析的 6 个步骤。

1. 给定假设

原假设 H_0:A、B 和 C 三个实验组的土豆产量无差异,即 $\mu_A=\mu_B=\mu_C$。
备择假设 H_1:A、B 和 C 三个实验组的土豆产量有差异,即 μ_A、μ_B、μ_C 不全相等。

2. 确定在原假设为真时的抽样分布

因为无法得到三个实验组的总体均值 μ_A、μ_B、μ_C,所以也就无法通过总体均值判断 H_0,因而需要构造新的统计量并描述其抽样分布。推理如下。

尽管无法得到 μ_A、μ_B、μ_C,但如式(6-1)所示,可将 $\mu_A=\mu_B=\mu_C$ 等价于 $\sum(\bar{x}_i-\bar{x})^2=0$。$\sum(\bar{x}_i-\bar{x})^2$ 表示实验组均值和总体均值间的方差,代表各实验组间的差异,它为 0 时,说明各实验组产量无差异,此时 H_0 成立。在此基础上通过数学推导可得式(6-2),在式(6-2)中,$\sum(\bar{x}_i-\bar{x})^2$ 表示组间方差,用 SSB 代指;$\sum(x_{ij}-\bar{x})^2$ 表示总体方差,用 SST 代指;$\sum(x_{ij}-\bar{x}_i)^2$ 表示组内方差,用 SSW 代指。进一步地,组间方差(SSB)反映了不同实验组之间的样本差异,正如 6.1 节分析的那样,造成组间差异的因素既包含"肥料"也包含"随机因素",在这里,把"肥料"对产量的影响称为"主效应",把"随机因素"造成的影响称为"随机效应"。而组内方差(SSW)反映了同一实验组中样本的差异,与组间方差不同,这些样本数据来自同一实验组,造成这种差异的因素只可能是"随机效应"。通过分析,知道了造成实验组之间样本差异的本质因素是"主效应显著存在",所以只要能够证明"主效应不存在",那么就可以说明"A、B、C 三个实验组的土豆产量是相同的",也就能证明 H_0 是成立的。

$$H_0 : \mu_A = \mu_B = \mu_C \longrightarrow \sum (\overline{x}_i - \overline{x})^2 = 0 \tag{6-1}$$

$$\sum (\overline{x}_i - \overline{x})^2 = \sum (x_{ij} - \overline{x})^2 - \sum (x_{ij} - \overline{x}_i)^2 \tag{6-2}$$

由 H_0 可以推出主效应不存在时:

$$\frac{\text{主效应} + \text{随机效应}}{\text{组间方差SSB}} = \frac{\text{随机效应}}{\text{组内方差SSW}} \tag{6-3}$$

所以 H_0 成立时:

$$F = \frac{\text{SSB}}{\text{SSW}} = \frac{\dfrac{\text{SSB}}{k-1}}{\dfrac{\text{SSW}}{n-k}} \tag{6-4}$$

"主效应"不存在时,说明组间方差(SSB)同组内方差(SSW)一样,就只包含"随机效应",此时二者的数值应会很接近,理论上有 $F=1$。"主效应"显著存在时,说明组间方差(SSB)不只包含"随机效应",还包含"主效应",此时 SSB 的数值理论上会大于 SSW,理论上有 $F>1$。但是,应注意到组间方差和组内方差的大小除了会受两大效应的影响,还会受到样本总量(n)和实验组数(k)的影响,因此,构造统计量时,应先将组间方差和组内方差标准化,分别除以各自的自由度(组间自由度 $df_B=k-1$;组内自由度 $df_W=n-k$),得到组间均方差(MSB)和组内均方差(MSW),统计量计算公式如表 6-2 所示。最终,构造出 F 统计量[式(6-5)]。

$$F_{\text{pro}} = \frac{\text{SSB}}{\text{SSW}} = \frac{\text{主效应} + \text{随机效应}}{\text{随机效应}} \tag{6-5}$$

表 6-2　F 统计量计算公式

类型	公式	注解
组间平方和	$\text{SSB} = \sum\limits_{i=1}^{k} n_i (\overline{X}_i - \overline{X}_T)^2$	$\overline{X}_T$ 为所有观察值的均值
组内平方和	$\text{SSW} = \sum\limits_{i=1}^{k} \sum\limits_{j=1}^{n_i} (X_{ij} - \overline{X}_i)^2$	$\overline{X}_i$ 为第 i 组样本的均值 X_{ij} 为第 i 组样本中第 j 个观察值 n_i 为第 i 组样本中观察值个数
组间均方	$\text{MSB} = \dfrac{\text{SSB}}{k-1}$	n 为样本总量 k 为样本组数
组内均方	$\text{MSW} = \dfrac{\text{SSW}}{n-k}$	

当"主效应"不存在时,理论上 $F=1$。但由于存在抽样误差,即使不存在"主效应",仍然可能抽到 $F \neq 1$ 的样本。假设重复进行 n 次抽样,可以计算得到 n 个样本的 F 统计量,根据这些 F 统计量就可得到该抽样分布的曲线,称为 F 分布曲线,如图 6-1 所示。可以

证明 $F \sim F\{(k-1), (n-k)\}$ 分布。当 F 统计量比 1 大且大到落入 F 分布的右边区域(也称为拒绝域)时，就可以认为"主效应"显著存在，也就是说不同肥料确实会造成土豆产量不同。

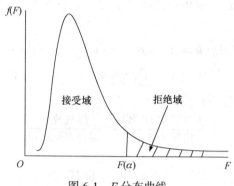

图 6-1　F 分布曲线

3. 给定显著性水平 α

设定原假设为真时拒绝原假设的容忍度为 5%，统计学上记为显著性水平 $\alpha=0.05$。

4. 抽样，并计算原假设为真时获得这个样本的可能性 p

案例 6-1 中，首先，从 A、B、C 三个实验组各抽取 1 组样本，每组样本各包含 10 个观测值，即 $k=3$，$n=30$，据此知道了其组间自由度为 $df_B=k-1=3-1=2$，组内自由度为 $df_W=n-k=30-3=27$，据此可以得到该自由度下的 F 分布曲线。其次，基于抽样可以计算出三组样本的组间均方差(MSB)和组内均方差(MSW)，并得出 F 统计量的大小为 8.159。最后，根据 F 值大小及抽样分布，就可以确定抽到这样的样本的概率 p 为 0.00169。

5. 比较 p 与 α，判定是否拒绝原假设

当 $p < \alpha$ 时，表明原假设为真时，抽到这样的样本的概率非常小，所以要拒绝 H_0。

6. 运用假设检验结果判断化肥是否导致了土豆产量差异

当通过假设、抽样、计算、比较等步骤之后，认为"土豆产量无差异"这个原假设成立出现的概率非常低，拒绝"原假设"；接受备择假设"土豆产量有差异"，决定施用导致土豆明显增产的肥料品种以实现增产。

6.3　单因素方差分析

6.3.1　什么是单因素方差分析

根据影响因变量变动的因素个数，可分为单因素方差分析和双因素方差分析，若实验中只考虑一个因素变化，其他因素不变，则称为单因素方差分析。案例 6-2 就是典型的单因素方差分析的应用。

案例 6-2 不同城市大学生消费水平比较。

为了比较 A、B、C 三座城市大学生消费水平，通过调查得到三个样本数据，如表 6-3 所示。根据数据，判断 A、B、C 三座城市大学生月均消费水平是否存在显著差异。

表 6-3 不同城市的大学生消费水平数据

观测值	消费水平		
	A 城市	B 城市	C 城市
观测值 1	3300	2600	1400
观测值 2	3000	1900	1900
观测值 3	2800	2400	1600
观测值 4	2600	2200	1200
观测值 5	2300	2900	900
平均值	2800	2400	1400

6.3.2 单因素方差分析的步骤

1. 单因素方差分析的 6 个步骤

在开始之前，应当明确方差分析在理论上应满足三个前提假设：假设 1，k 个总体都服从正态分布；假设 2，k 个总体具有方差一致性；假设 3，k 个样本之间相互独立。

下面是单因素方差分析的一般步骤。

(1) 给定假设。

原假设 H_0：三座城市大学生月均消费水平不存在显著差异，即 $\mu_1 = \mu_2 = \mu_3$。

备择假设 H_1：三座城市大学生月均消费水平存在显著差异，即 μ_1、μ_2、μ_3 不全相等。

(2) 确定原假设为真时的抽样分布。可以构造 F 统计量并得到其抽样分布，并知道 F 值服从于组间自由度 $df_B = k-1$ 和组内自由度 $df_W = n-k$ 的 F 分布。

(3) 给定显著性水平 α。本例中给定显著性水平 $\alpha = 0.05$。

(4) 抽样，并计算原假设为真时获得这个样本的概率 p。首先，根据本例已知 $k=3$，$n=30$，完成抽样便能确定该案例的 F 分布曲线。其次，可根据抽样数据计算抽到这样样本的概率 p。

(5) 比较 p 与 α，判定是否拒绝原假设。当 $p>\alpha$ 时，接受原假设 H_0；当 $p<\alpha$ 时，拒绝原假设 H_0。

(6) 运用假设检验结果，帮助不同城市的学生合理安排生活费用。

2. 从 6 个步骤到 R 语言实现

通过上述分析可知，在给定原假设并进行抽样后，需要通过大量计算构造 F 统计量，对此可以利用 R 语言中的 aov 函数实现，输入如下命令：

```
> df = read.csv("D:/Rdata/data1.csv", header = T)
> fit_aov = aov(money～city, data = df)
> summary(fit_aov)
```

在命令"avo(money～city, data = df)"中，"～"为分隔符号，左边为因变量"money"，右边为解释变量"city"，表示在此案例中影响因变量"money"的只有"city"这一个因素。通过 avo 命令得到如表 6-4 所示的分析结果。

表 6-4　单因素方差分析表

组别	方差	自由度	均方差	F 统计量	p 值
组间	5200000	2	2600000	17.93	0.000248
组内	1740000	12	145000		

本例中选定 α=5%。由于 p=0.000248 < α=0.05，可以据此拒绝原假设 H_0，即 A、B、C 三座城市大学生月平均消费水平存在显著差异。

需要注意的是，avo 函数虽然能够显示各分组的均值是否存在显著差异，但不能准确判断哪些分组间的均值存在显著差异。所以，为进一步明晰差异存在于哪些分组间，需要借助 R 语言中的"TukeyHSD"函数进一步检验，具体命令如下：

```
> TukeyHSD(fit_aov)
```

观察结果中的 p 值可以发现(图 6-2)，C-A、C-B 的 p 值都小于 0.05，说明它们之间存在显著差异。这样，一个完整的单因素方差分析就完成了。

```
$city
      diff      lwr       upr    p adj
B-A   -400 -1042.507  242.5066 0.2594448
C-A  -1400 -2042.507 -757.4934 0.0002266
C-B  -1000 -1642.507 -357.4934 0.0035451
```

图 6-2　"TukeyHSD"函数结果

6.4　双因素方差分析

6.4.1　什么是双因素方差分析

在实际研究中，经常会遇到多个因素对同一变量的影响分析。例如，分析空调销售量的影响因素时，需要考虑空调品牌、销售地区、价格、质量等多个因素。当研究其中两个因素对销售量的影响时，可进行双因素方差分析。

按照两个影响因素相互之间是否独立，双因素方差分析又可进一步分为无交互作用的双因素方差分析和有交互作用的双因素方差分析。在空调销售中，若品牌和销售地区两个因素对空调销售量的影响是相互独立的，称为"无交互作用的双因素方差分析"；但若这两个因素对销售量的影响相互不独立，即品牌和销售地区可以产生一种新的效应，这时就需要考虑二者的交互作用对销售量的影响，称为"有交互作用的双因素方差分析"。

6.4.2 双因素方差分析的步骤

引入空调销售的案例来展示"无交互作用的双因素方差分析"和"有交互作用的双因素方差分析"的运用。

案例 6-3 空调销售量影响因素分析

有 3 个品牌的空调在 4 个地区销售，为分析因素 β "销售地"和因素 σ "品牌"对销售量的影响，通过调查得到样本数据，共 36 个观察值(表 6-5)。

问题 1，若品牌和销售地对销售量的影响相互独立，两个因素对销售量的影响是否显著？

问题 2，若品牌和销售地区有交互作用，对销售量的影响又是怎样呢？

表 6-5 空调的销售数据

因素 σ: 品牌(brand)	因素 β: 销售地(city)			
	A 城市	B 城市	C 城市	D 城市
	41	38	59	47
品牌 1	30	31	48	40
	45	39	51	39
	25	29	44	43
品牌 2	31	35	48	42
	22	30	50	53
	18	22	29	24
品牌 3	29	17	28	27
	33	25	26	32

1. 无交互作用的双因素方差分析的 6 个步骤

问题 1 中假定"品牌"和"销售地"对销售量的影响相互独立，所以为无交互作用的双因素方差分析，其步骤如下。

(1) 给定假设。

对因素 β 销售地(city)的假设如下。

原假设 H_0，销售地对销售量无显著影响，即 $\mu_A = \mu_B = \mu_C = \mu_D$。

备择假设 H_1，销售地对销售量有显著影响，即 $\mu_i (i = A, B, C, D)$ 不全相等。

对因素 σ 品牌(brand)的假设如下。

原假设 H_0，品牌对销售量无显著影响，即 $\mu_1 = \mu_2 = \mu_3$。

备择假设 H_1，品牌对销售量有显著影响，即 $\mu_j (j = 1, 2, 3)$ 不全相等。

(2) 确定原假设为真时的抽样分布。无交互作用的双因素方差分析中的 F 统计量仍然服从 F 分布，具体来说：

　　　　F_β 统计量服从组间自由度 $df_B=(r-1)$ 和组内自由度 $df_W=kr(m-1)$ 的 F 分布

　　　　F_σ 统计量服从组间自由度 $df_B=(k-1)$ 和组内自由度 $df_W=kr(m-1)$ 的 F 分布

式中，r 为因素 β 销售地的样本组数；k 为因素 σ 品牌的样本组数；m 为每组 $\beta i \times \sigma j$ 组合的样本数量。

(3) 给定显著性水平 α。本例中给定显著性水平 $\alpha=0.05$。

(4) 抽样，并计算原假设为真时获得这个样本的概率 p。根据本例已知 $r=4$、$k=3$、$m=3$，可计算出组间自由度和组内自由度并确定出 F 分布曲线。同时依据抽样数据构造 $F_\beta = \dfrac{MSB_\beta}{MSW} = \dfrac{SSB_\beta/(r-1)}{SSW/kr(m-1)}$ 和 $F_\sigma = \dfrac{MSB_\sigma}{MSW} = \dfrac{SSB_\sigma/(k-1)}{SSW/kr(m-1)}$，无交互作用的双因素方差分析的 F 统计量计算公式如表 6-6 所示。最后，根据 F 分布曲线和 F 统计量可以计算抽到这样的样本的概率 p。

表 6-6　无交互作用的双因素方差分析的 F 统计量计算公式

类型		公式	注解
因素 β	组间方差	$SSB_\beta = \sum\limits_{i=1}^{r}\sum\limits_{j=1}^{k}\left(\overline{X}_{\beta i} - \overline{X}_T\right)^2$	
	组间均方差	$MSB_\beta = \dfrac{SSB_\beta}{r-1}$	$\overline{X}_T$ 为所有样本的均值
因素 σ	组间方差	$SSB_\sigma = \sum\limits_{i=1}^{r}\sum\limits_{j=1}^{k}\left(\overline{X}_{\sigma j} - \overline{X}_T\right)^2$	$\overline{X}_{\beta i}$ 为因素 β 第 i 组样本的均值 $\overline{X}_{\sigma j}$ 为因素 σ 第 j 组样本的均值
	组间均方差	$MSB_\sigma = \dfrac{SSB_\sigma}{k-1}$	X_{ij} 为全部样本观察值
	组内方差	$SSW = \sum\limits_{i=1}^{k}\sum\limits_{j=1}^{r}(x_{ij} - \overline{X}_{\beta i} - \overline{X}_{\sigma j} + \overline{X}_T)^2$	r 为因素 β 样本组数 k 为因素 σ 样本组数
	组内均方差	$MSW = \dfrac{SSW}{kr(m-1)}$	

(5) 比较 p 与 α，判定是否拒绝原假设。当 $p_\beta < \alpha$ 时，拒绝因素 β 的原假设 H_0；当 $p_\sigma < \alpha$ 时，拒绝因素 σ 的原假设 H_0。

(6) 运用假设检验结果，分析如何根据品牌和地区部署销售战略。

2. 有交互作用的双因素方差分析的 6 个步骤

问题 2 中假定"品牌"和"销售地"对销售量有交互影响，所以为有交互作用的双因素方差分析，其步骤如下。

(1) 给定假设。

对因素 β 销售地(city)的假设如下。

原假设 H_0，销售地对销售量无显著影响，即 $\mu_A=\mu_B=\mu_C=\mu_D$。

备择假设 H_1，销售地对销售量有显著影响，即 $\mu_i(i=A, B, C, D)$ 不全相等。

对因素σ品牌(brand)的假设如下。

原假设 H_0，品牌对销售量无显著影响，即 $\mu_1=\mu_2=\mu_3$。

备择假设 H_1，品牌对销售量有显著影响，即 $\mu_j(j=1, 2, 3)$不全相等。

对因素$\beta\sigma$交互作用的假设如下。

原假设 H_0，$\beta\sigma$交互作用的影响不显著，即 $\mu_{ij}(i=1,2,\cdots,r；j=1,2,\cdots,k)$全相等。

备择假设 H_1，$\beta\sigma$交互作用的影响显著，即 $\mu_{ij}(i=1,2,\cdots,r；j=1,2,\cdots,k)$不全相等。

(2) 确定原假设为真时的抽样分布。有交互作用的双因素方差分析中的 F 统计量仍然服从 F 分布，具体来说：

F_β统计量服从组间自由度 $\mathrm{df_B}=(r-1)$和组内自由度 $\mathrm{df_W}=kr(m-1)$的 F 分布

F_σ统计量服从组间自由度 $\mathrm{df_B}=(k-1)$和组内自由度 $\mathrm{df_W}=kr(m-1)$的 F 分布

$F_{\beta\sigma}$统计量服从组间自由度 $\mathrm{df_B}=(r-1)(k-1)$和组内自由度 $\mathrm{df_W}=kr(m-1)$的 F 分布

式中，r 为因素β销售地的样本组数；k 为因素σ品牌的样本组数；m 为每组$\beta_i\times\sigma_j$组合的样本数量。

(3) 给定显著性水平α。本例中给定显著性水平$\alpha=0.05$。

(4) 抽样，并计算原假设为真时获得这个样本的概率 p。根据本例已知 $r=4$、$k=3$、$m=3$，可计算出组间自由度和组内自由度并确定出 F 分布曲线。同时依据抽样数据构造

$$F_\beta=\frac{\mathrm{MSB}_\beta}{\mathrm{MSW}}=\frac{\mathrm{SSB}_\beta/(r-1)}{\mathrm{SSW}/kr(m-1)}\quad,\quad F_\sigma=\frac{\mathrm{MSB}_\sigma}{\mathrm{MSW}}=\frac{\mathrm{SSB}_\sigma/(k-1)}{\mathrm{SSW}/kr(m-1)}\quad 和\quad F_{\beta\sigma}=\frac{\mathrm{MSB}_{\beta\sigma}}{\mathrm{MSW}}=$$

$\dfrac{\mathrm{SSB}_{\beta\sigma}/(r-1)(k-1)}{\mathrm{SSW}/kr(m-1)}$，有交互作用的双因素方差分析的 F 统计量计算公式如表 6-7 所示。

根据 F 分布曲线和 F 统计量可以计算抽到这样的样本的概率 p。

表 6-7 有交互作用的双因素方差分析的 F 统计量计算公式

	类型	公式	注解
因素β	组间方差	$\mathrm{SSB}_\beta = km\sum\limits_{i=1}^{r}\left(\overline{X}_{\beta i}-\overline{X}_T\right)^2$	
	组间均方差	$\mathrm{MSB}_\beta = \dfrac{\mathrm{SSB}_\beta}{r-1}$	
因素σ	组间方差	$\mathrm{SSB}_\sigma = rm\sum\limits_{j=1}^{k}\left(\overline{X}_{\sigma j}-\overline{X}_T\right)^2$	$\overline{X}_T$ 为所有样本的均值
			$\overline{X}_{\beta i}$ 为因素β第 i 组的样本均值
	组间均方差	$\mathrm{MSB}_\sigma = \dfrac{\mathrm{SSB}_\sigma}{k-1}$	$\overline{X}_{\sigma j}$ 为因素σ第 j 组的样本均值
			$\overline{X}_{ij}$ 为$\beta\sigma$交互项的样本均值
交互项$\beta\sigma$	组间方差	$\mathrm{SSB}_{\beta\sigma} = m\sum\limits_{i=1}^{r}\sum\limits_{j=1}^{k}\left(\overline{X}_{ij}-\overline{X}_{\beta i}-\overline{X}_{\sigma j}+\overline{X}_T\right)^2$	X_{ijg} 为全部样本观察值
			r 为因素β样本组数
	组间均方差	$\mathrm{MSB}_{\beta\sigma} = \dfrac{\mathrm{SSB}_{\beta\sigma}}{(r-1)(k-1)}$	k 为因素σ样本组数
			g 为$\beta\sigma$交互项样本数量
	组内方差	$\mathrm{SSW} = \sum\limits_{i=1}^{r}\sum\limits_{j=1}^{k}\sum\limits_{g=1}^{m}\left(X_{ijg}-\overline{X}_{ij}\right)^2$	
	组内均方差	$\mathrm{MSW} = \dfrac{\mathrm{SSW}}{kr(m-1)}$	

（5）比较 p 与 α，判定是否拒绝原假设。当 $p_\beta<\alpha$ 时，拒绝 β 因素的原假设 H_0；当 $p_\sigma<\alpha$ 时，拒绝 σ 因素的原假设 H_0；当 $p_{\beta\sigma}<\alpha$ 时，拒绝 $\beta\sigma$ 交互作用的原假设 H_0。

（6）运用假设检验结果，分析如何根据品牌和地区部署销售战略。

3. 从 6 个步骤到 R 语言实现

与单因素方差分析相同，双因素方差分析也可以利用 R 语言的 aov 函数来计算。

首先，对于无交互作用双因素方差分析，输入如下命令：

```
> df = read.csv（"D:/Rdata/data2.csv"，header = T）
> fit_aov = aov(sale～brand+city，data = df)
> summary(fit_aov)
```

在命令"aov(sale～brand+city, data = df)"中，"～"为分隔符号，左边为因变量"sale"，右边为两个解释变量"brand"和"city"，"+"用来分隔解释变量。通过 aov 命令可以得到如表 6-8 所示无交互作用的双因素方差分析表。

表 6-8　　无交互作用的双因素方差分析表

因素	方差	自由度	均方差	F 统计量	p 值
品牌因素	1736	2	868.1	23.448	0.000000738
销售地区因素	1078	3	359.4	9.709	0.000123
剩余影响	1111	30	37		

由于 $p_{品牌}=0.000000738<\alpha=0.05$，拒绝品牌因素的原假设 H_0，即认为品牌对空调销售量有显著影响；由于 $p_{销售地区}=0.000123<\alpha=0.05$，拒绝销售地区因素的原假设 H_0，即认为销售地区对空调销售量有显著影响。

然后再来考虑品牌和销售地区有交互作用时的情况。在这里仅介绍有交互影响的双因素方差分析的命令，对于无交互项因素请按照上述的分析步骤完成分析过程。命令如下：

```
> fit_aov1 = aov(sale～brand*city，data = df)
> summary(fit_aov1)
```

无交互影响的双因素方差分析命令为"aov(sale～brand+city，data = df)"，有交互作用的双因素方差分析命令为"aov(sale～brand*city，data = df)"，差别只是将"+"改为"*"。通过 aov 命令可以得到如表 6-9 所示有交互作用的双因素方差分析表。

表 6-9　　有交互作用的双因素方差分析表

因素	方差	自由度	均方差	F 统计量	p 值
品牌因素	1736.2	8	868.1	23.448	0.000000738
销售地区因素	1078.3	3	359.4	9.709	0.000123
交互作用	503.3	6	83.9	3.315	0.0161
剩余影响	607.3	24	25.3		

观察品牌和销售地区的交互作用是否显著。结果显示，$p_{交互}=0.0161<\alpha=0.05$，可以认为品牌和销售地区的交互作用对空调销售量有显著影响。

6.5 本 章 小 结

本章介绍了 F 分布、方差分析的基本原理和分析过程，并运用 R 语言进行了实例演练。方差分析用于三个及以上总体均值的比较，根据对结果产生影响的变量数量，可分为单因素方差分析与双因素方差分析。按照两个影响因素是否独立，双因素方差分析可分为无交互作用和有交互作用的双因素方差分析。

方差分析一般步骤与假设检验一致，包括 6 个步骤：①提出假设；②确定抽样分布 (F 分布)；③给定显著性水平；④抽样观测；⑤统计决策；⑥应用。具体来说：方差分析的原假设一般是组间均值无差异，备择假设为至少有一个均值与其他不等。若样本均值不等，说明用于分组的自变量显著影响了因变量。方差分析的核心步骤是计算 F 统计量，其统计决策可以用 p 值比较法来判断 F 检验的显著性，如果 F 检验显著，则可得出自变量对因变量有显著影响的结论。

第7章　非参数检验

前面章节介绍的参数假设检验都有一个共同的前提，就是总体分布满足正态分布。然而在实证研究中，所研究的总体可能存在严重的偏斜，或者不能确定总体是否服从正态分布。例如，对某一个政策的满意度集中在 90～98 分，而 90 分以下的评分较少。或者某一项研究关注某一社区居民对 A、B 两个社区改造方案的评分，由于缺乏对所有社区居民评分情况(总体)的认识，难以判断它是否服从正态分布。针对参数假设检验的前提条件难满足、应用范围较狭窄的不足，就需要借助非参数检验来弥补。

非参数检验就是在总体分布未知或者知之甚少的情况下，通过样本数据对总体分布形态等特征进行推断的统计检验方法。非参数检验对总体分布没有严格要求，它能够处理的变量层次也更为丰富。参数检验主要处理正态分布的定距/定比变量，而对于定序/定类变量，以及非正态分布的定距变量等，都需要用到非参数检验。例如，通过学习非参数检验，就可以回答以下问题：非裔和拉美裔人口比白人和亚裔受新冠病毒影响更大吗？社区居民对 A 方案的评分高于对 B 方案的评分吗？

因此，围绕非参数检验，本章将介绍以下三方面内容：①单样本卡方检验；②配对样本非参数检验；③独立样本非参数检验。同时，本章还会详细介绍不同非参数检验的方法原理、使用场景及案例分析。

7.1　单样本卡方检验——定类变量假设检验的有效工具

7.1.1　什么是卡方值

首先，借助案例 7-1 来了解卡方检验的统计量——卡方值的计算方法，以及其背后的统计思想。

案例 7-1　美国因新冠病毒死亡人口族群差异。

2019 年 12 月出现的新冠病毒对全球各国人口的健康产生了巨大威胁。截至 2020 年 8 月 16 日，世界卫生组织(World Health Organization，WHO)记录的感染人数达到 21294845 人，因新冠病毒死亡人数达到 761779 人。其中美国感染人数和死亡人数都位于最高水平，分别达到 5258565 人和 167201 人。根据约翰·霍普金斯大学统计，截至 2020 年 8 月 4 日，美国每 10 万人口感染新冠病毒死亡人口数量为 47.9 人。

有很多学者和社会观察家提出新冠病毒虽然是所有人面临的共同困境，但是不同人群受新冠病毒影响存在较大差异，例如，新冠病毒在全球范围内加重了女性在工资收入、家庭劳动负担等方面的不平等。在美国，不同族群人口受新冠病毒影响差异较大。多个机构搜集整理了来自于美国疾控中心的相关数据，截至 2020 年 8 月 4 日，非

裔、拉美裔、白人和亚裔的每 10 万人口新冠病毒死亡人数分别为 80.4 人、45.8 人、35.9 人和 33.1 人，从数据直观上可以看到非裔和拉美裔人口新冠病毒死亡率明显高于白人和亚裔人口，那这种差异具有统计学的显著性吗？作为社会科学研究者，能够从这些数据判断"非裔和拉美裔人口比白人和亚裔受新冠病毒影响更大"吗？

(数据来源：https://www.apmresearchlab.org/covid/deaths-by-race)

案例 7-1 中关注不同族群感染新冠病毒死亡的概率是否存在差别。如果不存在差别，就说明感染新冠病毒死亡与族群种类无关；如果存在差别则可以进一步探究为什么会存在差别，并可以参考感染病毒死亡概率较小的族群进行病毒防控。判断不同族群感染新冠病毒死亡的概率是否存在差别，就是比较"实然"与"应然"。不同族群感染新冠病毒死亡的实际情况，是实然；新冠病毒患者死亡在不同族群中应该发生的分布情况，是应然。应然的分布情况是根据一个原则推测处理，原则就是"是否感染新冠病毒死亡与族群没有显著关系"。

在比较实然与应然的时候，不仅要看实然与应然之间是否有差距，还要判断差距是否显著，差距显著就值得进一步关注和探究。下面用案例 7-1 介绍判断实然和应然差距的思路和方法。定类变量数据描述性分析的基础是建立频数分布表，案例 7-1 数据的频数分布如表 7-1 所示，表格中的数据为每个族群每 10 万人口中因新冠病毒死亡的频数，即实际频数(实然)。

表 7-1 美国新冠病毒死亡人数族群分布(截至 2020 年 8 月 4 日)

族群	每 10 万人死亡人数
非裔	80.4
拉美裔	45.8
白人	35.9
亚裔	33.1
不分族群	47.9

对定类变量进行假设检验的目的是判断不同族群之间新冠病毒死亡的频数是否存在差异。首先需要考虑：在什么情况下不同族群新冠病毒死亡频数不存在差异？从概率分布的角度来看，不同族群新冠病毒死亡频数与不分族群的新冠病毒死亡频数(47.9)一致时，则认为不同族群新冠病毒死亡频数不存在差异。不分族群的新冠病毒死亡频数就称为期望频数(应然)。

如果实际频数和期望频数完全吻合，就可以判断不同族群新冠病毒死亡频数是一样的，不存在差异。但是在现实世界中，获得的数据很难碰到实际频数和期望频数完全吻合的情况。统计学家引入"卡方值"，作为表示偏离程度的统计量，如果偏离程度小，可以认为实际频数接近期望频数；如果偏离程度高，则认为不同族群新冠病毒死亡频数存在差异。

卡方值的计算公式为

$$\chi^2 = \sum \frac{(O-E)^2}{E} \qquad (7\text{-}1)$$

式中，O 为定类变量某一属性出现的实际频数；E 为定类变量某一属性出现的期望频数。每个定类变量有多个属性，卡方值(χ^2)则是多个属性实际频数与期望频数计算之和。

根据表 7-1 计算案例 7-1 中的卡方值为

$$\chi^2 = \frac{(80.4-47.9)^2}{47.9} + \frac{(45.8-47.9)^2}{47.9} + \frac{(35.9-47.9)^2}{47.9} + \frac{(33.1-47.9)^2}{47.9} = 29.72 \qquad (7\text{-}2)$$

7.1.2 卡方分布与假设检验

卡方值(χ^2)用来反映实际频数与期望频数的吻合或偏离程度，当两个频数完全吻合，卡方值为 0；实际频数偏离期望频数越大，卡方值越大。通过卡方值大小进行假设检验时，与 t 检验一样，也需要借助卡方值的卡方分布(chi-square distribution)来判断出现某一卡方值的概率。

卡方分布是指当研究的变量相互独立时，卡方值的概率分布曲线，也称为卡方分布曲线。自由度是决定卡方分布形态的关键，即分析中不受约束的要素的个数。以案例 7-1 为例，知道不分族群因新冠病毒死亡频率，当确定了任意三个族群的新冠病毒死亡频率时，第四个族群的新冠病毒死亡频率也相应确定了，因此案例中变量"族群"不受约束的取值维度有 3 个，相应的卡方自由度为 3，即 n–1。图 7-1 为自由度分别为 1、5、10 的卡方分布。卡方分布曲线的含义是当各个变量的实际频率一致时，样本出现某一卡方值的概率及分布。

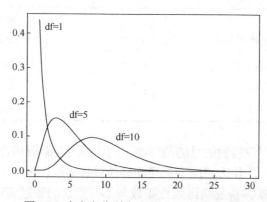

图 7-1　自由度分别为 1、5、10 的卡方分布

通过卡方值计算公式(7-1)和卡方分布图(图 7-1)，可以发现卡方值具有以下特征。

(1) 卡方值都是正值，呈右偏态。

(2) 卡方值的概率分布形态只与自由度相关。

(3) 式(7-1)计算所得卡方值越大，二者偏差程度越大；反之，二者偏差越小；若两个值完全相等，卡方值就为 0，表明理论值完全符合。

图 7-2 为自由度为 5 的卡方分布临界值，右侧阴影部分是当变量相互独立时，卡方

值(χ^2)出现概率为 $p \leqslant \alpha$ 时的临界值。因此，卡方检验就是计算卡方值，并与卡方分布表的临界值进行比较，判断这一卡方值出现的概率是否在研究者可接受的范围内，从而接受或拒绝原假设。

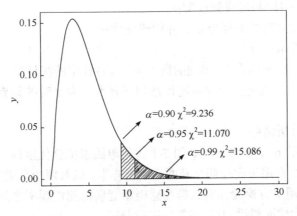

图 7-2　自由度为 5 的卡方分布临界值

在信息化时代之前，需要在统计教材中查取卡方分布表，但是现在互联网上能够方便地查到卡方值分布表，可以快速判断卡方检验结果(表 7-2)。

表 7-2　卡方临界值表示例

自由度	α					
	0.5	0.10	0.05	0.02	0.01	0.001
1	0.455	2.706	3.841	5.412	6.635	10.827
2	1.386	4.605	5.991	7.824	9.210	13.815
3	2.366	6.251	7.815	9.837	11.345	16.268
4	3.357	7.779	9.488	11.668	13.77	18.465
5	4.351	9.236	11.070	13.388	15.086	20.517

卡方临界值表中，最左侧一列为自由度，表格最上方为 α，即卡方值出现的概率，从 0.5 到 0.001 的区间就是卡方值大于临界值的概率。解释每个卡方值的意义需要参照表格中的自由度和概率。例如，左上角的卡方值是 0.455，它的意义是：当自由度为 1 时，出现卡方值为 0.455 的概率是 0.5；右上角的 10.827 的意义是：当自由度为 1 时，卡方值等于 10.827 的概率是 1‰。

下面介绍如何运用卡方值和卡方分布进行定类变量的假设检验。

7.1.3　单因素拟合优度检验

1. 单因素拟合优度检验的步骤

拟合优度检验(goodness of fit test)是应用 χ^2 值进行假设检验的重要内容之一，通过检验一个分类变量中各类别的期望频数或比率是否与期望值相吻合，从而判断观察值和期望值之间是否有显著差异。首先来回顾一下假设检验的 6 个基本步骤，这在所有假设检验方法中都是一致的。

假设检验的 6 个基本步骤如下。

(1) 建立原假设(H_0)和备择假设(H_1)。

(2) 确定假设成立时的抽样分布，并构建统计量。

(3) 给定显著性水平 α。

(4) 观测，并计算原假设 H_0 出现的概率 p，或者样本的统计量。

(5) 比较 p 与 α，或是比较样本统计量和显著水平为 α 时的临界值，决定是否接受原假设。

(6) 根据统计分析结果，做出应用决策。

按照假设检验的 6 个步骤，对案例 7-1 进行单因素拟合优度检验分析。卡方检验作为非参数检验方法，常用于比较两个及两个以上样本，以及两个分类变量的关联性分析。因此，本案例中利用卡方检验探究族群与感染新冠病毒死亡频率之间的关系。

(1) 根据案例构建原假设（H_0）和备择假设（H_1）。

原假设 H_0：不同族群人口因新冠病毒死亡频率相同。

备择假设 H_1：不同族群人口因新冠病毒死亡频率有显著差异。

(2) 描述抽样分布，本案例中"族群"为分类变量，因此需要采用单因素卡方检验，并计算统计量——χ^2 值。根据式(7-1)计算卡方值为 29.72。

(3) 确定在 $\alpha = 0.05$ 的显著性水平检验假设是否成立。

(4) 计算 p 值，案例涉及 4 个族群，自由度为 3，卡方值为 29.72 的概率 $p<0.001$。

(5) 比较 p 与 α，决定是否接受原假设。案例抽样出现的概率低于确定的显著水平 0.05，因此拒绝原假设，接受备择假设。

(6) 根据统计分析结果进行决策。统计分析结果接受备择假设，因此可以认为：不同族群人口因新冠病毒死亡概率存在显著差异。

2. 拟合优度检验的 R 语言实现

运用 R 语言进行 χ^2 单因素拟合优度检验，程序运行结果会给出 χ^2 值和 p 值，直接比较 p 值与给定的显著水平可决定是否接受原假设。R 语言进行单因素拟合优度检验的命令为 stats 包中的 "chisq.test()"。基础命令为 chisq.test(x,p=y,rescale.p=TRUE)，其中，"x"为向量或单行、单列矩阵，为实际频率数据；"y"为向量或单行、单列矩阵，为期望频率数据，"rescale.p=TRUE"代表根据实际频率数据确定每类现象出现的概率，如果不同分类现象出现的概率是一样的，则可以采用最基础命令 "chisq.test(x)"。案例 7-1 的拟合优度检验命令为

```
> x<-c(80.4,45.8,35.9,33.1)
> chisq.test(x)
```

分析结果如图 7-3 所示,其与 7.1.1 小节计算存在出入是因为美国族群组成不止案例中涉及的族群,按照这 4 个族群感染新冠病毒的概率一样的假设,得出的期望频率为 48.8,而不是实际中总人群的感染率 47.9,但可以将结果视作近似的结果。

```
Chi-squared test for given probabilities

data:  x
X-squared = 29.108, df = 3, p-value = 2.126e-06
```

图 7-3　案例 7-1 拟合优度检验 R 语言命令分析结果

7.1.4　列联表与双因素独立检验

1. 列联表与独立性检验

拟合优度检验是对一个定类或定序变量的检验,实际研究中经常会遇到两个定类或定序变量的问题,需要了解两个变量之间是否存在关联。例如,在案例 7-2 中,社会研究者会关心不同性别人群在不同年龄因新冠病毒死亡频数是否存在显著差别。即在因新冠病毒死亡这一问题上,性别和年龄相关吗?如果两个分类变量是相互独立的,那么每个单元格中的实际频数与期望频数应该是一致的,与变量属性无关。即不同年龄段死亡人口中,男性和女性比例与年龄无关,都应保持一致比例;不同性别死亡人口中,不同年龄段的死亡人口与性别无关,都应保持一致比例(如 $\dfrac{35\sim44\text{岁女性死亡人口}}{45\sim54\text{岁女性死亡人口}} = \dfrac{35\sim44\text{岁男性死亡人口}}{45\sim54\text{岁男性死亡人口}}$)。

两个分类变量的数据通过列联表的形式展现,案例 7-2 中的表 7-3 即为性别与年龄两个变量的列联表。列联表中每个单元格的数据为性别属性和年龄属性的联合频数,也就是实际频数,例如,35~44 岁女性因新冠病毒死亡的联合频数为 892 人。考虑到抽样误差,可以采用 $\chi^2 = \sum \dfrac{(O-E)^2}{E}$ 作为衡量所有单元格数据的实际频数和期望频数偏离程度的统计量。因此,对于两个分类变量相关性的假设检验,仍然可以采用卡方检验,称为独立性检验。

案例 7-2　美国因新冠病毒死亡人口中性别与年龄是否相关。

为分析美国因新冠病毒死亡人口性别与年龄差异,有研究者对不同年龄组不同性别人口的死亡人数进行了统计,深入分析新冠病毒对不同社会群体的影响程度。根据美国疾病控制与预防中心发布的因新冠病毒死亡人口数据(2020 年 2 月 1 日~8 月 18 日),得到美国因新冠病毒死亡人口数据(表 7-3)。表格的数据能够说明不同性别人群在不同年龄因新冠病毒死亡频数存在显著差别吗?

表 7-3　美国因新冠病毒死亡人口数据　　　　　　　　　　　　　（单位：人）

性别＼年龄	35～44 岁	45～54 岁	55～64 岁	65～74 岁	75～84 岁	85 岁及以上	合计
女性	892	2392	6406	12009	17785	28934	68418
男性	2028	5328	12173	19478	21562	18775	79344
合计	2920	7720	18579	31487	39347	47709	147762

（数据来源：https://www.cdc.gov/nchs/nvss/vsrr/covid_weekly/index.htm#Race_Hispanic）

2. 双因素独立性检验的步骤

下面根据案例 7-2 来详细介绍双因素独立性检验的具体操作。可以按照假设检验的一般步骤对列联表 7-2 进行卡方检验，从而判断在案例给定的情境下，性别和年龄在新冠病毒死亡人数这个问题上是否相关。

(1) 首先构建原假设(H_0)和备择假设(H_1)。

原假设 H_0：不同性别和年龄人口因新冠病毒死亡频数相互独立。

备择假设 H_1：不同性别和年龄人口因新冠病毒死亡频数相关。

(2) 描述样本分布，本案例利用"性别"和"年龄"两个分类变量构建交叉表，因此采用双因素独立性卡方检验，并构造统计量——χ^2 值。

首先来看一下列联表 χ^2 值构建的基本原理。表 7-3 中的数据为每个单元格的实际频数，根据卡方值的计算公式，还需要确定每个单元格的期望频数。表 7-4 是一个 2×2 列联表。

表 7-4　2×2 列联表

变量	Y_1	Y_2	合计
X_1	X_1Y_1	X_1Y_2	O_{X_1}
X_2	X_2Y_1	X_2Y_2	O_{X_2}
合计	O_{Y_1}	O_{Y_2}	O_{total}

每个单元格的期望频数是当 X 和 Y 两个变量相互独立时的频数。如果 X 和 Y 相互独立，则

$$\frac{E_{X_1Y_1}}{O_{Y_1}} = \frac{O_{X_1}}{O_{\text{total}}}$$

$$\frac{E_{X_1Y_1}}{O_{X_1}} = \frac{O_{Y_1}}{O_{\text{total}}}$$

从式(7-2)可以推导出单元格 X_1Y_1 的期望频数为

$$E_{X_1Y_1} = \frac{O_{X_1} \times O_{Y_1}}{O_{\text{total}}}$$

公式通用的表述为

$$E_{单元格} = \frac{单元格所在行的实际频数 \times 单元格所在列的实际频数}{总的实际频数} \tag{7-3}$$

在进行卡方检验时,还需要知道列联表的自由度。在表 7-3 中,对于行 X_1,得到列联表自由度计算式(7-4):

$$df = (r-1) \times (c-1) \tag{7-4}$$

式中,df 为自由度;r 为列联表数据的行数;c 为列联表数据的列数。

基于表 7-2 的数据,得到每一个单元格的期望值(表 7-5)。列联表的自由度为 df=(2−1)(6−1)=5,计算 $\chi^2 = \sum (O-E)^2 / E = 6875$。

表 7-5 美国因新冠病毒死亡人口数据、期望值、χ^2 值

性别	变量	35~44 岁	45~54 岁	55~64 岁	65~74 岁	75~84 岁	85 岁及以上	合计频数
女性	O	892	2392	6406	12009	17785	28934	68418
	E	1352	3575	8603	14579	18219	22091	
	$\frac{(O-E)^2}{E}$	157	391	561	453	10	2120	
男性	O	2028	5328	12173	19478	21562	18775	79344
	E	1568	4145	9976	16908	21128	25618	
	$\frac{(O-E)^2}{E}$	135	337	484	391	9	1828	
合计频数		2920	7720	18579	31487	39347	47709	147762

(3) 确定在 $\alpha = 0.05$ 的显著性水平检验假设是否成立。

(4) 计算 p 值,大概卡方分布自由度为 5,卡方值为 6875 的概率 $p<0.001$。

(5) 比较 p 与 α,决定是否接受原假设。根据卡方分布出现样本的概率低于确定的显著性水平,拒绝原假设,接受备择假设。

(6) 根据统计分析结果,作出应用决策。统计分析结果接受备择假设,因此可以作出如下判断,不同性别和年龄人口因新冠病毒死亡频率存在显著差异。

(7) 比较 χ^2 值与临界值,决定是否接受原假设。确定卡方分布自由度,根据式(7-4)得知列联表 7-3 的自由度为 5。查阅 χ^2 值分布表得临界值 $\chi^2_{0.05}(5) = 11.07$,$\chi^2 > \chi^2_{0.05}(5)$,因此拒绝原假设,接受备择假设。

(8) 根据统计分析结果,作出应用决策。统计分析结果接受备择假设,因此可以作出如下判断,不同性别和年龄人口因新冠病毒死亡频率存在显著差异。

3. 双因素独立性检验的 R 语言实现

在实际研究中，直接获得的是微观数据，即每个样本的变量属性值，而不是以列联表呈现的统计分析结果。运用 R 语言时，首先要生成列联表，然后针对列联表进行 χ^2 双因素独立检验，常用的 R 语言命令为 stats 包中的 "chisq.test()"，基础命令为 "chisq.test(x, correct = TRUE)"。其中，"x" 为列联表数据，"correct = TRUE" 是数据不能满足列联表单元格中数值≥5 时(具体参见 7.1.5 节)，要采用耶茨矫正，命令中需加入此选项。

案例 7-2 双因素独立检验的 R 语言实现命令如下，其中 m 是构建的列联表矩阵。

```
> x<-c(892,2392,6406,12009,17785,28934,2028,5328,12173,19478,21562,18775,
    2920,7720,18579,31487,39347,47709)
> m<-matrix(x, nr=2,nc=6,byrow=TRUE, dimnames=list(c('女性', '男性'),
    c('35～44 岁','45～54 岁','55～64 岁','65～74 岁', '75～84 岁', '85岁及
以上')))
> chisq.test(m)
```

命令分析结果如图 7-4 所示，可以看到分析结果不仅给出了卡方值，还给出了出现这一卡方值的概率 p，可以直接比较 p 值和设定的显著性，作出拒绝原假设的决策。

```
Pearson's Chi-squared test

data: m
X-squared = 6875.8, df = 5, p-value < 2.2e-16
```

图 7-4 案例 7-2 双因素独立检验 R 语言命令分析结果

7.1.5 卡方检验使用的注意事项

应用卡方检验时，要注意观察样本数据特征，进而判断样本数据是否适宜采用卡方检验，或者需要对检验方法进行调整从而保证假设检验的有效性。

卡方检验要求样本量应足够大，一般要求 $n \geqslant 40$，特别是每个单元格的期望频数不能太小，一般要求 $E \geqslant 5$。在卡方值计算公式(7-1)中，期望频数 E 为分母，如果某一单元格期望频数太小，一个单元格的计算结果会对 χ^2 产生较大影响，从而使 χ^2 值不能真实反映样本结构上的偏差，可能会得出错误的结论。

当遇到单元格期望频数 $E<5$ 的情况时，统计学家也给出了相应的解决方法。当自由度等于 1(df=1，如四格列联表)，$n<40$ 或 $1<E<5$ 时，应使用耶茨矫正公式计算卡方值：

$$\chi^2 = \sum \frac{(|O-E|-0.5)^2}{E} \tag{7-5}$$

当自由度大于 1，$E<5$ 的单元格数量不应超过所有单元格数量的 20%。当出现期望频数过小($E<1$)，应使用费希尔确切概率法。

7.2　配对样本非参数检验

7.2.1　什么是配对样本

有时候，需要对同一研究对象不同阶段的数据进行比较，例如，实施新型农村合作医疗保险前后 X 村人口健康水平是否发生变化，在修建社区口袋公园前后 Y 社区居民对社区环境的满意度是否发生变化，在实施高标准农田建设前后 Z 镇的不同田块的农作物产量是否发生了变化。有时候需要对配对的两组数据进行分析，判断具有相关性的两组样本之间的独立性，例如，判断同一个家庭夫妻两人的寿命有无差别。案例 7-3 为同一群体对 A、B 两个方案打分的比较，两组数据存在一一对应的关系。因为不了解社区所有业主对改造方案打分的情况，也不能确定打分是否会服从正态分布，所以优先采用非参数检验的方法。

以上两种情形的两组样本就称为配对样本，是指同一研究对象研究两次，或是两组数据中的样本存在一一对应的关系。两组配对样本称为两配对样本，多组配对样本称为多配对样本，统计学家采用不同的非参数检验方法对它们进行假设检验。

使用配对样本非参数检验的前提是两个样本之间是配对的，首先两个样本的观察数目相同，其次两个样本的观察值顺序要一致。

案例 7-3　W 小区改造方案打分比较。

响应中央政府政策要求，X 市于 2022 年开始推动市区内老旧小区改造项目。W 小区被纳入改造项目，承接项目的 M 公司采用参与式规划方式设计小区改造方案。经过前期的入户调查和小区业主会议等程序，在充分考察小区居民需求的基础上形成了 A、B 两个改造方案。为了确定最后实施方案，M 公司将两个方案在小区内公示 2 周，在此之后邀请小区业主委员会成员分别对两个方案进行打分，打分结果如表 7-6 所示。能否通过打分了解小区业主更青睐哪一个方案呢？

表 7-6　W 小区改造方案业主打分表

业主	A 方案	B 方案	业主	A 方案	B 方案	业主	A 方案	B 方案
1	75	85	7	83	86	13	76	83
2	85	86	8	84	80	14	82	84
3	83	85	9	76	85	15	83	80
4	89	85	10	77	82	16	85	92
5	78	86	11	87	88	17	87	88
6	89	91	12	85	89	18	89	83

7.2.2 两配对样本非参数检验——符号检验

符号检验(sign test)是两配对样本非参数检验的一种方法，它通过对同一样本的两次观测值差值的符号进行分析，从而确定两次观测值之间是否存在显著差异。将同一样本两次观测值分别分记为 x、y，符号检验不关注 $x-y$ 的具体数值，只研究其差值 d 的符号：$x_i > y_i$ 时，记为"+"；$x_i < y_i$ 时，记为"−"；$x_i = y_i$ 时，忽略不计。

1. 符号检验的步骤

按照假设检验的 6 个步骤进行符号检验。

(1) 构建原假设(H_0)和备择假设(H_1)。

原假设 H_0：W 小区居民对 A、B 改造方案打分没有差异。即差值 d 出现正负号的概率是相等的。用公式表示为 $P(+) = P(-) = 0.5$。

备择假设 H_1：W 小区居民对 A、B 改造方案打分存在显著差异。

(2) 描述样本分布，本案例中 W 小区居民对 A、B 改造方案打分，属于配对样本，且对样本所在总体概率分布不了解，因此需要采用适用于配对样本的非参数检验——符号检验。

基于案例 7-3 来了解符号检验构造假设检验统计量的基本思路。案例中关注的问题是小区居民对 A、B 两个改造方案的打分是否存在差异，并进一步确定哪一个方案更受业主青睐。与卡方检验思路一样，首先思考：在什么情况下业主对 A、B 两个改造方案的打分不存在差异？如果方案 A 和方案 B 打分的总体分布是一样的，任意抽取一个业主的打分，方案 A、B 差值 d 出现正号和负号的概率是相等的，即 $P(+) = P(-) = 0.5$。

在实际研究中，由于存在抽样误差，即使在上述原假设成立的情况下，样本的差值正负号数量也不一定完全一样，需要计算在方案 A、B 总体分布一样的情况下，实际观测中正号或负号出现相应次数的概率。

如何计算这一概率呢？每当邀请一位业主对 A、B 方案打分时相当于从总体中抽样一次，由于方案 A、B 总体分布一样，两个方案分数差值出现正负号的概率是一样的，均为 0.5。案例 7-3 邀请了 18 位业主打分，相当于从总体中抽样 18 次。表 7-7 为配对样本两次观测值差值的符号，通过观察发现"+"号出现 4 次，"−"号出现 14 次。根据假设检验的思想，考虑的是事件出现的概率，符号检验的统计量就是"+"号出现 4 次及以下的概率：

$$P(n_+ \leqslant 4)$$
$$= P(n_+ = 4) + P(n_+ = 3) + P(n_+ = 2) + P(n_+ = 1) + P(n_+ = 0)$$
$$= C_{18}^4 (0.5)^4 (0.5)^{14} + C_{18}^3 (0.5)^3 (0.5)^{15} + C_{18}^2 (0.5)^2 (0.5)^{16} + C_{18}^1 (0.5)^1 (0.5)^{17} + C_{18}^0 (0.5)^0 (0.5)^{18}$$
$$\approx 0.0154$$

表 7-7　W 小区改造方案业主打分差值符号表

业主	A方案 (x)	B方案 (y)	差值符号	业主	A方案 (x)	B方案 (y)	差值符号	业主	A方案 (x)	B方案 (y)	差值符号
1	75	85	−	3	83	85	−	5	78	86	−
2	85	86	−	4	89	85	+	6	89	91	−

续表

业主	A 方案 (x)	B 方案 (y)	差值符号	业主	A 方案 (x)	B 方案 (y)	差值符号	业主	A 方案 (x)	B 方案 (y)	差值符号
7	83	86	−	11	87	88	−	15	83	80	+
8	84	80	+	12	85	89	−	16	85	92	−
9	76	85	−	13	76	83	−	17	87	88	−
10	77	82	−	14	82	84	−	18	89	83	+

由于是双边假设，A、B 方案分别出现 $n_+ \leqslant 4$ 的可能性为 $0.0154 \times 2 = 0.0308$。

(3) 确定在 $\alpha = 0.05$ 的显著性水平检验假设是否成立。

(4) 计算原假设 H_0 出现的概率 p，根据第(2)步的计算，在小区居民对 A、B 方案打分没有差异的假设下，出现表 7-6 情形的概率为 0.0308。

(5) 比较 p 与 α，决定是否接受原假设。概率 $p = 0.0308$ 小于给定的显著性水平 0.05，因此拒绝原假设，接受备择假设。

(6) 根据统计分析结果，作出应用决策。由于拒绝了原假设，认为"W 小区居民对 A、B 改造方案打分存在显著差异"。

称原假设 H_0：$P(+) = P(-)$ 为双边假设，通过这一假设检验，还不能确定 W 小区居民对 A、B 改造方案哪个方案打分整体上更高。符号检验还可以建立单边假设，即假设 $P(+) > P(-)$ 或者 $P(+) < P(-)$。

2. 符号检验的 R 语言实现

在 R 语言中，运用 rstatix 包中的 "sign_test" 命令进行符号检验，采用双侧检验的命令如下：

```
> test<-c(75,85,83,89,78,89,83,84,76,77,87,85,76,82,83,85,87,89,
   85,86,85,85,86,91,86,80,85,82,88,89,83,84,80,92,88,83)
>
group<-c("1","1","1","1","1","1","1","1","1","1","1","1","1","1","1","1","1","1",
"2","2","2","2","2","2","2","2","2","2","2","2","2","2","2","2","2","2")
> evaluation<-data.frame(test, group)
>  sign_test(evaluation,  test  ~  group,  alternative="two.sided",
conf.level=0.05)
```

其中，"evaluation" 是基于案例 7-3 数据构建的数据框；"sign_test" 命令中 evaluation 为待检验的数据框；"test～group" 中 test 为数值型变量，group 为因子，表示变量的分组；"alternative" 可以选择检验为双尾检验还是单尾检验，默认的为 "two.sided" 双尾检验，选择 "greater" 或 "less" 分别为左侧或右侧检验；"conf.level" 为设定的显著性检验水平。

命令分析结果如图 7-5 所示，p 值为 0.0309，拒绝原假设。

```
# A tibble: 1 x 8
  .y.     group1 group2     n1      n2 statistic     df       p
* <chr>   <chr>  <chr>   <int>   <int>     <dbl>  <dbl>   <dbl>
1 test    1      2          18      18         4     18  0.0309
```

图 7-5　案例 7-3 符号检验 R 语言命令分析结果

3. 运用符号检验进行右侧检验

接下来对 $P(+) < P(-)$ 进行单边假设检验。

(1) 构建原假设(H₀)和备择假设(H₁)。

原假设 H_0：W 小区居民对 A 改造方案的打分不低于 B 改造方案打分，即 $P(+) < P(-)$。

备择假设 H_1：W 小区居民对 A 改造方案的打分低于 B 改造方案。

(2) 描述样本分布。本案例中 W 小区居民对 A、B 改造方案打分，属于配对样本，且对样本所在总体概率分布不了解，因此需要采用适用于双配对样本的非参数检验。本案例采用符号检验。

(3) 确定在 $\alpha = 0.05$ 的显著性水平检验假设是否成立。

(4) 计算原假设 H_0 出现的概率 p，在此案例中即为正号出现 4 次及以下的概率，$P(n_+ \leqslant 4) \approx 0.0154$。

(5) 比较 p 与 α，决定是否接受原假设。将显著性水平设为 0.05。

(6) 根据统计分析结果，作出应用决策。在小区居民 A 改造方案的打分低于 B 改造方案打分的假设下，出现观察值的概率为 0.0154，小于显著水平 0.05，因此拒绝原假设，接受备择假设 "W 小区居民对 A 改造方案的打分低于 B 改造方案"。

在 R 语言中进行单侧假设，只需要将 "sign_test" 命令中的 "alternative" 选项改为 "less"，大家可以运行命令并比较结果。

7.2.3　两配对样本非参数检验——符号秩检验

在符号检验方法中，只研究了两个变量差值 $d = x - y$ 的符号，不分析 d 的具体数值，没有充分利用数据资料提供的信息进行判断，有损分析的精确性。符号秩检验是对符号检验方法的改进，也称为 Wilconxon 符号秩检验(Wilconxon signed-rank test)，是由美国科学家 Frank Wilcoxon 于 1945 年提出来的。他同时提出了独立样本的非参数检验方法，详见 7.4.1 节内容。

案例 7-4 为案例 7-3 中 M 公司承接的另一个老旧小区改造方案打分情况，如果大家按照符号检验方法进行假设检验，会发现在 0.05 的显著性水平上不能拒绝 "C、D 方案打分没有差异" 这一假设，因此给 M 公司下一步工作带来了困扰。可以采用符号秩检验来解决这一问题。

案例 7-4 L 小区改造方案打分比较。

在 X 市的老旧小区改造项目中，M 公司承接了多个小区的改造项目。在 L 小区，M 公司采取了与 W 小区相同的参与式规划方法，尽可能地将小区居民需求纳入规划方案。经过前期入户调查和社区座谈，L 小区也形成了 C、D 两套规划方案。M 公司将两个方案在小区内公示 2 周，在此之后邀请小区业主委员会成员分别对两个方案进行打分，打分结果如表 7-8 所示。能否通过打分了解小区业主更青睐哪一个方案呢？

表 7-8 L 小区改造方案业主打分表

业主	C 方案	D 方案	业主	C 方案	D 方案	业主	C 方案	D 方案
1	74	83	4	85	84	7	82	86
2	80	87	5	82	80	8	82	88
3	87	82	6	86	92	9	82	85

1. 符号秩检验的步骤

可以按照假设检验的 6 个步骤进行假设检验。

(1) 构建原假设(H_0)和备择假设(H_1)。

原假设 H_0：L 小区居民对 C、D 改造方案打分没有差异。

备择假设 H_1：L 小区居民对 C、D 改造方案打分有显著差异。

(2) 描述样本分布。本案例中 W 小区居民对 A、B 改造方案打分，属于配对样本，且对样本所在总体概率分布不了解，因此需要采用适用于双配对样本的非参数检验，本案例采用符号秩检验。

符号检验只考虑了每个配对样本差值的符号，而没有充分利用每个配对样本差值这一更为精确的衡量指标。对于案例 7-4，如果居民对于方案 C 和 D 的打分没有差异，样本差值的负数差值之和(x)和正数差值之和(y)的绝对值也应该相等。考虑到抽样误差，x 和 y 的绝对值的差异应该在一个范围内，超过某一个范围则表明抽样误差造成这一差异的概率是比较小的，更有可能是两个总体本身存在差异造成的。

在假设检验的实际操作中，变量取值范围存在差异，例如，社区改造方案打分的取值范围为 0～100，也有可能是 1～5，很难确定一个统一的数值能够有效反映配对样本差值的合理范围。因此，统计学家引入了"符号秩"的概念，以差值大小排序来代替差值大小，从而构建一个可以应用于不同取值范围样本测量的统计量——样本秩和。

首先，计算所有配对样本的差值及其绝对值 $|x_i - y_i|$，将差值绝对值 $|x_i - y_i|$ 根据数值大小进行排序，然后从小到大给每个数值一个顺序号，称为"秩"，将 $x_i - y_i$ 的符号赋给它的秩，当 $x_i > y_i$ 时，秩取正号，当 $x_i < y_i$ 时，秩取负号。表 7-9 计算了 L 小区改造方案业主打分及符号秩。对于 $|x_i - y_i|$ 相同的数值，其"秩"值取所有相同数值顺序号平均值。例如，差值绝对值为 6 的有 2 对样本，分别排序为 6、7，取排序的平均值 6.5 作为这两个样本"秩"的数值，并赋予相应的符号。

表 7-9　L 小区改造方案业主打分及符号秩

业主	C 方案 (x)	D 方案 (y)	d=x-y	符号秩	业主	C 方案 (x)	D 方案 (y)	d=x-y	符号秩
1	74	83	-9	-9	6	86	92	-6	-6.5
2	80	87	-7	-8	7	82	88	-6	-6.5
3	87	82	5	5	8	82	86	-4	-4
4	85	84	1	1	9	82	85	-3	-3
5	82	80	2	2					

其次，分别计算正秩和 $T+$ 与负秩和 $T-$。如果业主对 C、D 方案的打分没有差异，则 d 出现 "+" 号和 "-" 号的次数相等。如果每个业主打分是随机的，每对打分差值会出现 "+" 号和 "-" 号 2 种可能，9 个业主打分符号的组合则一共有 $2^9=512$ 种可能，每一种组合出现的概率就是 1/512。

再次，比较 $T+$ 与 $T-$，确定用于检验的秩和 $T=\min(T+, |T-|)$。表 7-9 中符号为负的配对样本有 6 对，符号为负的负秩和为-37。接下来需要计算出现负秩和 $T-\leqslant-37$ 的概率。负秩和 $T-\leqslant-37$ 情况和结果如表 7-10 所示。

表 7-10　负秩和 $T-\leqslant-37$ 情况和结果

情况	结果
d 值全为负	负秩和为-45
d 值在秩 1 为正，其余为负	负秩和为-44
d 值在秩 2 为正，其余为负	负秩和为-43
⋮	⋮
d 值在秩 8 为正，其余为负	负秩和为-37
d 值在秩 1、2 为正，其余为负	负秩和为-42
⋮	⋮
d 值在秩 3、4 为正，其余为负	负秩和为-38
⋮	⋮

根据所有可能的排列计算出负秩和 $T-\leqslant-37$ 所有情形一共有 25 种，因此可以计算 $T-\leqslant-37$ 出现的概率为

$$p(T-\leqslant-37)=\frac{25}{512}\approx0.049$$

考虑到双侧，秩和数 $\leqslant-37$ 的概率 $p\approx2\times0.049=0.098$。

根据以上原理，统计学家构造了符号秩检验的临界值表。在使用符号秩检验进行配对样本的非参数检验时，计算出秩和后，根据配对样本数量查阅临界值表，不需要自己再计算其概率值。

根据以上步骤，可以确定案例 7-4 样本数据的正秩和为 8，负秩和为-37。取 8 作为

检验所用秩和。

(3) 确定在 $\alpha = 0.05$ 的显著性水平检验假设是否成立。

(4) 计算原假设 H_0 出现的概率 p，或者样本的统计量。根据以上统计量构造的计算得到出现原假设的概率为 0.098。

(5) 比较计算所得统计量与设定显著性水平的统计量临界值，在 L 小区居民对 C、D 改造方案打分没有差异的假设下，查阅秩和检验临界值表找到在配对样本数量为 9，秩和 $T=8$ 时的双边假设的 α 值为 0.1，就要拒绝原假设。如果在第(2)步设定的显著性水平为 0.025(双边 α 为 0.05)，就可以接受原假设。从这里也可以看到，假设检验中，自己对假设检验显著性程度的预期会影响最后判断接受或拒绝原假设。

(6) 根据统计分析结果，作出应用决策。接受备择假设，认为"L 小区居民对 C、D 改造方案打分有显著差异"。

2. 符号秩检验的 R 语言实现

在 R 语言中，运用 stats 包中的"wilcox.test()"命令进行符号秩检验，具体命令如下：

```
> test1<-c(74,80,87,85,82,86,82,82,82)
> test2<-c(83,87,82,84,80,92,86,88,85)
>wilcox.test(test1,test2,paired = T,alternative = "two.sided", exact=F)
```

其中，"test1"和"test2"分别为两个配对样本的数值向量；"paired=T"表示两个样本为配对样本；"alternative"可以选择检验为双尾检验还是单尾检验，默认的为"two.sided"双尾检验，"greater"或"less"分别为左侧或右侧检验；"exact=F"表示不需要命令计算出一个确切的 p 值。

命令分析结果如图 7-6 所示，p 值为 0.09691，与自己手动计算的结果一致，可以在 0.1 的显著性水平上拒绝原假设，接受备择假设。

```
Wilcoxon signed rank test with continuity correction

data:  test1 and test2
V = 8, p-value = 0.09691
alternative hypothesis: true location shift is not equal to 0
```

图 7-6　案例 7-4 符号秩检验 R 语言命令分析结果

上面的原假设是双边假设，如果要判断小区居民对 D 方案的打分是否高于 C 方案，请大家尝试构建相应的单边假设，并按照步骤完成检验。

需要注意的是，当配对样本的组数 $n>25$ 时，秩和近似服从式(7-6)所示的正态分布。

$$Z = \frac{T - \mu_T}{\sigma_T} \sim N(0,1) \tag{7-6}$$

式中，

$$\mu_T = \frac{n(n+1)}{4} \tag{7-7}$$

$$\sigma_T = \frac{n(n+1)(2n+1)}{24} \tag{7-8}$$

7.2.4 多配对样本非参数检验——Friedman 检验

社会科学研究经常涉及多个配对样本的比较，例如，案例 7-5 需要比较业主对 3 个方案的打分是否存在差异，即考察多个配对样本所在总体的分布是否存在差异。Milton Friedman 在秩检验的基础上发展出了多配对样本的非参数检验方法，因此这一方法也称为 Friedman 检验。

案例 7-5　T 小区改造方案打分比较。

T 小区也是 M 公司承接的 X 市老旧小区改造项目之一。在实施参与式小区规划的过程中，T 小区的居民出现了比较大的分歧，为了充分回应小区业主的不同诉求，M 公司形成了 W、Y、Z 三个改造方案作为备选。M 公司将三个方案在小区内公示 2 周，在此之后邀请小区业主委员会成员分别对三个方案进行打分,打分结果如表 7-11 所示。能否通过打分了解小区业主更青睐哪一个方案呢？

表 7-11　T 小区改造方案业主打分表

业主	W方案	Y方案	Z方案	业主	W方案	Y方案	Z方案	业主	W方案	Y方案	Z方案
1	81	90	74	6	83	78	91	11	65	87	70
2	83	82	78	7	67	86	87	12	80	92	70
3	84	83	79	8	73	82	88	13	72	83	74
4	77	81	84	9	73	91	85	14	67	91	88
5	82	95	81	10	83	92	78	15	71	90	71

---

1. Friedman 检验的步骤

下面对案例 7-5 进行 Friedman 检验，按照假设检验的 6 个步骤进行。

(1) 构建原假设(H_0)和备择假设(H_1)。

原假设 H_0：T 小区居民对 W、Y、Z 三个改造方案打分没有差异。

备择假设 H_1：T 小区居民对 W、Y、Z 三个改造方案打分存在显著差异。

(2) 描述样本分布。本案例中 T 小区居民对 W、Y、Z 三个改造方案打分，属于多配对样本，且对样本所在总体概率分布不了解，因此需要采用适用于多配对样本的非参数检验。

多配对样本涉及三个或者以上样本的比较，采用秩和检验进行样本的两两比较，会形成多个样本秩和，需要多次比较才能对原假设作出判断。如何才能构建一个统计量一次性判断多个配对样本分布是否存在差异呢？基于秩检验的思路，美国经济学家 Milton

Friedman 提出了一个新的思路，在每一组配对样本中进行排序(如图 7-7 方框①所示)，如果三个样本之间没有差异，则 W、Y、Z 三个样本的秩平均值应该相等(如图 7-7 方框②所示)。考虑到抽样误差，样本秩和的差异也不会太大，Friedman 构造了统计量 M 用来衡量样本秩和的差异是否显著。

　　统计量 M 的计算过程如下。

　　确定每一个观测值的秩。与秩和检验对所有样本进行排序获得样本值的秩不一样，Friedman 检验是在配对样本组内进行排序，获得观测值的秩。如图 7-7 所示，业主 1 对 W、Y、Z 三个方案打分的组内秩分别为 2、3、1；业主 15 打分中，W 方案和 Z 方案的打分一样，它们的秩取平均值，均为 1.5。

　　计算每个方案的秩平均值。W、Y、Z 三个方案打分的秩平均值分别为 1.63、2.53、1.83。如果 W、Y、Z 三个方案所在总体分布是一致的，样本的秩平均值应该是相等的，计算公式为

$$\bar{R} = \frac{k+1}{2} \tag{7-9}$$

业主	W方案	Y方案	Z方案	秩-W方案	秩-Y方案	秩-Z方案
1	81	90	74	① 2	3	1
2	83	82	78	3	2	1
3	84	83	79	3	2	1
4	77	81	84	1	2	3
5	82	95	81	2	3	1
6	83	78	91	2	1	3
7	67	86	87	1	2	3
8	73	82	88	1	2	3
9	73	91	85	1	3	2
10	83	92	78	2	3	1
11	65	87	70	1	3	2
12	80	92	70	2	3	1
13	72	83	74	1	3	2
14	67	91	88	1	3	2
15	71	90	71	1.5	3	1.5

秩平均值

W方案	1.63
Y方案	2.53
② Z方案	1.83

图 7-7　Friedman 检验统计量 M 计算

计算统计量 M 值，其计算公式为式(7-10)，M 值符合自由度为 $k-1$ 的卡方分布。

$$M = \frac{12n}{k(k+1)} \sum_{i=1}^{k} (\bar{R}_i - \bar{R})^2 \tag{7-10}$$

式中，k 为配对样本数量，本案例备选方案数量为 3 个，k 的取值为 3；$\bar{R}_i$ 为第 i 个方案的秩平均值；$\bar{R}$ 为样本平均秩次；n 为每个样本中观测值个数，本案例中每个样本的观测值为 15 个，那么案例 7-5 的 Friedman 检验的 M 值为

$$M = \frac{12 \times 15}{3(3+1)} \Big[(1.63-2)^2 + (2.53-2)^2 + (1.82-2)^2 \Big] = 6.753$$

（3）确定在 $\alpha = 0.05$ 的显著水平检验假设是否成立。

（4）计算原假设 H_0 出现的概率 p，或者样本的统计量。根据第(2)步计算统计量 M 为 6.753，查找卡方检验临界检验值表，得到临界值 $C = 6.40$ 使得 $p(M \leqslant C) = 0.05$。

（5）比较计算所得统计量与设定显著性水平的统计量临界值，本案例 $M > C$，因此拒绝原假设，接受备择假设。

（6）根据统计分析结果，作出应用决策。接受备择假设，可以认为"T 小区居民对 W、Y、Z 三个改造方案打分存在显著差异"。在这里，进一步比较不同方案的秩平均值，可以看到 Y 方案的秩平均值高于另外两个方案，因此可以判断 T 小区居民对 Y 方案打分最高。

当 $n > 15$ 或者 $k > 5$ 时，M 值服从自由度为 $k - 1$ 的卡方分布。

2. Friedman 检验的 R 语言实现

在实际研究分析中，通常借助分析软件计算 M 值。R 语言中 stats 包中有完成 Friedman 检验的命令 "friedman.test()"。具体命令如下：

```
> test1<-c(81,83,84,77,82,83,67,73,73,83,65,80,72,67,71)
> test2<-c(90,82,83,81,95,78,86,82,91,92,87,92,83,91,90)
> test3<-c(74,78,79,84,81,91,87,88,85,78,70,70,74,88,71)
>        data<-matrix(c(test1,test2,      test3),nrow=15,dimnames=
list(ID=1:15,c('test1',' test 2',' test 3')))
> friedman.test(data)
```

其中，"data" 是一个 15 行 3 列的矩阵，每一列代表一个样本。

结果如图 7-8 所示，p 为 0.03315，可以直接比较 p 与 α，从而拒绝原假设。

```
        Friedman rank sum test

data:  data
Friedman chi-squared = 6.8136, df = 2, p-value = 0.03315
```

图 7-8　案例 7-5 Friedman 检验 R 语言命令分析结果

7.3　独立样本非参数检验

7.3.1　什么是独立样本

独立样本是指两组数据来自于两个独立的变量，数据中样本不存在一一对应的关系，例如，分别从 M 地区和 N 地区抽取 10～12 岁儿童样本，比较两个地区儿童身高的平均值是否存在显著差异；或者从大一和大四学生中各抽取 200 个学生作为样本，比较大一和大四学生的英语水平是否存在显著差异。案例 7-6 中，M 市与 N 市市民对城市公共服务满意度打分之间没有一一对应的关系，因此是两个独立样本。本案例中两个独立样本的观测值数量是不一样的，当然也可以是一样的。

案例 7-6　M 市和 N 市市民城市公共服务的满意度比较。

我国现在处于完善服务型政府建设的过程之中，了解市民对城市公共服务的满意度是评估服务型政府建设成效的重要内容。M 市和 N 市经济发展水平相似，某研究机构对两个城市公共服务水平进行比较研究，分别调查了两市市民对城市公共服务的满意度，以百分制的形式来展现(表 7-12)。能否通过数据确认两个城市市民对公共服务的满意度存在差异？哪个城市市民对公共服务的满意度比较高？

表 7-12　M 市与 N 市城市公共服务的满意度打分

M 市		N 市	
80	79	78	69
76	78	86	89
92	85	94	80
88	86	92	93
72		73	90

7.3.2　两独立样本的非参数检验——秩和检验

秩和检验(rank sum test)是对两独立样本进行非参数检验的方法，由 Frank Wilcoxon 提出，因此也称为 Wilcoxon 秩和检验。跟所有假设检验的思路一样，秩和检验也是要构造一个统计量来反映两组独立样本数据之间偏离的程度。

1. 秩和检验的步骤

下面就利用临界值表，按照假设检验的 6 个步骤进行双侧的秩和检验。

(1) 构建原假设(H_0)和备择假设(H_1)。

原假设 H_0：M 市与 N 市市民对城市公共服务的满意度处于同一水平。

备择假设 H_1：M 市与 N 市市民对城市公共服务的满意度处于不同水平。

(2) 描述样本分布。本案例中 M 市、N 市市民对城市公共服务的满意度属于独立样本，且对样本所在总体概率分布不了解，因此需要采用适用于双独立样本的非参数检验，本案例采用秩和检验。

秩和检验由爱尔兰统计学家 Frank Wilcoxon 在 1945 年提出。他的思路是将两组独立样本混合起来，并按照数值从小到大进行编号，每个测量值的编号就是它的秩，按照这一方法对表 7-12 的数据进行处理，得到表 7-13 中每个测量值的秩，如果两个或者多个测量值的编号一样，它们的秩则是编号的平均值，例如，有两个测量值为 78，它们的排序编号分别是 5、6，它们的秩就取平均值 5.5。每个样本所有测量值的秩相加，就得到样本的秩和。M 市得分的秩和 T_1 为 78，N 市得分的秩和 T_2 为 112。

表 7-13　M 市与 N 市城市公共服务满意度打分的秩及秩和

M 市(秩和：78)		N 市(秩和：112)	
测量值	秩	测量值	秩
80	8.5	78	5.5
76	4	86	11.5
92	16.5	94	19
88	13	92	16.5
72	2	73	3
79	7	69	1
78	5.5	89	14
85	10	80	8.5
86	11.5	93	18
		90	15

如果 M 市和 N 市市民公共服务满意度打分的总体分布是一致的，那么秩和 T_1 和 T_2 数值应该相差不大。考虑抽样中的误差，T_1、T_2 值很大或很小的可能性都是很小的，因此可以根据 T_1、T_2 的数值来判断当前样本测量值情形出现的概率。为了便于开展秩和检验，统计学家给出了秩和检验临界值表。表 7-14 为 Wilcoxon 秩和检验临界值表。在使用临界值表时要注意，样本 1 的观测数要小于等于样本 2 的观测数，即 $n_1 \leq n_2$，n_1 最少要有 2 个观测值，n_2 最少要有 4 个观测值。

表 7-14　Wilcoxon 秩和检验临界值表

$\alpha=0.05$								$\alpha=0.025$							
n_1	n_2	T_u	T_l	n_1	n_2	T_u	T_l	n_1	n_2	T_u	T_l	n_1	n_2	T_u	T_l
2	4	3	11	5	5	19	36	2	6	3	15	5	8	21	49
2	5	3	13	5	6	20	40	2	7	3	17	5	9	22	53
2	6	4	14	5	7	22	43	2	8	3	19	5	10	24	56
2	7	4	16	5	8	23	47	2	9	3	21	6	6	26	52
2	8	4	18	5	9	25	50	2	10	4	22	6	7	28	56
2	9	4	20	5	10	26	54	3	4	6	18	6	8	29	61
2	10	5	21	6	6	28	50	3	5	6	21	6	9	31	65
3	3	6	15	6	7	30	54	3	6	7	23	6	10	33	69
3	4	7	17	6	8	32	58	3	7	7	25	7	7	37	68
3	5	7	20	6	9	33	63	3	8	8	28	7	8	39	73
3	6	8	22	6	10	35	67	3	9	9	30	7	10	43	83
3	7	9	24	7	7	39	66	3	10	9	33	8	8	49	87
3	8	9	27	7	8	41	71	4	4	11	25	8	9	51	93
3	9	10	29	7	9	43	76	4	5	12	28	8	10	54	98
3	10	11	31	7	10	40	80	4	0	12	32	9	9	63	108
4	4	12	24	8	8	52	84	4	7	13	35	9	10	66	114
4	5	13	27	8	9	54	90	4	8	14	38	10	10	79	131
4	6	14	30	8	10	57	95	4	9	15	41				
4	7	15	33	9	9	66	105	4	10	16	44				
4	8	16	36	9	10	69	111	5	5	18	37	表中列出了秩和下限 T_u 和秩			
4	9	17	39	10	10	93	127	5	6	19	41	和上限 T_l			
4	10	18	42					5	7	20	45				

（3）根据显著性水平确定拒绝域。将显著性水平设为 0.05。

（4）计算原假设 H_0 出现的概率 p。根据第(2)步构造的统计量，案例 7-6 中的秩和为 $T_1=78$ 在取值范围[69,111]内，查询秩和检验临界值表 $p \geqslant 0.05$。

（5）比较计算所得 p 值与设定显著性水平的统计量临界值(0.05)，样本 p 值大于设定的临界值 0.05，因此接受原假设。

（6）根据统计分析结果，作出应用决策。由于接受了原假设，认为"M 市与 N 市市民对城市公共服务的满意度处于同一水平"。

2．秩和检验的 R 语言实现

在 R 语言中，运用 stats 包中的"wilcox.test()"命令进行秩和检验，具体命令如下：

```
> test1<-c(80,79,76,78,92,85,88,86,72)
> test2<-c(78,69,86,89,94,80,92,93,73,90)
>wilcox.test(test1,test2,paired = F,alternative = "two.sided")
```

其中，"test1"和 test2"分别为两个独立样本的数值向量；"paired=F"表示两个样本为独立样本；"alternative"可以选择检验为双尾检验还是单尾检验，默认的"two.sided"为双尾检验，"greater"或"less"分别为左侧或右侧检验。

命令分析结果如图 7-9 所示，p 值为 0.3469，与自己计算的结果一致，可以在 0.05 的显著性水平上接受原假设。

```
Wilcoxon rank sum test with continuity correction

data: test1 and test2
W = 33, p-value = 0.3469
alternative hypothesis: true location shift is not equal to 0
```

图 7-9　案例 7-6 秩和检验 R 语言命令分析结果

在秩和检验 $n_1>10$ 的情况下，可以利用正态分布作近似检验，其中 T 的均值与方差分别为

$$\mu_T = n_1(n_1 + n_2 + 1)/2 \qquad\qquad (7\text{-}11)$$

$$\sigma^2_T = n_1 n_2 (n_1 + n_2 + 1)/12 \qquad\qquad (7\text{-}12)$$

$$Z = \frac{T - \mu_T}{\sigma_T} \sim N(0,1) \qquad\qquad (7\text{-}13)$$

7.3.3　两独立样本的非参数检验——曼-惠特尼 U 检验

对于两独立样本，除了秩和检验之外，还可以采用曼-惠特尼 U 检验(Mann-Whitney U Test)。这一检验方法由 Mann 和 Whitney 于 1947 年提出。本质上曼-惠特尼 U 检验也属于秩检验的一种，只是与 Wilcoxon 秩和检验所构造的统计量有所不同。

1. 曼-惠特尼 U 检验的步骤

接下来按照假设检验 6 个步骤进行曼-惠特尼 U 检验。

(1) 构建原假设(H_0)和备择假设(H_1)。

原假设 H_0：M 市和 N 市市民对城市公共服务的满意度一致。

备择假设 H_1：M 市和 N 市市民对城市公共服务的满意度不一致。

(2) 描述样本分布。本案例中 M 市、N 市市民对城市公共服务的满意度属于独立样本，且对样本所在总体概率分布不了解，因此需要采用适用于双独立样本的非参数检验。本案例采用曼-惠特尼 U 检验，构造统计量——U 值。

在曼-惠特尼 U 检验中使用的统计量为 U，两组样本统计量分别记为 U_1、U_2，分别代表第一组样本中各观测值的秩大于第二组样本中各观测值的秩的次数、第二组样本中各观测值的秩大于第一组样本中各观测值的秩的次数。

计算 U_1、U_2 首先需要计算两组样本的秩，计算每个样本秩的方法跟秩和检验是一致的。以案例 7-6 为例，把 M 市和 N 市样本混合起来，按照大小进行排序，将从小到大的编号作为秩，如表 7-13 所示。计算 M 市和 N 市样本秩和，分别记为 $T_1=78$，$T_2=112$，M 市和 N 市样本的观测值数量分别记为 $n_1=9$、$n_2=10$。

$$U_1 = n_1 n_2 + \frac{n_1(n_1+1)}{2} - T_1 \tag{7-14}$$

$$U_2 = n_1 n_2 + \frac{n_2(n_2+1)}{2} - T_2 \tag{7-15}$$

根据式(7-14)和式(7-15)，可以计算得到 $U_1=57$，$U_2=33$。

取 U_1，U_2 中的较小值作为曼-惠特尼 U 检验的统计量，$U=\min(U_1,U_2)$，本案例的统计量 $U=33$。当样本量较小时(n_1,n_2 至少有一个小于 10)可以查阅曼-惠特尼 U 检验临界值表，确定统计量的值是否在临界值范围内。

(3) 确定在 $\alpha=0.05$ 的显著性水平检验假设是否成立。

(4) 计算原假设 H_0 出现的概率 p，或者样本的统计量。根据第(2)步，案例 7-6 的统计量 U 的值为 33。

(5) 比较计算所得统计量与设定显著性水平的统计量临界值，查阅曼-惠特尼 U 检验的临界值表检验表，找到临界值 C，使得 $p(U \leqslant C) = \alpha$。临界值表中，样本的观测值分别为 $n_1=9$，$n_2=10$ 的时候，双侧检验 α 为 0.05 时的临界值 C 为 20。本案例 U 值 33 大于双侧检验 α 为 0.05 时的临界值 20，因此接受原假设。

(6) 根据统计分析结果，作出应用决策。接受原假设，认为 "M 市和 N 市市民对城市公共服务的满意度一致"。

可以看到 Wilcoxon 秩和检验与曼-惠特尼 U 检验是等价的，在实际应用选择其中一种方法进行假设检验即可。

当样本量满足 $n_1>10$、$n_2>10$ 时，统计量 U 的抽样分布接近正态分布，其均值和标准差分别为

$$\mu_U = \frac{n_1 n_2}{2} \tag{7-16}$$

$$\sigma_U = \sqrt{\frac{n_1 n_2 (n_1 + n_2 + 1)}{12}} \tag{7-17}$$

将 U 标准化可得 Z 检验统计量为

$$Z = \frac{U - \mu_U}{\sigma_U} \tag{7-18}$$

2. 秩和检验的 R 语言实现

在 R 语言中，曼-惠特尼 U 检验实际上也采用 Wilcoxon 秩和检验的命令，命令有两种书写方式，除了 7.3.2 节给出的命令形式，另一种命令形式如下：

```
> test1<-c(80,76,92,88,72,79,78,85,86,78,86,94,92,73,69,89,80,93,90)
>
test2<-c('M','M','M','M','M','M','M','M','M','N','N','N','N','N','N','N','N','N','N')
> wilcox.test(test1~test2, paired=F,alternative = "two.sided",exact=F)
```

其中，"test1" 为包含了两组独立样本的数值向量；"test2" 为标识数值向量分组的因子向量；"alternative" 可以选择检验为双尾检验还是单尾检验，默认的 "two.sided" 为双尾检验，"greater" 或 "less" 分别为左侧或右侧检验；"exact=F" 表示不需要命令计算出一个确切的 p 值。

图 7-10 中假设检验的 p 值为 0.3469，可以接受原假设。

```
        Wilcoxon rank sum test with continuity correction

data:  test1 and test2
W = 33, p-value = 0.3469
alternative hypothesis: true location shift is not equal to 0
```

图 7-10　案例 7-6 曼-惠特尼 U 检验 R 语言命令分析结果

7.3.4　多独立样本的非参数检验——Kruskal-Wallis 检验

在实际研究中，会经常遇到对多个不同总体样本的比较，例如，三个或以上调查区域的居民对当地政府公共服务的满意度，三个或以上学校学生对公共安全知识的了解程度。有三个或三个以上总体的独立样本就称为多独立样本。案例 7-7 为多独立样本之间的比较。Kruskal-Wallis 检验是一种常用的多独立样本非参数方法，其实质是秩和检验的一种。

案例 7-7　M 市、N 市、Q 市市民对城市公共服务的满意度比较。

某研究机构对 M 市、N 市的市民对城市公共服务水平进行调查研究后提出了一些初步的研究结论。为了进一步验证研究结论，研究机构选取了与 M 市、N 市经济水平接近的 Q 市开展相同调查。M 市、N 市与 Q 市城市公共服务水平满意度打分如表 7-15 所示。调查数据能否反映三个城市的市民对公共服务的满意度存在差异？

表 7-15　　M 市、N 市与 Q 市城市公共服务水平满意度打分

M 市			N 市			Q 市		
78	89	69	80	66	79	75	74	76
86	89	89	76	74	78	79	81	70
94	90	80	92	74	85	85	71	76
92	85	93	88	65	86	70	89	76
73	91	90	72	94	78	78	80	

1. Kruskal-Wallis 检验的步骤

下面按照假设检验的 6 个步骤对案例 7-7 进行 Kruskal-Wallis 检验。

(1) 构建原假设(H_0)和备择假设(H_1)。

原假设 H_0：M 市、N 市、Q 市市民对城市公共服务的满意度处于同一水平。

备择假设 H_1：M 市、N 市、Q 市市民对城市公共服务的满意度处于不同水平。

(2) 描述样本分布。本案例中 M 市、N 市、Q 市市民对城市公共服务的满意度属于独立样本，且对样本所在总体概率分布不了解，因此需要采用适用于多独立样本的非参数检验。本案例采用 Kruskal-Wallis 检验。

多独立样本涉及三个或以上数量的多个样本，如果采用秩和检验或者曼-惠特尼 U 检验对样本进行两两比较，需要多次检验才能对原假设作出判断；也无法采用 Friedman 检验中将每组配对样本进行排序的做法。基于秩和检验的思路，可以计算出每个样本的秩和，如果样本的总体分布是一致的，每个样本秩和的数值也应该相等。考虑到抽样误差，样本之间的秩和相差应该不大，如果能够找到一个新的统计量用于判断多个样本秩和的偏差程度，就能实现多个独立样本的假设检验。

基于以上思路，美国统计学家 William Kruskal 和他的合作者 Allen Wallis 提出了新的统计量 K 值作为判断多个独立样本偏差程度的统计量。

按照秩和检验的做法，首先把所有样本观测值混合起来求秩(表 7-16)，然后按样本求秩和，记 x_{ij} 为第 i 个样本第 j 个观察值，R_{ij} 为 x_{ij} 的秩。计算每个样本的秩和 $R_i = \sum\limits_{j=1}^{n_j} R_{ij}$，以及样本的秩均值 $\overline{R_i} = \dfrac{R_i}{n_i}$。

表 7-16　　M 市、N 市与 Q 市市民对城市公共服务满意度打分的秩

M 市(秩和：455.5；秩均值：30.37)			N 市(秩和：301.5；秩均值：20.1)			Q 市(秩和：233；秩均值：16.64)		
18.5	34.5	3	24	2	21.5	12	10	14.5
30.5	34.5	34.5	14.5	10	18.5	21.5	26	4.5
43.5	37.5	24	40.5	10	28	28	6	14.5
40.5	28	42	32	1	30.5	4.5	34.5	14.5
8	39	37.5	7	43.5	18.5	18.5	24	

如果三个样本总体分布一致，三个样本的秩和 R_i，以及样本的秩均值 $\overline{R}_i$ 应该相等，并等于所有样本观测值的秩均值 $\overline{R} = \dfrac{n+1}{2}$。

根据样本秩均值按照式(7-19)构造统计量 K，用于判断秩均值 $\overline{R}_i$ 之间的差异水平。n 为多个样本混合后的观察值数量；n_i 为第 i 个样本的观测值数量；k 为样本数量。可见 K 值只与样本秩和(R_i)、样本容量(n_i)和样本总容量(n)相关。统计量 K 服从自由度为 $k-1$ 的卡方分布。

$$K = \frac{12}{n(n+1)} \sum_{i=1}^{k} n_i (\overline{R}_i - \overline{R})^2 \tag{7-19}$$

根据式(7-19)计算得到案例 7-7 的 $K=9.127$。

(3) 确定在 $\alpha = 0.05$ 的显著性水平检验假设是否成立。

(4) 计算原假设 H_0 出现的概率 p。根据第(2)步，Kruskal-Wallis 检验的统计量 K 的值为 9.127，查阅 χ^2 值分布表，找到显著性水平 α 为 0.05、自由度为 $k-1=2$ 时的临界值为 0.103，因此 $p<0.05$。

(5) 比较 p 与设定的显著性水平 0.05。本案例 $p<0.05$，因此拒绝原假设，接受备择假设。

(6) 根据统计分析结果，作出应用决策。接受备择假设，认为"M 市、N 市与 Q 市市民对城市公共服务的满意度处于不同水平"。

2. Kruskal-Wallis 检验的 R 语言实现

R 语言进行 Kruskal-Wallis 检验的命令为 stats 包中的"kruskal.test()"，具体命令如下：

```
> ratio=c(78,86,94,92,73,89,89,90,85,91,69,89,80,93,90,
+          80,76,92,88,72,66,74,74,65,94,79,78,85,86,78,
+          75,79,85,70,78,74,81,71,89,80,76,70,76,76),
>group<-c(rep("city1",15),rep("city2",15),rep("city3",14))
> kruskal.test(ratio～group)
```

其中，"ratio"为独立样本的样本数值向量；"group"为独立样本分组的因子向量。结果如图 7-11 所示，p 值为 0.01061，因此拒绝原假设。

```
        Kruskal-Wallis rank sum test

data:  ratio by group
Kruskal-Wallis chi-squared = 9.0911, df = 2, p-value = 0.01061
```

图 7-11　案例 7-7 Kruskal-Wallis 检验 R 语言命令分析结果

7.4　本章小结

本章介绍了单样本卡方检验、配对样本非参数检验、独立样本非参数检验方法的原理、使用场景及案例分析。非参数检验作为对参数假设检验的补充和完善，具有应用范围广、可处理数据类型丰富等优势，是科学研究中非常重要的研究方法。

　　需要清晰认识到参数假设检验和非参数检验的共性和差异，并灵活运用以有效解决自己的研究问题。所有的假设检验都遵循一样的步骤，不同的是构造的统计量有所差别。不同检验方法的核心就是构造与数据特征相符的统计量。

　　参数检验要求样本数据为定比数据，且总体服从正态分布。非参数检验是样本数据不符合参数检验的要求，为了通过样本推断总体时采用的假设检验方法。非参数检验对数据的类型和所在总体分布形态没有要求，因此可以运用到所有类型数据的假设检验中。但是非参数检验对数据信息利用不充分，只是对样本总体分布的位置进行检验，在实际分析中要根据数据类型和总体概率分布特征选择合适的假设检验方法。

　　不同数据类型适宜采用的假设检验方法如图 7-12 所示。

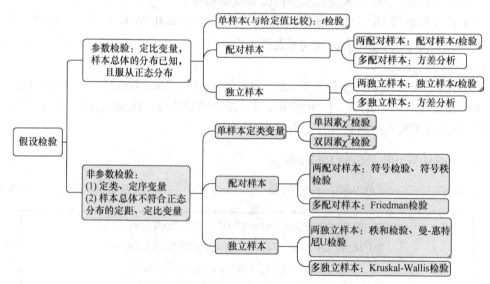

图 7-12　不同数据类型适宜采用的假设检验方法

第 8 章　相关与回归

理解不同现象之间的关系有利于科学地认知世界的规律。人们可以非常容易地从自己的身上观察到相关现象，例如，人类在儿童时期随着年龄的增加身高也不断增加，力量也不断增强，这说明年龄、身高和力量之间有某种关联。又如，很多地方都能看到这样一条警示标语："吸烟有害健康"。这条标语暗示吸烟和健康之间存在着某种关系。但如何去理解这句话呢？吸一口烟你的健康就会受损吗？很显然，你可以从身边找到很多的反例，例如，"我的七舅姥爷 70 岁了，吸了 50 年的烟，依然身体硬朗"。那是不是说吸烟越多，身体越不好呢？你的某个朋友也许会站出来反驳你："我的二大爷一辈子没吸过烟，但他 65 岁去世了"。那么上面那条警示标语错了吗？假如吸烟和健康之间没有关系，还需要花费高昂的社会成本去推动控烟和禁烟政策吗？

可见，在复杂的世界中，理解相关关系对于人们做决策至关重要。但相关关系也许并不总是那么显而易见，为了准确识别、测度不同现象的相关关系，需要使用相应的统计方法。本章主要从如何描述变量之间的相关关系，如何依据相关关系基于已知的变量去预测未知的变量，以及如何用 R 语言实现上述分析这三部分来展开。

8.1　相关和因果

8.1.1　什么是相关关系

在统计学中，当一个变量随着另一个变量(或几个变量)的变化而有规律地变化，称这两个(或几个)变量相关(correlation)。这里有两个非常重要的关键词：一个是"变化"，另一个是"有规律"，只有当这两个(或几个)变量同时满足这两个条件才说这两个(或几个)变量存在相关性。

图 8-1 是一组散点图，请问哪几幅图中 x 和 y 具有相关关系？

从图 8-1(a)我们能看出来，随着 x 值的增加，y 始终维持在 0.5。很显然 y 并没有随着 x 的变化而"变化"，因此这一组 x 和 y 没有相关性。图 8-1(b)中的 y 虽然随着 x 的变化而发生变化，但这种变化没有"规律"，因此这一组 x 和 y 也不具备相关性。图 8-1(c)所展现的这种关系在真实世界非常常见，y 随着 x 的变化而变化，虽然随着 x 的增加，y 的值并不总是增加的，但总体上依然保持了增加的趋势(有规律)，因此可以认为 y 和 x 在统计上是相关的。图 8-1(d)这种情况毫无疑问符合"变化"和"有规律"两条判断标准，显然它们是相关的。

对比图 8-1(c)和图 8-1(d)，会发现虽然 y 随着 x 的变化而有规律地变化，但这两种规律是不同的。直观来看，图 8-1(c)中的点基本上围绕在一条直线周围，这种相关关系称为

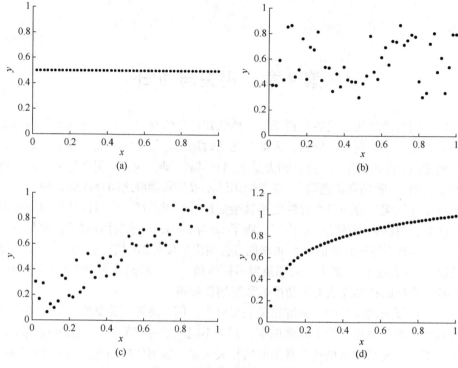

图 8-1　几种典型的散点图模式

"线性相关"。而观察图 8-1(d)，会发现 y 和 x 符合对数函数的分布特征，因此它们并不是线性相关。在统计学里，人们最关心的相关关系是线性相关，这是因为可以用有效的统计工具来判断及测度这种关系。当发现研究的关系不是线性相关时，通常会使用数学变化将其变形为线性相关再来进行处理。

8.1.2　相关不等同于因果

　　当发现两个变量或者多个变量之间存在相关关系之后，接下来会自然地联想到既然两者之间有关联，那么是否存在因果关系呢？换句话说，一个变量的变化是不是真的会导致另一个变量的变化？

　　2012 年，《新英格兰医学杂志》曾刊登过一篇论文，声称吃巧克力可以提高认知功能。得出这一结论的依据是每个国家的诺贝尔奖得主数量与该国巧克力人均消费量具有强相关性。虽然这篇论文通过了同行评审，但这个结论显然是非常不可靠的。两个因素之间表现出一种关系，可能意味着它们之间有相互影响，也可能意味着它们都被同一个隐藏的因素影响。在巧克力消费量和诺贝尔奖得主的例子中，很可能是一个国家的富裕程度同时影响了巧克力的消费量和高等教育的可获取性。

　　从上面这个例子可以看出，相关关系并不等同于因果关系。因果关系必定是相关关系，而相关关系不一定是因果关系。只有明确了一个变量的变化会引起另外一个变量的变化，那么变量之间才可以归结为因果关系。如何判断事物之间有因果关系呢？一般认为变量之间存在因果关系需要有三个条件。

(1) 事件之间存在相关关系, 如关联(association)或者共变(covariation)。相关关系如前所述, 表现的是两个变量之间某种恒定的联系, 也就是说自变量的每一次变化都会引起因变量响应的、可预见的变化, 那么可以初步判断是其中一个变量的变化导致了另一个变量的变化。在现实生活中, 假设在不同的情景和条件下, 重复同一项研究或实验, 这种共变的关系总是保持不变, 那么对这种因果关系的判断就更有信心。

(2) 事件的发生存在时间顺序, 通常, 先发生的事件被认为是后发生的事件的因, 后发生的事件被认为是先发生的事件的果。时间顺序是因果关系的必要条件, 但并非充分条件, 不能把所有发生在先的事件都作为因。同时时间先后顺序说不清而无法断定孰因孰果, 两者也有可能互为因果。人们说多生多育也许是贫困的原因, 然而反过来想, 有些贫困的人反而想多生一些孩子, 以增加劳动力、摆脱困境。

(3) 需要排除其他能够解释结果的因素, 原因和结果只能从这些事件中得出。事实上, 这就是说在进行因果关系判定的过程中, 需要排除干扰变量。因果关系的推断就如同侦探推理一般, 在探索事实真相的过程中面对已有和已知的信息, 需要验证信息的真实性和有效性, 从而一步一步排除干扰因素, 最后依据充分合理的证据和精心的推理, 推断事件的真相。社会科学中的因果关系尤为复杂, 需要更为精细和准确的研究设计, 分类排除一系列已经存在的或潜在的干扰因素, 从而断定事件中的因果关系。

在自然科学领域, 可以开展实验, 通过控制实验条件来排除可能的干扰因素, 从而验证两个变量之间是否存在因果关系。但在社会科学领域, 往往由于科学伦理、实验成本或实验本身不可行等, 很难开展实验研究, 研究者只能通过观察来开展研究, 这使得判断因果关系更为困难, 需要更细致的理论假设及更谨慎的研究态度。

8.2　如何识别和测度相关关系

8.2.1　散点图

散点图是最直观的判断两个变量之间相关关系的方法。每个数据点由一个点或小圆圈表示, 横坐标代表一个变量的取值, 纵坐标代表另一个变量的取值。通过散点图可以了解变量间大致的关系。如果变量之间不存在相互关系, 那么在散点图上就会表现为随机分布的离散的点, 如果存在某种相关性, 那么大部分的数据点就会相对密集并以某种趋势呈现。

以 R 语言中自带的 mtcars 数据集为例, 汽车的质量和它的燃油经济性有关吗? 以 x 轴表示汽车质量(在数据集中以 wt 表示), 以 y 轴表示汽车燃油经济性(在数据集中以 mpg 表示, 单位为 km/gal[①]), 将数据集中每一辆车的数据绘制在平面坐标系中, 就可以得到一幅汽车重量-燃油经济性散点图(图 8-2)。从图 8-2 中可以看出这两个变量呈现出了某种规律性的共同变化特征:总体而言, 越重的汽车燃油经济性越不好, 因此可以大致判断汽车的重量和燃油经济性是相关的, 且是一种负相关关系。

---

① 1gal=4.405L。

结合图 8-1 和图 8-2 中的例子，可以将相关的类型概括为以下四种：①正相关，两个变量同时增加或减小；②负相关，两个变量变化趋势相反，呈现出此消彼长的特征；③不相关，两个变量间没有明显的关系；④非线性关系，两个变量有关联，但以散点图呈现出的关系不是直线形状。

虽然散点图能够非常直观地帮助判断两个变量是否相关，但人眼的分辨能力往往有限，仅靠散点图是不够的。例如，图 8-3 展示了汽车发动机功率(记为 hp)与燃油经济性(mpg)之间的关系，从图中能够很容易看出汽车发动机功率与燃油经济性之间也有非常明显的负相关关系。但如果追问一句：汽车的重量和发动机功率哪个指标和燃油经济性更相关呢？仅凭观察恐怕就很难做出准确的判断了。因此，还是要引入定量的统计方法，通过统计量帮助进行更为科学的判断。

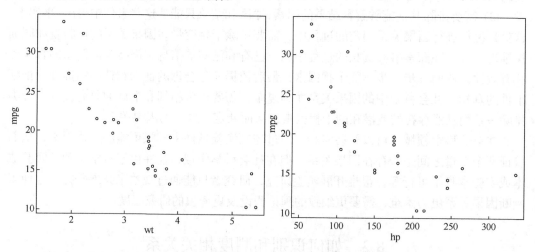

图 8-2 汽车重量-燃油经济性散点图   图 8-3 汽车发动机功率-燃油经济性散点图

8.2.2 从方差到协方差

既然"相关"描述的是两个(或以上)变量的"变化"关系，那么第一个要解决的问题就是该如何去量化"变化"。在第 2 章描述性统计里，我们已经学习过方差是用来描述变量变化特征的统计量(方差的英文 variance 直译成中文就是"变化")。回顾一下方差的公式：

$$S^2_x = \frac{\sum_{i=1}^{n}(x_i - \bar{x})^2}{n-1} \tag{8-1}$$

式中，$x_i - \bar{x}$ 为每一个观测值与其均值的差异(离差)；n 为样本容量。所以方差本质上是描述一个变量离差平方和的均值。如果把式(8-1)分子上的其中一个 $x_i - \bar{x}$ 化成 $y_i - \bar{y}$，那它是不是就可以表达两个变量的共同变化特征了？于是得到了式(8-2)所示统计量，称为协方差(covariance)。

$$\text{cov}(x, y) = \frac{\sum\limits_{i=1}^{n}(x_i - \overline{x})(y_i - \overline{y})}{n-1} \tag{8-2}$$

观察式(8-1)和式(8-2)可知：如果两个变量的变化趋势一致，那么 $x_i - \overline{x}$ 和 $y_i - \overline{y}$ 的符号总是相同，于是两个变量之间的协方差就是正值。反之，如果两个变量的变化趋势相反，那么 $x_i - \overline{x}$ 和 $y_i - \overline{y}$ 的符号就总是相反，$(x_i - \overline{x})(y_i - \overline{y})$ 的值就总是负值，于是协方差也会是负值。如果两个变量之间变化趋势是随机的，那么 $(x_i - \overline{x})(y_i - \overline{y})$ 的符号也是随机的，这时协方差会比较接近于 0。因此，可以根据协方差的符号去判断两个变量之间的相关关系。

虽然协方差的大小能从一定程度上反映变量之间的相关关系，但同时也存在一个问题，即协方差对数据本身的方差是非常敏感的。下面这个例子可以很好地反映这个问题。假设有两组数据(表 8-1)，分别标记为高方差数据(high variance data)和低方差数据(low variance data)。

表 8-1　协方差计算比较

序号	高方差数据			低方差数据		
	x	y	x, y 离差乘积	x	y	x, y 离差乘积
1	101	100	2500	54	53	9
2	81	80	900	53	52	4
3	61	60	100	52	51	1
4	51	50	0	51	50	0
5	41	40	100	50	49	1
6	21	20	900	49	48	4
7	1	0	2500	48	47	9
平均值	51	50		51	50	
x, y 离差乘积的和			7000	x, y 离差乘积的和		28
协方差			1166.67	协方差		4.67

如果计算它们的协方差，会发现这两组数据的协方差有很大的差异，高方差数据集的协方差有 1166.67，而低方差数据的协方差只有 4.67。高方差数据集的协方差比低方差数据集的协方差大得多。那么，能不能就此判断高方差数据集中 x 和 y 的相关性要大于低方差数据集呢？如果仔细观察这两组数据，会发现这两组数据都严格服从 $y=x-1$ 函数，按照相关性的定义，这两组数据应该有相同的相关性。协方差的这个弊端使得它很难应用于比较不同数据相关性的强弱。

8.2.3　皮尔逊相关系数——标准化协方差

既然协方差的值会受到变量方差的影响，那么是否可以通过归一化方差来消除这种影响呢？英国数学家皮尔逊(Pearson)就是这么做的。将协方差公式里的 x 与 y 的离差 $x_i - \bar{x}$ 和 $y_i - \bar{y}$ 分别除以 x 和 y 的标准差，就能得到 x 和 y 的标准化离差 $\dfrac{x_i - \bar{x}}{S_x}$ 与 $\dfrac{y_i - \bar{y}}{S_y}$。

相比于离差，标准化离差能够很好地去除数据本身存在的量纲，使得不同的数据变得可比。将标准化离差代入协方差公式替代离差，就会得到一个新的统计量，记为 r：

$$r = \frac{\sum\limits_{i=1}^{n} \dfrac{(x_i - \bar{x})}{S_x} \dfrac{(y_i - \bar{y})}{S_y}}{n-1} \tag{8-3}$$

这个统计量就称为皮尔逊相关系数。把这个公式整理一下，得到式(8-4)：

$$r = \frac{\sum\limits_{i=1}^{n} (x_i - \bar{x})(y_i - \bar{y})}{\sqrt{\sum\limits_{i=1}^{n}(x_i - \bar{x})^2} \sqrt{\sum\limits_{i=1}^{n}(y_i - \bar{y})^2}} \tag{8-4}$$

这个公式应该在很多统计学的教材中出现过。

皮尔逊相关系数 r 的分布在–1 与 1 之间，不会受到变量方差的影响，因此很适合用来测度相关性的强度，具体如下。

(1) 若 $0 < r \leqslant 1$，说明 x 与 y 之间存在正相关关系，即 y 会随着 x 的增大而增大。

(2) 若 $-1 \leqslant r < 0$，说明 x 与 y 之间存在负相关关系，即 y 随着 x 的增大而缩小。

(3) 当 $r=1$，说明 x 与 y 存在完全正相关关系。

(4) 当 $r=-1$，说明 x 与 y 之间为完全负相关关系。

(5) 当 $r=0$，说明二者之间不存在线性相关关系。

通常认为当 $|r| \geqslant 0.8$ 时，可视为高度相关；$0.5 \leqslant |r| < 0.8$ 时，可视为中度相关；$0.3 \leqslant |r| < 0.5$ 时，可视为低度相关；当 $|r| < 0.3$ 时，说明两个变量之间的相关程度极弱，可视为不相关。

皮尔逊相关系数是目前最常用的一种测度相关性的方法。然而，它也有局限性。首先，皮尔逊相关系数测度的是两个变量的线性相关程度。当 y 和 x 的关系可以用一个线性函数($y=ax+b$)来描述，r 的值将会等于 1；在散点图上，应该能看到所有的样本点都分布在同一条直线上(图 8-4)。如果 y 和 x 不相关，那么 r 值应该为 0，在散点图上会观察到一个没有规律的"点云"。需要注意的是，如果 y 和 x 之间不是线性关系，即使它们相关，也可能得到一个接近或等于 0 的 r 值，例如，图 8-4 第三排的 7 幅散点图，能够从这几幅图中观察到明显的分布模式，说明 x 和 y 存在相关性，但不是线性相关(无法用线性函数描述)，它们的 r 值都为 0。因此，$r=0$ 是 y 和 x 不相关的必要条件，但不是充分条件。如果 y 和 x 不相关，会得到 $r=0$ 这样一个统计值，但并不意味着如果观测到 $r=0$，就能得到 y 和 x 不相关这个结论。所以，在计算皮尔逊相关系数之前，可以先绘制散点图，并通过散点图大致判断变量的关系。皮尔逊相关系数还有几个局限，本书会在 8.2.6 节继续探讨。

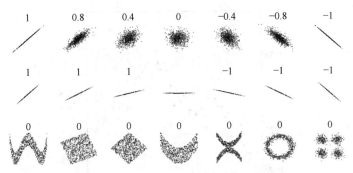

图 8-4　散点图和皮尔逊相关系数 r 的关系

8.2.4　偏相关

在 8.2.1 节，以 mtcars 数据集为例，讨论了汽车重量、发动机功率和汽车燃油经济性之间的关系。可以发现，汽车的重量和燃油经济性之间是负相关关系，发动机功率和燃油经济性之间也是负相关关系。那究竟哪个特征和燃油经济性的关系更强呢？可以使用皮尔逊相关系数来测度它们的相关性。通过计算，得知汽车重量与燃油经济性的相关系数(记为 $r_{wt,mpg}$)为 -0.86，而发动机功率与汽车燃油经济性的相关系数(记为 $r_{hp,mpg}$)为 -0.77。看起来无论是汽车重量还是发动机功率和汽车燃油经济性的关系都非常强。可是仔细分析一下，更大功率的发动机往往也被安装在更重的车辆上，如果直接使用样本数据计算发动机功率和燃油经济性的关系就有可能导致它们的相关系数 $r_{hp,mpg}$ 被汽车重量干扰而失真。因此，需要考虑控制汽车重量造成的影响。最直接的方法就是使用偏相关分析(partial correlation)。

偏相关分析是指当两个变量同时与第三个变量相关时，将第三个变量的影响剔除，只分析另外两个变量之间相关程度的过程，判定指标是偏相关系数 r：

$$r_{xy \cdot z} = \frac{r_{xy} - (r_{xz})(r_{yz})}{\sqrt{1-r^2_{xz}}\sqrt{1-r^2_{yz}}} \tag{8-5}$$

式中，$r_{xy \cdot z}$ 为在控制变量 z 的影响后得出的 x 与 y 的相关程度。

如果利用这个方法去考察控制了汽车重量后汽车发动机功率与燃油经济性之间的关系，会得到 $r_{hp,mpg \cdot wt} = -0.55$，这个值远远小于 $r_{hp,mpg}$，说明汽车重量的干扰使得人们高估了汽车发动机功率与燃油经济性之间的相关性。

8.2.5　相关系数的显著性检验

相关系数描述的是样本数据中两个变量相关性的统计量，那有没有可能这种相关性完全是抽样误差所造成的呢？如图 8-5 的这个案例，总体中的这两个变量本来没有相关性，而抽样时恰巧选到了这些看似相关的样本。这种情况当然是可能发生的，那如何通过样本的相关性来推断总体中两个变量的相关性呢？

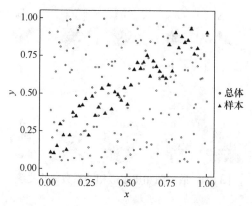

图 8-5　从一个"不相关"的总体中抽样出一个看似"相关"的样本

　　这里可以套用假设检验的思路，考察从一个"不相关"的总体里抽到一个看似"相关"的样本的概率。如果这个概率太小，就可以认为样本不是从这样一个"不相关"的总体中抽出的，进而认为总体的这两个变量是相关的。

　　具体来看，可以对相关系数 r 进行显著性检验。由于 r 服从 t 分布，可以用 t 检验进行 r 的显著性检验。

　　(1) 建立原假设和备择假设。原假设 H_0：总体的变量不相关。备择假设 H_1：总体的变量相关。

　　(2) 确定抽样分布。如果总体的两个变量不相关，那么从这个总体中抽出的样本的皮尔逊相关系数 r 应该服从期望为 0(因为不相关)，自由度 df=$n-2$(n 为样本量)的 t 分布。

　　(3) 给定显著性水平。显著性水平 α 取决于能够承受多大的风险(即原假设为真，却被错误拒绝的风险)。通常在社会经济学研究中可以接受 5%的风险(α=0.05)。

　　(4) 构建统计量，基于样本数据，根据显著性水平 α 与自由度 df，利用 t 分布表估计 p 值。

$$t = r\sqrt{\frac{n-2}{1-r^2}}, \mathrm{df} = n-2 \tag{8-6}$$

$$p = P\{|t| >= t(\alpha, n-2)\} \tag{8-7}$$

　　(5) 比较 p 值与显著性水平 α，接受或拒绝原假设。p 值反映的是通过随机抽样，从一个不相关的总体中抽到一份看似相关的样本的概率。当这个概率小于可以接受的风险 α 时，就可以拒绝原假设，而接受备择假设。

　　从式(8-6)和式(8-7)可以发现，显著性检验的结果对于样本容量是很敏感的，提高样本容量 n，总是比较容易获得更显著的结果。从图 8-5 的这个例子也很容易得到这个结论：从这个不相关的总体中随机抽出 3 个点，而这 3 个点恰巧围绕在某一条直线周围的概率是很高的，但要随机抽出 50 个点，并且这 50 个点围绕在某一条直线周围的概率却非常低。因此，样本容量越大，越能用样本的相关性推断总体的相关性。

8.2.6　不同数据类型的相关性检验

　　皮尔逊相关系数对于极端值非常敏感，少数几个离群值就可能对相关性检验结果造成很大影响。

例如，图 8-6 中这一组数据的皮尔逊相关系数高达 0.86。如果仅从数值上来看，这两个变量应该是强相关，可从散点图上看，除了(3,3)这个距离较远的点外，其他数据点似乎并没有表现出任何相关性。在剔除这个极端点后，通过计算发现剩下的数据的相关系数只有 0.03。

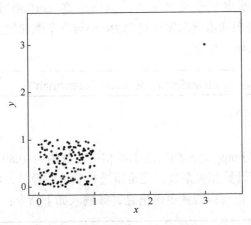

图 8-6 离群值对相关系数的影响

通常来说，皮尔逊相关系数对于正态分布的变量具有较好的统计学性质。但对于非正态分布的数据，可以采取其他方法。例如，当两个变量都是数值型变量时，可以借鉴非参数检验中秩检验的思路，将原始数据变为等级数据(秩)，利用两列成对等级之差来进行计算，这种系数称为斯皮尔曼(Spearman)相关系数：

$$\rho = 1 - \frac{6\sum d^2_i}{n^3 - n} \tag{8-8}$$

式中，n 为样本量；d_i 为同一个样本两个变量值的秩之差。斯皮尔曼相关系数在原假设下服从自由度为 $n-2$ 的 t 分布，所以可以和皮尔逊相关系数一样利用 t 检验来检验其显著性：

$$t = \rho \sqrt{\frac{n-2}{1-\rho^2}} \tag{8-9}$$

那么接下来的问题是，当变量不是数值型的时候怎么办？例如，某项教学改革是否和学生成绩有关？这里"教学改革"是一个定性的变量。又如，学历是否和疫苗接种意愿有关？这里的两个变量都是定性变量。其实这几种情况在本书的前几章都有介绍，请参考双样本 t 检验、方差分析与卡方检验章节，试着总结一下不同数据类型的相关性检验方法。

8.2.7 相关性检验的 R 语言实现

在 R 语言中，可以利用 cor() 函数计算相关系数。以 mtcars 数据集为例，如果想测度汽车质量(wt)与燃油经济性(mpg)之间的相关系数，可以输入如下命令：

```
> cor(mtcars$wt,mtcars$mpg)
```

会得到计算机的反馈：

[1] -0.8676594

这个返回值说明：wt 与 mpg 的相关系数约为-0.86。cor()函数默认计算的是皮尔逊相关系数，如果想计算斯皮尔曼相关系数，只需要在 cor()函数中添加方法(method = spearman)。例如，如果想知道汽车发动机动力(hp)与汽车燃油经济性(mpg)之间的斯皮尔曼相关系数，可以输入如下命令：

```
> cor(mtcars$hp,mtcars$mpg,method = 'spearman')
```

会得到计算机的反馈：

[1] -0.8946646

上述结果说明 hp 与 mpg 之间的斯皮尔曼相关系数约为-0.89。

如果不满足于仅仅计算相关系数，还希望进行显著性检验，可以使用 cor.test()函数，参数设置与 cor()相同，但可以得到更多信息，如输入如下命令：

```
> cor.test(mtcars$wt,mtcars$mpg)
```

会得到如下报告：

```
        Pearson's product-moment correlation

data:  mtcars$wt and mtcars$mpg
t = -9.559, df = 30, p-value = 1.294e-10
alternative hypothesis: true correlation is not equal to 0
95 percent confidence interval:
 -0.9338264 -0.7440872
sample estimates:
        cor
-0.8676594
```

它不仅说明 wt 与 mpg 的皮尔逊相关系数约为-0.86，还说明 t 检验的结果，p 值为 1.294×10^{-10}，远小于 0.05，因此该相关系数是显著的。报告更进一步说明在 95%置信区间之内，相关系数应在-0.93 至-0.74 之间。

也可以利用 cor.test()函数计算斯皮尔曼相关系数并进行显著性检验，可以这样构造 R 语言命令：

```
> cor.test(mtcars$wt,mtcars$mpg,method = 'spearman')
```

感兴趣的读者可以自行解读检验报告：

Spearman's rank correlation rho

```
data: mtcars$wt and mtcars$mpg
S = 10292, p-value = 1.488e-11
alternative hypothesis: true rho is not equal to 0
sample estimates:
      rho
-0.886422
```

进行偏相关分析，需要安装并调用一个扩展包"ppcor"：

```
> install.packages("ppcor")
> library(ppcor)
```

然后利用该扩展包中的 pcor.test()函数来执行偏相关分析。pcor.test()函数需要三个参数，感兴趣的两个变量作为前两个参数，控制变量作为第三个参数，例如：

```
> pcor.test(mtcars$mpg,mtcars$wt,mtcars$hp)
```

表示假设控制汽车发动机功率(hp)后，重量(wt)和燃油经济性(mpg)的偏相关系数：

```
      estimate        p.value statistic  n gp  Method
 1 -0.7512049 1.119647e-06 -6.128695 32   1 pearson
```

上述结果表明偏相关系数为–0.75，p 值小于 0.05。

如果调换后面两个参数：

```
> pcor.test(mtcars$mpg,mtcars$hp,mtcars$wt)
```

会得到完全不同的结果：

```
      estimate        p.value statistic  n gp  Method
 1 -0.5469926 0.001451229 -3.518712 32   1 pearson
```

感兴趣的读者可以试着解读一下这个结果。

8.3 回 归 分 析

前面已经知道汽车的重量和燃油经济性有显著的负相关关系。那可不可以根据汽车的重量来估计它的燃油经济性呢？这正是回归分析可以解决的问题。回归(regression)分析是一种常用的统计方法，用于估计因变量和一个或多个自变量之间的关系。在回归分析中，将感兴趣、需要解释或预测的变量称为因变量，而将已知的或可以直接测量的变量称为自变量。回归分析的结果通常是因变量与自变量之间的函数方程。

按照自变量和因变量之间的关系类型，回归模型可以分为线性回归模型与非线性回归模型。如果自变量和因变量之间的函数关系是直线型的(如一元线性回归模型可表示为

$y=ax+b$)即为线性回归模型；如果回归模型中自变量与因变量之间的关系在图形上表现为形态各异的各种曲线，也就是因变量为自变量的一次以上的函数形式，即为非线性回归模型。按照涉及自变量的数量，回归模型可以分为一元回归模型与多元回归模型。如果参与回归的自变量只有一个，即为一元回归模型；如果参与回归的自变量为两个及其以上，即为多元回归模型。本节将以线性回归模型为例，介绍回归分析方法的原理。

8.3.1　线性回归模型的几何解释

一元线性回归模型是最简单的回归模型，可用来研究两个连续变量的线性依存关系。一元线性回归模型中只包含一个自变量(记为 x)和一个因变量(记为 y)。假设有一条潜在的直线可以用来代表两个变量之间的这种依存关系，那么这条直线就称为最佳拟合直线(或回归直线)。回归分析的本质就是找到这条直线。

如何得到最佳拟合直线呢？如果在散点图上任意画一条直线(图 8-7)，就可以测量所有的点到这条直线的垂直距离(记为 ε_i)，所有的这些距离的平方和(记为 SSE，SSE$=\sum\limits_{i=1}^{n}\varepsilon_i^2$)越小就说明这条直线的拟合程度越好。当找到距离平方和最小的这条直线时，就得到了最佳拟合直线，而这条直线对应的函数方程就是回归方程，通常记为

$$\hat{y} = \beta_0 + \beta_1 x \tag{8-10}$$

式中，β_1 为回归直线斜率；β_0 为直线的截距；$\hat{y}$ 为自变量为 x 时 y 的估计值。

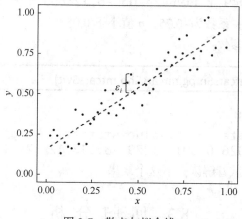

图 8-7　散点与拟合线

由于是基于最小的距离平方和来找到最佳拟合直线，这种回归的方法被称为最小二乘法，其中"二乘"就是平方的意思。

式(8-10)中 $\hat{y}$ 表示的是回归直线上所有点的纵坐标，其值表示当 x 取某个值的时候，因变量 y 的期望值而不是实际 y 值。因此，需要用离差 ε 加上 $\hat{y}$ 用于估计真实的 y 值。于是，得到完整的回归方程：

$$y = \beta_0 + \beta_1 x + \varepsilon \tag{8-11}$$

式中，β_0 为截距，表示 $x=0$ 时 y 的期望值；β_1 为回归直线的斜率，也称为回归系数，表

示 x 每改变一个单位的时候，y 的平均改变量，见图 8-8。

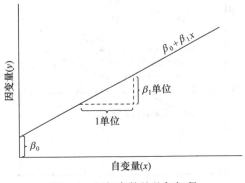

图 8-8　回归参数的几何解释

8.3.2　回归系数和截距

线性回归的目的是找到能代表所有数据点分布趋势的"最佳拟合直线"，而解析几何的知识说明，在笛卡儿坐标系中，如果能够确定截距(β_0)和斜率(β_1)，就能确定这条直线。

实践中，最常用的 β_0 和 β_1 值估计方法是最小二乘法，当找到能使残差平方和最小的一对 β_0 和 β_1 值时，就能得到最终的回归方程。能够证明(证明过程较为烦琐，感兴趣的读者可以查阅相关文献)，当 β_0 和 β_1 满足式(8-12)和式(8-13)所示条件时，可以获得最小的残差平方和。

$$\beta_1 = \frac{\text{cov}(x, y)}{\text{var}(x)} \tag{8-12}$$

$$\beta_0 = \overline{y} - \beta_1 \overline{x} \tag{8-13}$$

当得到这一组"最优"的 β_0 和 β_1 值后，就能得到回归方程。这时不由得生出一个疑问，得到的这条直线虽然确实是所有直线里最好、最有代表性的一条，但它到底有多好？如果基于这条直线去解释 x 和 y 之间的关系，究竟有多大把握？要弄清这个问题，需要去测度回归直线的拟合优度。

8.3.3　拟合优度 R^2

拟合优度(goodness of fit)是指回归直线对观测值的拟合程度。对于经典线性回归模型，采用最小二乘法对一元线性回归模型进行参数估计，可以得到一条拟合的回归直线 $\hat{y} = \hat{\beta}_0 + \hat{\beta}_1 x$，样本观测点则分布在回归直线的两侧。那么这条回归直线在多大程度上反映了自变量 x 的差异带来的因变量 y 的差异呢？

图 8-9 中回归直线代表所有观测点 y 的变异可以由 x 的变异解释的部分。对于观测点 (x_i, y_i)，$y_i - \overline{y}$ 代表这一点相对样本平均值的总变异，$\hat{y}_i - \overline{y}$ 代表总变异中可被回归直线解释的变异，$y_i - \hat{y}_i$ 则代表不能被回归直线解释的变异，$y_i - \overline{y} = (\hat{y}_i - \overline{y}) + (y_i - \hat{y}_i)$。观测点离回归直线越近，未被解释的变异就越小，被解释的变异在总变异中

的比例就越高。

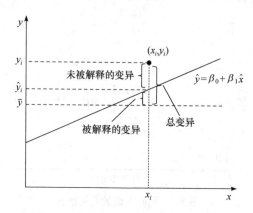

图 8-9　回归直线与回归方程方差分解

基于这一思路，可以用回归直线与各个观测点之间的接近程度来衡量，这就是拟合优度。一般线性回归通常使用判定系数(coefficient of determination)作为拟合优度的度量。样本中因变量与样本均值之间的差值称为离差，离差的平方和称为总平方和(sum of squares for total，SST)，是所有观测点总变异的加总。回归平方和(sum of squares for regression, SSR)代表所有观测点可解释变异的加总。残差平方和(sum of squares for error, SSE)代表所有观测点未被解释变异的加总。它们的计算公式为

$$\text{SST} = \sum_{i=1}^{n} (y_i - \bar{y})^2 \tag{8-14}$$

$$\text{SSR} = \sum_{i=1}^{n} (\hat{y}_i - \bar{y})^2 \tag{8-15}$$

$$\text{SSE} = \sum_{i=1}^{n} (y_i - \hat{y}_i)^2 \tag{8-16}$$

SST 可以分解为

$$\text{SST} = \text{SSR} + \text{SSE} \tag{8-17}$$

判定系数的计算公式为

$$R^2 = \frac{\text{SSR}}{\text{SST}} = 1 - \frac{\text{SSE}}{\text{SST}} \tag{8-18}$$

可见，R^2 的取值在 0 和 1 之间。R^2 的值越接近 1，说明回归直线对观测值的拟合程度越好；反之，R^2 的值越小，说明回归直线对观测值的拟合程度越差。因此，R^2 反映了回归方程对数据的拟合程度，是衡量拟合优劣的一个很重要的统计量。

8.3.4　多元线性回归

前面主要介绍的是对一个变量进行拟合回归时的情况，那如果有多个自变量的时候应该如何处理呢？对多个自变量进行回归的一般形式为

$$y = \beta_0 + \beta_1 x_1 + \beta_2 x_2 + \cdots + \beta_k x_k + \varepsilon \tag{8-19}$$

式中，y 为因变量；x 为自变量；β_k 为待估参数；ε 为随机干扰项；k 为变量个数。回归系数的含义为：一个预测变量增加一个单位，其他预测变量保持不变时，因变量将要增加的数量。

如果有 n 次独立的观测数据 $(x_{i1}, x_{i2}, \cdots, x_{ik}; y_i) i = 1, 2, \cdots, n$，则线性回归模型可以表示为

$$y_1 = \beta_0 + \beta_1 x_{11} + \beta_2 x_{12} + \cdots + \beta_k x_{1k} + \varepsilon_1$$
$$y_2 = \beta_0 + \beta_1 x_{21} + \beta_2 x_{22} + \cdots + \beta_k x_{2k} + \varepsilon_2$$
$$\cdots\cdots$$
$$y_n = \beta_0 + \beta_1 x_{n1} + \beta_2 x_{n2} + \cdots + \beta_k x_{nk} + \varepsilon_n$$

由于用 R^2 评价拟合模型的好坏具有一定的局限性，即向模型中增加没有统计学意义的变量，R^2 值仍会增大。这时需要校正，从而形成了校正判定系数 (adjusted R square, Adj. R^2)，即调整 R^2。与 R^2 不同的是，当模型中增加的变量没有统计学意义时，调整 R^2 会减小。因此调整 R^2 是衡量所建模型好坏的重要指标之一，调整 R^2 越大，模型拟合得越好。式 (8-20) 为调整 R^2 的计算方法。

$$\text{Adj.}R^2 = 1 - \frac{\text{SSR}/(n-k)}{\text{SST}/(n-1)} \tag{8-20}$$

8.3.5 回归的假设检验

实践中，回归系数是基于样本数据的特征来估计的。那就有可能面临风险：基于样本构建的模型是否也能适用于总体？这个问题可以进一步拆分成以下两个问题。

(1) 通过样本数据计算出的某个回归系数有没有可能是抽样误差形成的，而实际上总体的因变量不随该自变量的变化而变化？

(2) 模型之所以能够拟合数据，是因为恰巧抽到了一个具有这个特征的样本，由于存在抽样误差，模型不能反映出总体的特征。

所以，回归模型的假设检验包括两类，即检验回归系数的显著性、检验回归模型的总体显著性。

1. 检验回归系数的显著性——t 检验

第一个问题和前面做相关性分析时遇到的问题是相似的，解决方案也相似。可以通过对回归系数进行显著性检验来得到这个答案。回归系数服从自由度为 $n-k-1$ 的 t 分布。因此，同样也可以使用 t 检验来处理。

(1) 建立假设。原假设 H_0：总体的因变量不随自变量的变化而变化，$\beta_j = 0$，$j = 0, 1, 2, \cdots, k$；备择假设 H_1：总体的因变量随着自变量的变化而变化，$\beta_j \neq 0$，$j = 0, 1, 2, \cdots, k$。

(2) 确定原假设条件下的抽样分布。如果原假设成立，那么从这个总体中抽出的样本中因变量和自变量的回归系数应该服从期望为 0、自由度 df=$n-k-2$(n 为样本量，k 为自变量个数) 的 t 分布。

(3) 给定显著性水平。和前面的案例一样，通常可以接受 5%的风险，这里依然以 $\alpha=0.05$ 为例。

(4) 计算 p 值，基于样本数据，然后根据显著性水平 α 与自由度 df，利用 t 分布曲线(表)估计 p 值。

$$t = \frac{\hat{\beta}_j}{s(\hat{\beta}_j)} \tag{8-21}$$

$$p = P\{|t| \geqslant t(\alpha, n-k-1)\} \tag{8-22}$$

(5) 比较 p 值与 α，决定是否接受原假设。当 p 值小于 α，拒绝原假设而接受备择假设。

(6) 应用假设检验结果。

2. 检验回归模型的总体显著性——F 检验

对于第二个问题，需要检验整个模型的所有自变量对因变量的共同影响是否显著。对于简单线性回归模型，由于只有一个自变量，如果这个自变量的回归系数是显著的，就可以认为整个模型是显著的。但对于多元回归模型来说，需要借助 F 检验的方法来帮助判断其显著性。F 检验本质上是比较 SSR 与 SSE 的大小，当模型可解释的变化远远大于模型不可解释的变化，就可以认为模型是显著的。由此，可以根据前面介绍的步骤来对模型进行显著性检验。

(1) 建立假设。原假设 H_0：总体的所有的回归系数为 0；备择假设 H_1：总体的回归系数不全为 0。

(2) 确定原假设条件下的抽样分布。如果原假设成立，那么基于这个总体中抽出的样本所构建的回归模型 SSR 与 SSE 的比值就应该服从 F 分布。

(3) 给定显著性水平。和前面的案例一样，通常可以接受 5%的风险，这里依然以 $\alpha=0.05$ 为例。

(4) 抽样并计算 p 值。基于样本数据，利用 F 分布曲线估值 p 值，参见式(8-23)和式 (8-24)。

$$F = \frac{\text{SSR} / k}{\text{SSE} / (n-k-1)} \tag{8-23}$$

F 统计量服从第一自由度为 k，第二自由度为 $n-k-1$ 的 F 分布，因此，可以根据显著性水平 α 和两个自由度，查询 F 分布表估计 p 值：

$$p = P\{F > F(\alpha, k, n-k-1)\} \tag{8-24}$$

(5) 比较 p 与 α，决定是否接受原假设。当 p 值小于 α，拒绝原假设而接受备择假设。

F 检验与拟合优度 R^2 都是把总平方和(SST)分解成回归平方和(SSR)和残差平方和(SSE)，并在此基础上构造统计量，区别在于 F 有精确的分布，而 R^2 没有。因此，R^2 只能提供一个模糊的推测，无法知道 R^2 多大才能说明模型足够显著。而 F 检验不同，它可以在给定的显著性水平下，给出统计意义上严格的结论。

(6) 应用假设检验结果。

8.3.6 回归分析的 R 语言实现

在 R 语言中，线性回归可以使用函数 lm() 来实现。lm() 函数需要两个基本的参数，第一个是回归方程(formula)，另一个是数据集(data)。本书以 mtcars 数据集为例，讲述如何构建一个回归模型：利用汽车重量(wt)、发动机功率(hp)来预测汽车的燃油经济性(mpg)：

```
> myfit<-lm(mpg~wt+hp,data=mtcars)
```

这里 mpg~wt+hp 就是 lm() 函数中的第一个参数 formula，它决定了回归方程的形式，其中：~ 为分割符号，左边为因变量，右边为自变量；+ 为分割自变量；-1 为删除截距项，强制回归的直线通过原点，例如，y~x-1。

可以通过 summary() 函数获得这个线性回归模型的参数与检验信息：

```
> summary(myfit)
```

从图 8-10 中能看到 wt 这个自变量的系数约为-3.88，而 hp 的系数约为-0.03，截距(Intercept)约为 37.22。因此，这个模型可以写成

$$mpg = 37.22 - 3.88wt - 0.03hp + \varepsilon$$

```
Call:
lm(formula = mpg ~ wt + hp, data = mtcars)

Residuals:
    Min     1Q Median     3Q    Max
-3.941 -1.600 -0.182  1.050  5.854

Coefficients:
            Estimate Std. Error t value Pr(>|t|)
(Intercept) 37.22727    1.59879  23.285  < 2e-16 ***
wt          -3.87783    0.63273  -6.129 1.12e-06 ***
hp          -0.03177    0.00903  -3.519  0.00145 **
---
Signif. codes:  0 '***' 0.001 '**' 0.01 '*' 0.05 '.' 0.1 ' ' 1

Residual standard error: 2.593 on 29 degrees of freedom
Multiple R-squared:  0.8268,    Adjusted R-squared:  0.8148
F-statistic: 69.21 on 2 and 29 DF,  p-value: 9.109e-12
```

图 8-10 R 语言线性回归关键参数

这是一个多元回归模型，因此应该根据调整后 R^2 来判断其拟合优度。根据图 8-10，调整 R^2 值为 0.81，显示出该模型能够较好地解释汽车燃油经济性的变化。对两个自变量的系数进行 t 检验，得到的 p 值都小于 0.05，说明两个自变量对因变量的影响都是显著的；而对模型整体进行的 F 检验结果也显示出其 p 值小于 0.05，因此，整个模型所有自

变量对因变量的共同影响是显著的。

　　lm()函数还可以被用来构建更复杂的回归模型，限于篇幅，在此不作过多介绍，有兴趣的读者可以参考 R 语言的帮助文档：

```
> ? lm
```

8.4　本 章 小 结

　　本章介绍了如何描述及检验变量之间的相关性，并且尝试利用回归分析，根据某一个变量的取值去预测另一个变量。现在你是否能够回答"吸烟有害健康"这句话真正的含义？相关分析和回归分析是统计学的重要内容，也是探索世界奥秘、发现客观规律的有力工具。但必须提醒读到此处的你，必须怀着敬畏之心，慎重地使用这些统计学工具。

　　著名统计学家乔治·博克斯(George Box)在他的著作《实证模型的建立与响应面》中写道："本质上而言，所有统计模型都是错误的，但是其中有一些是有用的。"所有统计模型都是使用数学概念对真实世界的描述，所以只是对现实的一种简化。如果统计分析是精心设计的，并且对所用方法的局限性有彻底的理解，那么，它们会非常有用。否则，统计模型不仅会不准确、毫无用处，而且还具有潜在的危险性。

第三篇　统　计　模　型

第9章 统计建模基础

在前面章节的学习中，我们掌握了一些常用的统计分析方法，能做到运用给定的数据，通过分析得到一些统计推论。然而，统计的目的是揭示数据背后的真相，更好地认识、研究、诠释社会经济现象，或对经济和社会发展做出预测或研判。例如，想探索"吸烟"与"健康"之间的关系，那么首先要思考这是不是一个好的研究问题。然后，还要进行"灵魂拷问"，这两者之间是否有经得住验证的影响路径，或者是否有现成的理论可以解释两者之间的关系？什么样的数学模型可以表达两者之间的关系，并且便于运用统计方法进行验证？最后，如何基于统计结果分析"吸烟"与"健康"之间的关系是否存在？

本章将从一个故事出发，带领大家认识什么是统计建模，即基于统计学知识分析现实中一个有趣的问题。然后，总结归纳统计建模的一般思路，并将其运用在一个完整的案例中。

9.1 统计建模的一个故事

全球变暖的威胁催生了大量研究，很多学者探讨了气候变化对各种社会经济指标的影响。其中，有一个非常有趣的研究问题：全球变暖是否会影响个体的认知呢？一位学者针对这个问题开展了研究，一起来看一看他的研究过程。

第一步，确定研究问题。有学者通过对 2005～2011 年中国 2227 个县的高考成绩，以及全国 752 个气象站的温度、降水、相对湿度、风速、日照时间、大气压力和能见度等天气数据的对比，发现一个有趣的现象：高考期间，一个县内的气温升高 1℃，其考生的高考分数就会降低 0.34%。于是他提出了一个问题：气温升高是否会影响高考成绩呢？

第二步，提供理论解释与研究假设。现有研究表明，环境条件可能会对一些相互关联的认知表现产生影响，而人体大脑的化学、电学特性和功能都对温度极其敏感。此外，暴露在高温下会降低个体的注意力、记忆力、信息保留和处理能力，以及心理感知任务的能力。热应激对工作记忆性能的影响尤其相关，因为具有认知挑战性的任务严重依赖工作记忆进行多步骤处理。一些学者也开展了探索性研究：Zivin 等(2018)发现，作为美国青年纵向调查的一部分，适宜的温度对美国家庭的风险感知测试产生了影响。Zivin 等(2020)研究发现，印度年平均气温升高会通过影响农业产量和营养来影响考试成绩。因此，作者提出研究假设：温度的升高会降低学生的高考成绩。

第三步，选择研究方法。为了评估温度对学生表现的影响，作者用线性方程描述这个影响过程：

$$Y_{ict} = \beta_0 + \beta_1 T_{ct} + \beta_2 W_{ct} + \omega_{ict} \tag{9-1}$$

式中，i 为参加高考的学生个人；c 为用于研究的县；t 为高考的年份；Y_{ict} 为高考成绩，对其进行了对数处理；T_{ct} 为 6 月 7 日和 8 日的平均温度(每日最高和最低温度之间的平均值)；W_{ct} 为其他天气变量的矢量，包括降水、相对湿度、风速、日照时间、大气压力和能见度等；ω_{ict} 为误差；$\beta_i (i = 0, 1, 2)$ 为系数。

第四步，运用统计分析软件计算并分析结果。研究假设是否成立呢？成绩与温度的回归结果如表 9-1 所示。

表 9-1　成绩与温度的回归结果

因变量：考试成绩取对数	
温度(temperature)	−0.0034***
	(0.0004)
降水(precipitation)	−0.0008
	(0.0005)
相对湿度(humidity)	0.0000
	(0.0001)
风速(wind)	0.0039***
	(0.0007)
日照时间(sunshine)	0.0025***
	(0.0003)
大气压力(pressure)	−0.0000
	(0.0001)
能见度(visibility)	0.0001
	(0.0002)
观测数(observations)	14，042，417
R^2	0.2697

注：因变量是考试成绩的对数。***表示在 1%显著性水平上是显著的。

第五步，对结果进行简单的阐述。温度的估计系数是负数，在 1% 的显著性水平上具有统计学意义。回归系数表明，温度升高 1℃会使总测试分数降低 0.34%，或在平均水平上降低 1.76 分(平均 = 518.96)。同时，控制变量中，风速、光照时间也会产生一定的影响。研究发现，阳光会诱发良好的情绪和幸福感，并进一步提高劳动生产率(Oswald et al., 2015)；降水、相对湿度、大气压力和能见度的影响意义不大。

通过以上研究可知，高考对随机温度冲击具有敏感性，其将显著影响学生的高考成绩。

9.2　统计建模的一般思路

从上述案例中，可以发现统计建模的一般步骤。

1. 确定研究问题

确定研究问题是指明确你要研究的问题，为什么要开展这个研究。提出一个具有研究价值的问题对于研究者而言就是一个不小的挑战。研究者必须对自己的研究问题有明确的认识，既包含对研究问题本身的理解，也包括其即将探讨什么或回答什么问题。

当然，这个过程要求多阅读文献、论著，进一步明确在某一主题上是否存在某些研究空白，或在某个问题上并未进行充分阐释，可能包括：①填补知识方面的空白；②评估先前研究中采用的方法是否可以解决其他问题；③确定类似的研究是否可以在不同的学科领域进行，或在不同背景下应用。

2. 构建理论模型

明确研究目的和研究意义后，需要从理论上建立研究问题中概念或变量之间的逻辑关系，一般包括以下步骤。

(1) 明确研究的核心概念。人们在日常生活中使用的词汇，其意义往往是只可意会的或模糊的。在开展统计分析之前，人们应该清楚自己研究的对象到底是什么。在实践中，用识别到的各种数据标签进行沟通与交流，而这些数据标签达成共识的过程称为概念化，达成共识的结果就是概念。

(2) 建构概念之间的理论关系。Merton 提出理论是在逻辑上相互联系并能获得实证性验证的若干命题。在统计分析中，数学模型在研究中的唯一作用就是假设检验，却并不能提供两个变量(概念)间的直接"因果关系"。而前人的基础研究成果为变量间关系的解释提供了可能。通过文献回顾，分析其他学者如何确定和描绘这些概念之间联系，比较和批判不同学者提出的理论框架，可以选择相对较为合适的理论(组)作为研究的理论基础，并构建不同概念间的理论模型。在复杂的研究中，甚至可以引入多个理论路径来解释概念间的逻辑关系。

3. 提出研究假设

在构建了不同概念间的理论关系后，终于从"拍脑袋"阶段转入"因果论述"阶段了。理论框架帮助研究人员建立了概念间的初步关系，相对来说这种关系是较为宽泛的。举个例子，计划行为理论是由 Ajzen 和 Madden(1986)提出的一种解释个体理性行为的框架，描述了个体态度、主观规范、知觉行为控制、行为意向和行为之间的关系。试图运用这个理论解释农户低碳行为时，就会产生以下几个疑问。

(1) 研究情景与理论提出的情景一致吗？

(2) 在不同情景下，这个理论还说得通吗？

(3) 在提出的情景中是否还有其他概念也会产生作用呢？

(4) 除模型描述概念间的关系外，是否还有其他影响路径呢？

在这些问题的驱使下，研究人员提出了研究假设。研究假设是根据科学理论对研究问题的规律或原因进行的推测性论断和假定性解释，是在进行研究之前预先设想的、暂定的理论。简单地说，就是研究问题的暂时答案。一般而言，好的研究假设应当具备以下特征：①建立在可靠的理论假设基础之上；②尽可能清晰和明确地说明变量之间的关系；③简明扼要；④可证伪的；⑤有趣的。

4. 选择研究方法

在确定研究对象不同概念及其之间的关系后，需要将概念模型转化为数学模型。通过前面的学习，已经对一些简单的数学模型有所了解，如回归分析、相关分析、方差分析。通过文献梳理构建概念模型后，便可以根据概念的特征选择相应的数学模型来检验它们之间的关系是否存在，而在构建数学模型的过程中，需要明确研究中能否有效地区分自变量与因变量。

若不能有效区分因变量与自变量，则需要根据具体的研究目的选择对应的研究方法，研究方法体系如图 9-1 所示。本书对研究方法体系仅做简单介绍，并不深究，有兴趣的读者可以进一步探索。

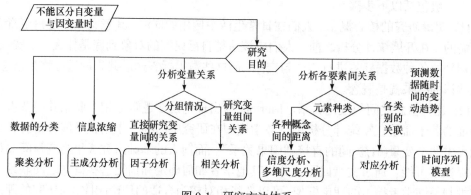

图 9-1　研究方法体系

若能有效区分因变量与自变量，下一步，应明确如何对变量进行操作化处理，即变量的测量。所有的变量都由属性构成，在操作化时，构成变量的属性代表了不同的测量层次，包括定类测量、定序测量、定距测量和定比测量。

根据变量数量与复杂性特征使用不同的统计方法，常用统计方法如表 9-2 所示。

表 9-2　常用统计方法表

因变量数量	变量属性		统计方法
一个	因变量种类	定比变量	方差分析
			线性回归
		定类变量	辨别分析
			Logistic 回归
			树模型
多个	联系是否复杂	较简单	多元方差分析
			多元回归分析
	联系是否复杂	较复杂	路径分析
			结构方程模型

当因变量数量为 1 个时，可以根据因变量的种类选择统计分析方法：因变量为定比变量，可以选择方差分析、线性回归等方法；因变量为定类变量，可以选择辨别分析、

Logistic 回归、树模型等方法。当因变量或自变量数量较多时，可以根据其复杂程度来选择研究方法。当变量之间的联系较简单时，可以选择多元方差分析、多元回归分析等方法；当变量间关系较复杂时，可选择路径分析、结构方程模型等方法。

5. 确定研究的抽样方案与数据收集

除了细化概念模型与数学模型，还要确定研究对象与研究重点。研究总体是在一项具体研究过程中必须考虑的问题，即获得结论的群体(人或物)。不过，通常无法获取感兴趣总体成员的全部数据，也不能对总体成员进行观察。此时，就需要运用统计学知识从总体中抽取样本，从样本中搜集数据。常用的抽样方法有概率抽样(随机抽样、系统抽样、分层抽样等)、非概率抽样(方便抽样、滚雪球抽样等)。例如，研究课外阅读对学生成绩的影响，研究范围是包括所有在校学生还是全日制学生? 包括本科生还是研究生? 包括各国学生还是中国学生? 这类问题比比皆是，需要根据具体问题来进行具体设计。

确定研究对象和抽样方案后，就要进行数据的获取与处理了。统计数据可以来源于一手数据，如通过问卷获取的访谈或观察数据；也可以包括二手数据，如统计数据、文献材料等。在获取数据后，仍需对数据的信度与效度进行分析。信度指测验结果的一致性、稳定性及可靠性，一般多以内部一致性来表示该测验信度的高低。效度即有效性，它是指测量工具或手段能够准确测出所需测量的事物属性的程度。

6. 假设检验

数据收集完成后，可以运用统计学知识，基于结果的显著性水平，判断样本与样本、样本与总体的差异是抽样误差引起还是本质差别造成的。运用已学的假设检验方法(如 Z 检验、t 检验、卡方检验、F 检验等)，最终做出接受还是拒绝该假设的判断，进而得出研究假设是否成立，回答提出的研究问题。

7. 总结提炼

研究的最终阶段是如何使用研究获得的各种结果，主要包括以下内容。

(1) 展示成果。与他人交流你的研究结果，让别人了解统计分析得到了哪些主要结果。

(2) 横向比较。可以把研究结果同文献述评中其他学者的研究结果进行横向比较，分析与他人结果的异同及其产生的原因。

(3) 反思不足。讨论研究可能存在的缺陷，结论进行推广时必须具备的条件及所受到的限制。

(4) 未来展望。仍要讨论研究未能回答的问题，包括对于在研究中新出现的问题的讨论，以及对有助于解决这些问题的研究的建议等。

9.3 案 例 分 析

通过一个具体的案例学习如何开展统计建模。研究问题为：流动人口会促进农村建设用地面积扩张吗?

1. 确定研究问题

调查数据显示，快速城市化进程中，虽然有大量农村人口流向城市，但农村建设用地的面积却并未减少。相反，农村人口减少和农村建设用地扩张同时发生。据统计，2010～2020 年我国农村人口减少了 1.53 亿，与此同时，农村建设用地面积却增加了 $1.67 \times 10^4 \ km^2$。

思考一下，从理论层面而言，农村建设用地是农村人口生产和生活的载体，当农村人口减少，相应的生产和生活活动也会随之减少，农村建设用地面积理应不再扩张。而在我国，农村人口减少和农村建设用地面积扩张同时发生。这是为什么呢?

到这里提出了研究问题：流动人口会促进农村建设用地面积扩张吗?

接着，看看其他学者围绕这个问题开展了哪些研究。通过查阅文献，可以发现，学者从国家、区域和单个城市三个尺度(Song and Li, 2020；Shi et al., 2022)，讨论了农村建设用地面积变化的驱动因素。已有研究认为：自然因素是农村建设用地空间分布与演化的基础，包括高程、坡度、与河流的距离等；社会经济因素则对农村建设用地规模的演变起着至关重要的作用，如城市化率、农村人口、交通、经济发展水平、政策、治理水平等。人类活动是农村建设用地面积变化最重要的驱动因素。因此，众多研究者围绕农村人口变化对农村建设用地的影响展开了探索(Liu, 2022；Shi et al., 2022)，而大多数忽视了流动人口对农村建设用地面积的影响。

此外，已有研究在分析流动人口对农村建设用地转型和低效利用的影响时，间接提到流动人口会促进农村建设用地扩张，且多集中于理论分析。多采用流动人口在流出地的变化来衡量其对农村建设用地的影响，如向外迁移强度和迁移比率，而较少关注半城市化状态下流动人口对农村建设用地面积的影响，如循环迁移、迁移起始地分布、迁移目的地分布和汇款行为等。

有一些学者开展了一些探索：明娟和曾湘泉(2014)表明住房投资和回流动机是广东省农民工向家乡汇款的主要原因，成员权利、身份认同和留守家庭福利提升等是广东省农民工对家乡住房进行投资的主要原因。林李月等(2020)发现个体生命历程(年龄、婚姻、教育和职业)是影响流动人口流出地住房投资的直接力量，流出地社区环境(地形、距乡镇中心的距离、跨省与否)是外部驱动力，家庭跨地区生计特征具有"促进"与"阻碍"双重作用。Xiao 等(2021)基于西南地区 411 名受访者的调查信息，认为流动人口的迁移距离、主要生计来源和生计策略与农村宅基地扩张密切相关。以上研究从微观尺度(个人、村庄尺度)揭示了半城市化状态下，流动人口对农村建设用地面积的影响及驱动机制。

但现在我们依然不清楚半城市化状态下，区域流动人口会对区域农村建设用地面积造成什么样的影响。因此，本案例提出了在探析半城市化状态下，区域流动人口对农村建设用地面积的影响这一研究问题，以期为揭示我国农村"人减地增"机制提供参考。

2. 构建理论模型

人口城镇化是一个循序渐进的过程。该过程不仅包含人口从农村迁入城市的地域改变及就业的非农化,还包含农村人口身份和地位的转变。我国自从 1978 年改革开放以来,大量农村人口进入城市就业,实现了人口城镇化的初步转变。然而城市落户门槛高,使得大多数农村人口难以取得城市户口,尤其是大城市户口。对于农村人口来说,没有城市户口就意味着享受不到与城市居民同样的社会保险、医疗、教育等社会福利和公共服务,难以真正融入城市,最终实现不了身份和地位的城市化转变。通常,农村人口向城市人口转化过程中的这种不完整状态,称为半城市化。而半城市化的农村人口则称为流动人口。已有研究观测到流动人口通常将收入转移回流出地用于翻新、扩建或修建新房。进一步,认为流出地流动人口总收入的差异会导致流动人口对流出地农村建设用地的投资产生区域差异。总的来说,半城市化现象使得流动人口将收入投资于农村住房修建,从而造成流出地农村建设用地面积扩张(图 9-2)。

图 9-2　流动人口对农村建设用地面积的影响机制

3. 提出研究假设

通过以上理论分析,认识了流动人口对农村建设用地面积的影响机制:半城市化现象使得流动人口将收入从城市转移回家乡用于住房投资,进一步导致流出地农村建设用地面积扩张。

基于此,提出研究假设:流出地流动人口总收入水平越高,农村建设用地面积规模越大。

4. 选择研究方法并构建数学模型

本书构建了一个简单的线性模型。基于研究假设,需要讨论"流出地流动人口总收入"与"农村建设用地面积"之间的关系,而"流出地流动人口总收入"可以操作为流动人口流动矩阵与对应流动方向平均收入的乘积(潘竟虎和赖建波,2019)。截面数据易产生异方差,因此对方程两边取对数(解释见知识点提示 9-1),构建模型为

$$\ln Y_i = \alpha + \beta_1 \ln T_i + \beta_2 \ln X + \varepsilon \tag{9-2}$$

$$T_i = \sum_{j=1}^{n} W_{ij} \mathrm{Ame}_j \tag{9-3}$$

式中,Y_i 为第 i 个流出地的建设用地面积;T_i 为流出地流动人口总收入,用 W_{ij} 与 Ame_j 的乘积表示;W_{ij} 为定向人口迁移矩阵(源自百度迁徙数据),指从流出地 i 流向目的地 j 的流动人口数量;Ame_j 为第 j 个目的地的流动人口月平均收入;X 为本案例的控制变量,选用城市化率、人均 GDP、农林牧渔业总产值、乡村户数、平均坡度等;α 为截距项;β 为解释变量的系数;ε 为误差项。

知识点提示 9-1

为什么回归方程中要取对数？

对数函数在其定义域内是单调增函数，取对数后不会改变数据的相对关系，但压缩了变量的尺度。具体作用主要包括以下几个方面。

(1) 缩小数据的绝对数值，方便计算。例如，每个数据项的值都很大，许多这样的值进行计算可能会超过常用数据类型的取值范围，取对数就把数值缩小了。

(2) 取对数后，可以将乘法计算转换成加法计算。

(3) 易消除异方差问题。

---

5. 数据收集

本案例中所用 2018 年 30m 精度的农村建设用地数据来源于中国科学院资源环境科学数据平台的中国多时期土地利用遥感监测数据集(CNLUCC)[①]。人口迁移数据统计的时间单位包括周、月和年三类，本案例采用每周统计一次的数据以满足精度所需。第七次全国人口普查数据来源于国务院第七次全国人口普查领导小组办公室编制的《2020 年中国人口普查分县资料》[②]。

流动人口的月平均收入来自 2017 年中国流动人口动态监测调查数据(China migrants dynamic survey，CMDS)。CMDS 提供关于流动人口及其家庭成员的基本信息，如就业和社会保障、收入及宅基地拥有情况等。样本量总共为 169989 个。本案例关注的是流动人口的月平均收入。因此，对全部样本进行了一些筛选。首先，家庭中应至少有一人拥有农村户口，因此剔除掉流动人口及其家庭成员全部为城市户口的样本。其次，剔除问题——"您个人上个月(或上次就业)工资收入/纯收入为多少？"为空的无效样本。最后，还剩 111009 个样本。从这些样本中，提取流动人口上个月(或上次就业)工资收入/纯收入，用于计算各地级市行政区域单元的流动人口月平均收入。2017 年各地级市行政区域单元的城市化率、人均 GDP、农林牧渔业总产值、乡村户数均来源于各地市统计年鉴及《国民经济和社会发展统计公报》。平均坡度数据来源于地理空间数据云[③]。由于日喀则、三沙、昌都、林芝、山南、固原、吐鲁番、哈密、那曲、中卫和儋州 11 个地市数据缺失，研究区域最终包括 283 个地级市和 4 个直辖市。表 9-3 为变量说明与描述统计分析。

表 9-3　变量说明与描述统计分析

变量	变量说明	单位	样本数	最小值	最大值	平均值	标准差
lnRrl	农村建设用地面积	km²	287	2.37	7.68	5.64	1.17
lnAme	月平均收入	元	287	7.18	8.86	8.23	0.21
lnUr	城市化率	%	287	3.23	4.60	4.03	0.23

---

① http://www.resdc.cn/DOI

② https://www.yearbookchina.com/

③ http://www.gscloud.cn/

续表

变量	变量说明	单位	样本数	最小值	最大值	平均值	标准差
$\ln GDP_{pc}$	人均 GDP	元	287	9.79	15.68	11.06	0.59
lnTo	农林牧渔业总产值	元	287	10.97	16.76	14.77	0.83
lnRh	乡村户数	户	287	6.83	23.35	13.78	1.91
lnAs	平均坡度	°	287	−3.22	2.47	0.38	1.30

6. 假设检验

运行回归模型，得到了如表 9-4 所示的改进的空间自回归模型结果。从模型估计的结果来看，各变量的方差膨胀系数(variance inflation fator，VIF)值均小于 10，说明变量之间不存在多重共线性。$F\text{-statistic} = 45.98 > F_{0.05}(6, 280) = 2.13$，说明整个模型是显著有效的。定向流动人口迁移矩阵与流动人口月平均收入的交乘项在 1%水平上显著为正，回归系数为 0.17，表明流动人口数量和月平均收入的综合效应每增加 1%，农村建设用地面积就会增加 0.17%。这一结果证实了研究假设：半城市化状态下的流动人口的确会促进农村建设用地面积扩张。当从起始地迁入城市的农村人口数量越多，且流动人口所在目的地的收入水平越高时，流出地农村建设用地面积扩张就会越多。

表 9-4　改进的空间自回归模型结果

变量	Coef.	Std. Error	t-statistic	p	VIF
常数项	−0.27	1.79	−0.15	0.88	—
$\ln T_i$	0.17	0.06	2.67	0.00 **	2.13
$\ln GDP_{(pc)}$	−0.40	0.11	−3.73	0.00 ***.	1.61
lnUr	0.09	0.32	0.28	0.78	2.28
lnTo	0.50	0.08	6.05	0.00 ***	1.94
lnRh	0.04	0.03	1.41	0.16	1.24
lnAs	−0.40	0.04	−9.96	0.00 ***	1.11
Adjusted R^2			0.49		
F-statistic			45.98		

注：　* $p < 0.05$；　** $p < 0.01$；　*** $p < 0.001$。

7. 总结提炼

在以上研究的基础上，可以从以下四个方面进一步提出分析与思考。

(1) 展示成果。研究结果与研究假设一致，全国尺度半城市化状态下的流动人口会导致农村建设用地面积扩张。此外，当从流出地迁入城市的农村人口数量越多，且流动人口所在目的地的收入水平越高时，流出地农村建设用地面积扩张就会越大。

(2) 横向比较。以往的研究大多只间接探讨了流动人口在流出地的变化对农村建设用地扩张的影响，研究发现农村人口向城市的流动会导致农村家庭平均规模缩小、乡村户数增加，从而导致农村宅基地扩张。也有部分学者如 Xiao 等(2021)和林李月等(2020)直接探究半城市化状态下的流动人口对农村建设用地面积的微观影响。结果表明，以非农就业为主、迁移距离相对较长的流动人口会导致农村建设用地扩张。本案例的研究结果与已有研究结果一致，都证明了半城市化状态下的流动人口会促进农村建设用地面积扩张。但相对于已有研究，本案例进一步证实了在地(市)级尺度上，半城市化状态下的流动人口对农村建设用地面积的影响。

(3) 研究贡献及政策建议。研究结果表明，应继续打破户籍制度壁垒，让流动人口享有与城镇居民平等的就业、医疗和受教育等权利，从而减少处在半城市化状态的流动人口数量，进一步减小农村建设用地扩张的压力。此外，Gao 等(2022)发现，大部分翻新和扩建的农村居民点都处于闲置状态，使得农村建设用地未得到充分利用。因此，城市化进程中，应有序推进农村宅基地退出机制，减少农村建设用地的废弃和低效利用情况。

(4) 反思不足与未来展望。因为人口迁移大数据并没有区分流动人口是农村人口还是城市人口。所以，本案例对流动人口迁移的空间格局做出了大胆的假设，即春运期间人口迁移模式与实际的流动人口迁移模式基本一致。本案例还采用第七次全国人口普查数据对春运期间微博人口迁移数据进行了修正。但利用微博人口迁移数据衡量流动人口迁移模式，依然存在一些不确定性。参考赵梓渝等(2017)利用春运期间人口迁移大数据表征流动人口的研究，发现大数据所隐藏的不确定性是可控的。因此，本案例利用大数据衡量半城市化状态下的流动人口的方法是可靠的。此外，还需要注意的是，随着中国县域城镇化战略的推进，越来越多的流动人口将会成为三栖农民。由于大城市落户门槛较高，流动人口只能退而在家乡的县城(或中心乡镇)买房，流动人口家乡的房屋也依然保留，造成城乡建设用地的三重浪费。未来有必要进一步研究流动人口三栖现象对农村宅基地的影响，为农村宅基地相关政策的制定提供依据。

9.4　本 章 小 结

统计只是一种方法，归根到底是为了解决具体的问题。本章从一个有趣的统计案例出发，归纳出统计建模的一般思路与方法，一般包括 7 个步骤：确定研究问题、构建理论模型、提出研究假设、选择研究方法、确定研究的抽样方案与数据收集、假设检验及总结提炼。

基于规范的建模思路，本书又结合案例对统计建模的操作进行了介绍。希望大家通过本章的学习，掌握以下几点内容。

(1) 提出有趣且科学的研究问题是开展统计建模的重要基础。

(2) 数据之间的关系并不能证明变量或概念间存在真实的关系，一切还要讲"道理"，变量之间的现实关系(因果关系)只能通过理论分析来推测，统计只是对理论假设进行检验。

(3) 变量需要进行科学的操作化，应该用准确的数据来反映变量的特征。

(4) 数学模型的目的是描述变量之间的抽象关系，并不是越复杂越好，简单有效是数学模型应该具备的特点。

(5) 假设检验结果的解读并不能停留在表面上，需要进一步解释、对比、分析，这样得到的结果才更有价值。

第 10 章　线性回归模型应用基础

这一章将进一步学习如何针对现实问题建立线性回归模型，并通过线性回归模型求解回答提出的现实问题。

10.1　回归分析应用概述

在回归分析中，我们不仅关心变量之间的相关性，还关心变量之间的相关关系的具体形式。例如，人们不仅关心一个国家或地区的经济发展水平与人口预期寿命的相关性，还想了解以人均 GDP 测量的经济增长是否会提升人口寿命。如果通过回归分析能够回答这一问题，不仅可以知道在当前各个国家情境下人均 GDP 对人口预期寿命的影响，还可以预测随着人均 GDP 增长，一个国家或地区的人口预期寿命提升水平。回归分析为回答类似问题提供了科学的方法。

全球内各个国家的经济发展水平存在很大差异，人口预期寿命也高低不齐(图 10-1)。如何概括数据中的关键信息，从而回答上面提出的问题呢？回归分析提供了一种重要的技术，帮助简化数据，通过数量较少的关键参数来认识和理解人均 GDP 与人口预期寿命这两组数据之间的关系。

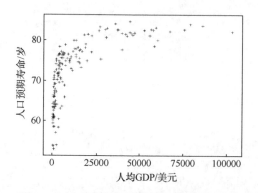

图 10-1　人口预期寿命与人均 GDP 散点图

回归分析是根据统计原理和方法，利用变量之间的函数关系，用自变量对因变量进行"预测"，使"预测值"尽可能接近地表达不同因变量对应的"观测值"。如我们可以通过回归模型预测人均 GDP 达到 15000 美元时，一个国家和地区的人口预期寿命的水平。观察图 10-1 可以发现，人均 GDP 在 15000 美元左右，国家的人口预期寿命仍存在较大差别。因此，回归模型中的预测值不可能和观测值完全相同，可以把观测项分为两个部分：

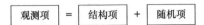

观测项代表的是因变量的实际取值，也就是每个国家和地区实际的人口预期寿命。结构项是因变量和自变量之间关系的函数式，表现为"预测值"。通过结构项可以确定一个自变量数值对应的预测值，例如，人均 GDP 为 15000 美元时的人口预期寿命。当通过回归分析得到了结构项的函数式，这一数值就是确定的。随机项表示观测项中没有被结构项解释的剩余部分。随机项一般包括三个部分：被省略的结构因子、测量误差和干扰。由于社会现象的复杂性，在研究中不可能完全掌握和测量出所有可能对因变量产生影响的因素，一部分结构因子被省略是不可避免的。测量误差是由于数据记录、报告和测量过程中的不精确导致的。随机项中的干扰则是人类行为和事件发生过程中所受到的不确定性因素的影响。

根据采用回归分析的目的不一样，在现有理论指导下可以从三个视角理解回归模型(王存同，2010)：

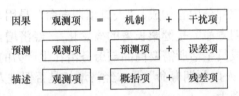

第一个视角更接近于古典计量经济学的视角。在这一视角下，研究者的目的在于确立一个能够发现因果关系的"真实"模型。但是最近的研究表明，"真实"的模型并不存在，只能表明一些模型相对于其他模型更接近真实。

第二个视角是在通过模型确立自变量和因变量之间关系之后，再针对新的数据给出有用的预测。例如，从人本主义的角度出发，经济发展的最终目标是人的发展，人口预期寿命提高是人的发展的一个维度。作为研究者，希望根据现有数据构建的统计模型能够说明，一个当前人均 GDP 为 3000 美元的国家在人均 GDP 达到 5000 美元或者 10000 美元时人口预期寿命有望达到的水平。

第三个视角是当前统计学和计量经济学的最新视角。它希望在不曲解数据的情况下能最优化地利用模型来概括数据的基本特征。根据奥卡姆剃刀原则，如果许多模型对观察事实的解释程度相当，除非有证据支持其他模型，否则人们将倾向于选择最简单的模型。例如，第一个视角希望纳入尽可能多的影响人口预期寿命自变量，使得模型能够更接近真实世界的情况。第三个视角与第一个视角不同之处在于，它不关注模式是否"真实"，而关注它是否符合事实。同样是分析影响人口预期寿命，第三个视角希望获得一个优化的模型来反映影响人口预期寿命的因素，而不关注是否纳入了尽可能多的因素。

在实证研究中，根据研究的目的来决定选取哪一个视角认识回归分析模型。在社会科学研究中，希望用最简洁的模型来概括研究数据、解释社会现象，但是仍需要权衡模型的精确性(第一个视角)和模型的简约性(第三个视角)。

10.2　建立线性回归数学模型

10.2.1　建立线性回归数学模型的一般步骤

经济增长会提升人口预期寿命吗？要回答这个问题，可以应用线性回归模型。从现实问题到线性回归模型，遵循统计建模的一般步骤。如第 9 章所介绍，统计建模分析遵循理论演绎的逻辑，在现有理论和现实问题基础上形成理论假设，然后采用统计方法对理论假设进行验证。

首先，要思考提出的现实问题是否可以转换为一个由学术概念构成的概念模型。"人口预期寿命"是假若一个国家或地区居民当前的分年龄死亡率保持不变，同一时期出生的人口预期能继续生存的平均年数。从 1990 年开始，联合国开发计划署每年发布各个国家的"人类发展指数"，用于衡量各个国家的综合发展水平。人类发展指数由健康长寿、知识的获取和生活水平三部分内容构成，"人口预期寿命"是用来反映健康长寿的指标，所以可以认为"人口预期寿命"是健康长寿的概念化。"经济增长"是指在一定时间内，一个经济体系生产内部成员生活所需要商品与劳务潜在生产力的扩大，即经济规模扩大。所以，"经济增长会提升人口预期寿命"是"经济增长是否促进人口健康长寿"的概念化表达，其对应的概念模型为：

然后，要对概念模型中的概念进行操作化，形成研究假设。人口预期寿命已经是一个操作化的概念，其测算有专门的统计方法，各个国家和地区统计部门都会定期发布相关测算数据。经济增长最常用的操作化概念是一个国家或地区的国内生产总值 (GDP)，但是它反映的是一个地区经济总量的增长，与地区内人口规模有密切关系；人均 GDP 比 GDP 总量更能反映一个国家或地区的富裕程度和经济发展水平，国际上通常使用此指标来进行国别间比较，因此本书采用人均 GDP 作为经济增长的衡量指标。这两个指标都可以在联合国官网数据库[①]获得，本案例采用的是各国 2017 年数据。在获取数据时，要留意数据的单位，人均 GDP 单位为"美元"，人口预期寿命单位为"岁"。

最后，我们可以根据研究假设建立回归模型。这一假设可以建立一个一元回归模型，其是否是一个线性回归模型取决于自变量和因变量之间是否呈现线性关系，可以通过散点图来观察。图 10-1 表明人口预期寿命(y)与人均 GDP(x)之间并不是线性关系，通过对数变换得到图 10-2，y 与 $\log x$ 之间呈线性关系，这时模型对于 $\log x$ 的参数呈线性关系。

按照这一形式可以建立人口预期寿命与人均 GDP 对数的线性回归模型：

$$\text{life\_ex} = \beta_0 + \beta_1 \text{loggdp\_capita} + u \tag{10-1}$$

---

① https://www.un.org/en/library/page/databases

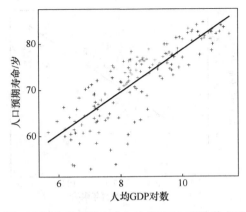

图 10-2　人口预期寿命与人均 GDP 对数散点图

从理解回归模型的第三个视角来看，式(10-1)中 $\beta_0 + \beta_1\text{loggdp\_capita}$ 为概括项(即结构项)，它反映了自变量 x 和因变量 y 之间的线性关系。u 为残差项，代表不能由概括项所解释的其他因素对 y 的影响。β_0 和 β_1 为模型的参数，β_0 为回归直线在 y 轴上的截距；β_1 为直线的斜率，也称为回归系数。

10.2.2　多元线性回归模型与解释变量、控制变量

一元回归模型可以分析一个自变量 x 对因变量 y 的影响，在实证研究中影响一个事物的因素有很多，用一个因素去解释其发生变化的原因往往缺乏说服力。影响人口预期寿命的因素也有很多，例如，高水平的公共卫生体系能有效提升人口预期寿命。现有研究也表明在经济增长之外，人口教育水平提升也有助于提升人口预期寿命(Sasson, 2017)。多元线性回归分析为同时分析一个因变量 y 的多个自变量 x 的影响提供了工具。

多元线性回归建模也应遵循统计建模的一般步骤。

第一步，在阅读文献的基础上建立概念模型。重点研究经济水平、人口教育水平对人口预期寿命的影响，据此建立概念模型：

第二步，对概念模型中的概念进行操作化，形成研究假设。用人均 GDP 衡量经济水平。宏观层面上，人口教育水平常用的衡量指标是人均受教育年限(牛建林，2021)，即一个国家或地区的人口群体接受学历教育的年数总和的平均数，其单位为"年"。

第三步，根据研究假设构建回归模型。仍然需要先通过散点图观察模型自变量与因变量之间是否存在潜在线性关系。图 10-3 显示人口预期寿命与人均受教育年限之间较为符合线性关系，结合图 10-2 可以建立线性回归模型：

$$\text{life\_ex} = \beta_0 + \beta_1\text{loggdp\_capita} + \beta_2\text{school} + u \tag{10-2}$$

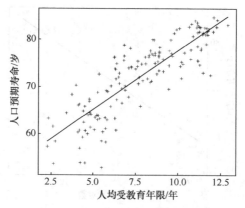

图 10-3　人口预期寿命与人均受教育年限散点图

在多元回归模型中经常会使用"控制变量"和"解释变量"这两个概念。在进行回归分析时,"控制变量""解释变量"均为自变量,在参数估计和假设检验方法上都是一致的,只是由于研究者将其纳入回归模型的目的不一样而有了不同名称。"解释变量"是进行研究时重点关注的变量;"控制变量"是常识或已有研究已经证明其对因变量有显著影响,或者其存在会削弱或放大需要重点观察的两个变量之间的关系,人们希望将其纳入回归模型中加以控制,以便得到"解释变量"更精确的估计。

例如,根据现有研究,青春期女性生育率、五岁以下儿童死亡率也是影响人口预期寿命的重要因素,虽然现在的研究不重点研究这两个变量,需要将其纳入研究中才能使得模型分析结果更接近社会现实,具有说服力。因此在模型式(10-2)的基础上形成模型式(10-3),式中,adfert 为青春期女性生育率,childmort 为五岁以下儿童死亡率。在这个模型中,核心关注点是人均 GDP 和人均受教育年限是否影响一个国家或地区的人口预期寿命,可以将两个变量看作模型的解释变量,其他则是模型的控制变量。

$$\text{life\_ex} = \beta_0 + \beta_1 \text{loggdp\_capita} + \beta_2 \text{school} + \beta_3 \text{adfert} + \beta_4 \text{childmort} + u \qquad (10\text{-}3)$$

10.3　线性回归数学模型求解与结果分析

10.3.1　回归方程参数估计与回归系数的解释

建立线性回归模型之后,需要采用适当的方法估计模型中的参数,最常用的方法是普通最小二乘法(ordinary least squares,OLS)。第 8 章已经介绍了最小二乘法的基本思路和数学方法,这一章进一步讨论最小二乘法的运用。

R 语言提供了线性回归分析的命令,帮助人们利用多种方法对线性回归方程参数进行估计,其中最小二乘法是最为常用的参数估计方法。对一元线性回归模型式(10-1)进行参数估计的 R 语言命令如下:

```
>library(xlsx)
>data<-read.xlsx('D:\\test.xls',1)
```

```
>loggdp_capital<-log(data$gdp_capita)
>life.reg1 <-lm(data$life~loggdp_capital)
>summary(life.reg1)
```

一元线性回归模型 R 语言命令参数估计分析结果如图 10-4 所示，其中"Coefficients"下面的"Estimate"数据即为回归方程中截距项和自变量系数，分别是 32.8362 与 4.5862。自变量 loggdp_capital 系数的含义理解为人均 GDP 的对数每增加 1 个单位，人口预期寿命增加 4.5862 岁。

```
> summary(life.reg1)

Call:
lm(formula = data$life ~ loggdp_capital)

Residuals:
     Min      1Q   Median      3Q      Max
-14.8223  -1.7486   0.3247   2.7915   7.1809

Coefficients:
               Estimate Std. Error t value Pr(>|t|)
(Intercept)     32.8362     1.9681   16.68   <2e-16 ***
loggdp_capital   4.5862     0.2243   20.45   <2e-16 ***
---
Signif. codes:  0 '***' 0.001 '**' 0.01 '*' 0.05 '.' 0.1 ' ' 1

Residual standard error: 4.025 on 153 degrees of freedom
  (因为不存在，2个观察量被删除了)
Multiple R-squared:  0.7321,    Adjusted R-squared:  0.7304
F-statistic: 418.1 on 1 and 153 DF,  p-value: < 2.2e-16
```

图 10-4　一元线性回归模型 R 语言命令参数估计结果

对于多元线性回归模型参数估计，R 语言命令与一元线性回归模型参数估计是一样的。在建立模型并搜集整理好数据后便可以在 R 语言程序中进行回归分析。下面的命令是对模型式(10-2)进行参数估计：

```
>library(xlsx)
>da> library(xlsx)
> data<-read.xlsx('D:\\test.xls',1)
> loggdp_capital<-log(data$gdp_capita)
> life.reg2 <-lm(data$life~loggdp_capital+ data$school + data$adfert+
data$childmort)
> summary(life.reg2)
```

多元线性回归模型 R 语言命令的参数估计结果如图 10-5 所示。

```
> summary(life.reg2)

Call:
lm(formula = data$life ~ loggdp_capital + data$school + data$adfert +
    data$childmort)

Residuals:
    Min      1Q  Median      3Q     Max
-7.5452 -1.3178  0.2297  1.6533  5.2475

Coefficients:
                 Estimate Std. Error t value Pr(>|t|)
(Intercept)     62.654171   2.280647  27.472  < 2e-16 ***
loggdp_capital   1.572075   0.268823   5.848  3.1e-08 ***
data$school      0.157392   0.167905   0.937    0.350
data$adfert     -0.008878   0.008887  -0.999    0.319
data$childmort  -0.159546   0.013593 -11.738  < 2e-16 ***
---
Signif. codes:  0 '***' 0.001 '**' 0.01 '*' 0.05 '.' 0.1 ' ' 1

Residual standard error: 2.427 on 147 degrees of freedom
  (因为不存在，5个观察量被删除了)
Multiple R-squared:  0.9035,    Adjusted R-squared:  0.9009
F-statistic:  344 on 4 and 147 DF,  p-value: < 2.2e-16
```

图 10-5　多元线性回归模型 R 语言命令参数估计结果

估计结果为各自变量系数及常数项的点估计，相应的回归方程可以写为

$$\text{life\_ex} = 62.65 + 1.57\text{loggdp\_capita} + 0.16\text{school} - 0.01\text{adfert} - 0.16\text{childmort} + u \quad (10\text{-}4)$$

式(10-4)所示回归方程中多个自变量的系数称为偏回归系数或者偏斜率系数，它的含义与一元回归模型中自变量系数存在差别。偏回归系数的含义是指：在多元线性回归模型式(10-3)中，β_1 表示保持 $x_2, \cdots, x_k$ 不变，x_1 每变化 1 个单位，y 的均值估计值的变化，即 $\Delta\hat{y} = \beta_1\Delta x_1$。

以上述模型参数估计结果为例，在分析不同国家人口预期寿命影响因素时，不能同时讨论多个因素的影响，而是在假定不同国家的某三个因素处于相同水平时，其中一个因素的影响。例如，当不同国家人均 GDP 对数、青春期女性生育率和五岁以下儿童死亡率水平保持不变，人均受教育年限每增加 1 年，人口预期寿命增加 0.16 年。

当比较模型式(10-2)(图 10-4)和模型式(10-3)(图 10-5)的参数估计结果，会发现人均 GDP 对数这一变量的回归系数发生了变化，在一元回归模型中其回归系数为 4.586，在多元回归模型中，其回归系数为 1.572。这表明，当引入新的变量，人均 GDP 对人口预期寿命的影响效应减弱，也说明在线性回归模型中包含多个变量能够更真实地反映因变量 y 的影响效应及其强度。

10.3.2　线性回归模型的拟合优度

在第 8 章了解到 R^2 是评价线性回归模型拟合优度的重要统计指标。在运用 R 语言命令进行线性回归模型参数估计时，模型分析结果给出了回归方程的 R^2，以及调整后的 R^2。

图 10-4 中，一元线性回归模型的 R^2 为 0.7321，表明"人均 GDP 对数"这一个自变量能够解释因变量"人口预期寿命"73.21%的变化。图 10-5 中，多元线性回归模型的 R^2 为 0.9035，即回归模型式(10-3)中的 4 个因变量能解释不同国家人口预期寿命 90.35%的变异。在多元线性回归模型中，采用调整后的 R^2 作为判定模型拟合优度的指标，模型调整后的 R^2 为 0.9009。

比较线性回归模型式(10-1)和式(10-3)，它们的因变量都为"人口预期寿命"，采用的样本数据也是同一样本，因此可以认为从统计指标上看，模型式(10-3)比模型式(10-1)能更好地解释人口预期寿命的影响因素。

在实证研究中，是不是 R^2 越大越好呢？线性回归模型的 R^2 大小是判断研究模型好坏的重要指标吗？其实不然，至少可以找到三个方面的解释。

一是实证研究中经常会发现调整 R^2 大的模型，其某些自变量回归系数在统计上不显著或与假设预期的符号相反，模型本身缺乏解释力。

二是对解释方差(回归平方和)有较大影响的新变量必须与模型中已有变量相关性低，当加入的变量越多，就越可能出现多重共线性问题(第 11 章会讨论这一问题)。

三是在经典模型中，R^2 大小并不是肯定或否定模型的证据，实证研究对模型 R^2 大小也没有明确要求。

10.3.3　线性回归模型的假设检验

回归模型的参数估计结果基于样本数据，社会研究更关心样本所在总体的情况，因此需要进行显著性检验，用于判断样本估计结果是否能够有效反映总体。在第 8 章已经介绍了线性回归模型最基本的两个假设检验：回归系数的 t 检验与模型总体的 F 检验。线性回归模型假设检验的步骤与假设检验的步骤一致，R 线性回归分析结果给出了假设检验相关统计量，可以根据给出的统计量进行假设检验。

回归系数的 t 检验单独考察每个自变量对因变量的影响是否显著存在。在这里需要注意的是，R 语言回归模型分析结果给出的统计量和 p 值是基于每个自变量的回归系数均等于 0 这一原假设得出。回归模型式(10-3)的回归系数 t 检验的步骤如下。

(1) 提出原假设和备择假设。

对于自变量"人均 GDP 对数"，原假设 H_0：$\beta_1 = 0$；备择假设 H_1：$\beta_1 \neq 0$。

对于自变量"人均受教育年限"，原假设 H_0：$\beta_2 = 0$；备择假设 H_1：$\beta_2 \neq 0$。

(2) 给定显著水平 α。实证研究中通常采用 0.01，0.05，0.1 三个显著性水平来评价回归模型参数估计结果中某一估计参数的显著性，这里我们选定 α 为 0.05。

(3) 描述样本分布，确定采用的假设检验方法。在 OLS 线性回归模型中均采用 t 检验，因为采用 OLS 参数估计方法的前提是变量符合正态分布。

(4) 计算原假设 H_0 出现的概率 p。统计量 t 和 p 值具体计算过程由 R 语言实现，

图 10-5 中 "Coefficients" 第 3 列即为 t 值，其中 $t_1 = 5.848$，$t_2 = 0.937$；第 4 列为 p 值，其中 $p_1 \leqslant 0.000$，$p_2 = 0.350$。

（5）比较 p 值与给定的显著性水平 α，决定是否接受原假设。

R 语言线性回归模型结果给出了自变量系数 t 检验结果对应的 p 值，可以直接根据命令给出的 p 值做出统计决策。根据回归模型式(10-3)线性回归分析结果，对于自变量 "人均 GDP 对数"，拒绝原假设，接受备择假设 $\beta_1 \neq 0$；对于自变量 "人均受教育年限"，接受原假设 $\beta_2 = 0$。

（6）根据统计分析结果，做出应用决策。需要回到建模时提出的研究假设，对于自变量 "人均 GDP 对数"，以上假设检验结果拒绝研究原假设 H_0，根据备择假设认为 "一个国家或地区的人均 GDP 水平和人口预期寿命显著正相关"，人均 GDP 每增加 1 美元，人口预期寿命增加 0.0157 岁；对于自变量 "人均受教育年限"，支持研究假设 H_0，因此根据原假设得出结论 "一个国家或地区的人均受教育年限与人口预期寿命不存在显著相关关系"。有些时候不仅关注因变量的系数是否等于 0，还关注其系数是否等于某一特定数值。例如，某项经典研究发现人均 GDP 对数每增加 1 个单位，国家人口预期寿命增加 1.3 岁，希望验证这一结论与数据分析结果是否一致，则建立原假设 $\beta_1 = 1.3$，可以通过计算回归参数的置信区间判断原假设是否成立。

R 语言中线性回归后查看回归参数置信区间的命令为：

```
> confint.lm(object, parm, level)
```

其中 "object" 为指定的回归模型，这里为 "life.reg2"；"parm" 为要进行回归系数置信区间估计的变量名；"level" 为设定的显著性水平。其中 parm 省略时默认展示所有变量回归系数的置信区间，level 省略时的默认显著水平为 0.025。本书采用默认命令：

```
> confint.lm(life.reg2)
```

结果如下：

```
> confint.lm(life.reg2)
                    2.5 %         97.5 %
(Intercept)    58.14708051  67.161261051
loggdp_capital  1.04081816   2.103331394
data$school    -0.17442652   0.489211073
data$adfert    -0.02644004   0.008684873
data$childmort -0.18640821  -0.132683427
```

可以看到变量 loggdp_capita 回归系数在 0.025 置信水平上的置信区间为 1.04~2.10，1.3 落在这个区间内，不能拒绝原假设。因此可以认为运用当前数据所做研究结论 $\beta_1 = 1.57$ 与某经典研究结论 $\beta_1 = 1.3$ 在统计意义上没有显著差别，从统计显著性来看两个研究的结论是一致的。

F 检验考察线性回归模型整体的显著性。回归模型式(10-3)的 F 检验步骤如下。

(1) 构造原假设和备择假设。对于回归模型式(10-3)，有原假设 H_0：$\beta_1 = \beta_2 = \beta_3 = \beta_4 = 0$；备择假设 H_1：β_1、β_2、β_3、β_4 至少有一个不为 0。

(2) 给定显著性水平 α。可以根据研究需要设定显著性水平，这里将模型整体假设检验显著性水平定为 0.05。

(3) 描述样本分布，确定采用的假设检验方法。对于 OLS 回归模型整体假设检验采用 F 检验。

(4) 计算假设 H_0 成立时抽到该样本的概率 p。统计量 F 由 R 语言计算得出，图 10-5 中 $F=344$，对应的 p 值 <0.001。

(5) 比较 p 值与给定的显著水平 α，决定是否接受原假设。R 语言给出了 F 值对应的 p 值，可以直接做出统计决策，F 值对应的 p 值 <0.001，即所有自变量偏回归系数同时为 0 的概率低于 0.001，拒绝原假设。

(6) 根据统计分析结果，做出应用决策。由于接受了备择假设，当前模型至少有一个自变量回归系数不为零，在当前样本总体下模型式(10-3)具有实际意义。

根据线性回归模型的参数检验结果，可以回答在建立线性回归模型时提出的研究假设。首先，可以认为回归模型式(10-3)的样本参数估计结果总体显著，能够真实反映总体的线性关系。然后，回到研究模型得出结论，一个国家或地区的人均 GDP 与人口预期寿命之间显著正相关，人均 GDP 每增加 1 美元，人口预期寿命增加 0.0157 岁；人均受教育年限与人口预期寿命之间没有显著关系，因为当假设人均受教育年限的系数为 0 时，R 语言程序回归命令给出的 p 值为 0.350，从统计上来说不显著。

在模型式(10-3)中引入了控制变量，有些学者认为在实证分析中没有必要分析和介绍控制变量的参数估计与假设检验结果(Hunermund and Louw, 2020)，因为多种因素影响下控制变量与因变量之间难以建立有效的因果联系。但是，多数实证研究会展示和简要讨论控制变量的分析结果。在模型式(10-3)参数估计结果(图 10-5)中，控制变量"青春期女性生育率"的回归系数为 0 的假设下，p 值为 0.319，因此其与人口预期寿命之间没有显著相关关系；控制变量"五岁以下儿童死亡率"的回归系数为 0 的假设下，p 值为 0.000，且系数为 -0.159，其与人口预期寿命存在显著的负相关。

综合以上分析，可以得出结论：经济增长(以人均 GDP 增加来表征)能够促进人口预期寿命提升，而人口受教育水平(以人均受教育年限来表征)则对人口预期寿命没有显著影响。

到这里，一个实证研究的整个过程完成：从现实问题形成概念模型，根据概念模型形成研究假设，并建立线性回归模型，然后采用统计方法估计线性回归模型参数，根据模型参数估计结果检验研究假设，并回答现实问题。

10.4　本 章 小 结

本章在第 8 章相关与回归和第 9 章统计建模基础上介绍了线性回归模型在实证研究中的应用。理解回归模型的视角有三个，分别是因果视角、预测视角和描述视角，研究者可以根据研究需要选择不同的理解视角。

基于现实问题建立线性回归模型，形成研究结果的具体过程，包括以下步骤：

(1) 在现实问题基础上，广泛查阅现有文献，形成实证研究的概念模型。

(2) 对概念模型中的概念进行操作化，并提出研究假设。

(3) 在研究假设基础上建立线性回归数学模型。

(4) 运用 R 语言命令估计线性回归模型参数。

(5) 根据线性回归模型参数估计结果评价模型的拟合优度，若针对同一因变量 y 形成多个线性回归模型，可以根据调整后的 R^2 评价不同模型适用性。

(6) 进行线性回归模型的总体显著性 F 检验和每个自变量的回归系数显著性 t 检验，根据假设检验结果接受或拒绝在步骤(2)提出的研究假设，并针对现实问题得出分析结论。

在线性回归建模与分析步骤中，每一步都有很多需要注意的问题，能否有效把握这些问题都关系到是否能够"科学地"运用线性回归分析方法回答现实问题，这需要认真理解每一步操作的意义，掌握具体方法。

第11章 回 归 诊 断

通过前几章的学习，已经能够从现实问题出发，提出研究问题，构建出概念模型，并基于概念模型构建回归模型，以此推断自变量对因变量的影响。如果自变量和因变量的关系显著，就可以骄傲地宣布："已经找到了这个问题的答案！"但是，在此之前，先冷静一下，你心里有没有存在一丝不安？万一这个模型不对呢？毕竟模型都是高度简化的！万一收集的数据里有个别错误干扰了模型呢？毕竟存在测量误差！如果你有这些疑虑，那么说明你已经具备科学严谨的思维方式。这些问题非常重要，它们对分析结果是否可靠具有至关重要的影响。

因此，这一章中将介绍如何检验模型结果是否合理，我们把这个过程称为"模型诊断"。首先，在11.1节中，向大家介绍回归模型的几个前提假设。其次，在11.2节和11.3节中，分别从模型和数据两个维度检验回归模型是否符合这几个前提假设。最后，讨论当模型通过了模型诊断，是否就一定能够回答感兴趣的问题。

11.1 回归模型的前提假设

在进行回归诊断前，需要问自己一个问题，进行线性回归分析有哪些前提假设？通常，对于一个线性回归模型来说，有如下四个假设：线性(linear)、独立(independent)、正态(normal)、同方差(equal variation/homoscedasticity)，英文单词的首字母组合起来恰好是LINE。只有当数据满足这些假设时，线性回归模型才能具有统计描述和推断的优良性质。具体如下：

(1) 线性，对于线性回归模型来说，回归结果是一个多元一次方程，即线性方程，所以只有当自变量和因变量的关系是线性时，才有可能利用这个模型根据自变量的值估计因变量。

(2) 独立，样本之间必须独立，希望利用回归模型去解释自变量和因变量的关系，如果样本不独立，就意味着一个样本的因变量除了会受到本身自变量的影响外还有可能受到其他样本的影响。例如，当考察创新和经济发展的关系时，就必须考虑经济发展有其自身的增长周期。当收集长时间序列数据构建回归模型时，简单的线性回归模型就有可能高估自变量对因变量的影响，更有可能高估这种影响的显著性。

(3) 正态，对于任何给定的自变量值，因变量都应该呈现正态分布。否则，用线性回归模型自变量估计因变量时，所得到的结果就不会是因变量的期望。

(4) 同方差，因变量的方差不会随着自变量的变化而发生变化。否则，得到的模型在不同的自变量取值处其可靠性会不相同。

你可能在想，如果有这些前提假设存在，为什么不在进行回归分析之前就来检验观测样本数据是否符合这些假设呢？你想得很对，当模型只有一个自变量的时候你可以这么做，观察一下图 11-1 所示的散点图，哪一个符合 LINE 假设？

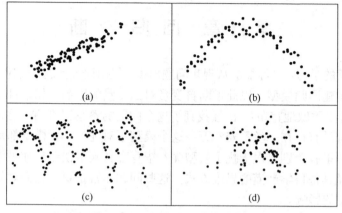

图 11-1　自变量与因变量散点图

很显然，只有图 11-1(a)符合 LINE 假设。图 11-1(b)中 x 和 y 的关系不是线性的，而是一种类似二次曲线的关系；图 11-1(c)反映的是随着 x 的变化，y 可能存在一个周期性变化，图 11-1(d)的 x 和 y 看不出有什么关系。也就是说除了图 11-1(a)，其他 3 种情况都不适合用线性回归模型来描述 x 和 y 之间的关系。

当只有一个自变量的时候，简单的散点图就能帮助判断线性回归模型的前提假设是否能满足 LINE 假设。但是如果存在多个自变量该如何处理呢？下面将继续带领大家学习。

11.2　残差的诊断

既然有多个自变量的时候难以直观地判断它们和因变量的关系是否符合 LINE 假设，那把自变量线性组合起来不就好了？如果因变量和自变量的关系符合 LINE 假设，那么因变量和多个自变量的线性组合之间的关系也一定符合 LINE 假设。于是，现在的问题就变成了 y 和 $\beta_1 x_1 + \beta_2 x_2 + \cdots + \beta_n x_n$ 之间是否符合 LINE 假设了。既然可以利用线性回归方法获得一组 β 值，那就直接利用回归方法获得的这一组系数对自变量进行线性组合。于是，这个问题就变成了 y 和 y 的模型估计值 $\hat{y}$ 之间的关系。既然 $\varepsilon = y - \hat{y}$，如果线性回归模型是正确的，那么残差应该服从期望值为 0 的随机分布，因此直接对残差 ε 进行一系列检验就成了最简单、直接的方法。

11.2.1　线性检验

在进行线性检验前，不妨先做个实验。如图 11-2 所示，有两组数据，来看看残差如何反映自变量和因变量是否为线性关系。图 11-2(a)是 $y \sim x$ 散点图，反映的是自变量与因变量的关系，而图 11-2(b)是 $\varepsilon \sim \hat{y}$ 散点图，反映的是模型拟合值与残差之间的关系。从图 11-2 中就可以直观地看出当 x 和 y 呈现线性关系时，在 $\varepsilon \sim \hat{y}$ 散点图中应该能观察到一些围绕着 $\hat{y} = 0$ 直线随机分布的散点。

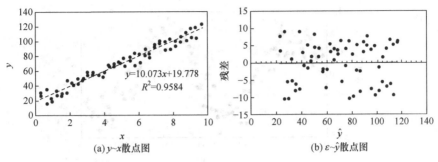

图 11-2　满足线性关系假设的 $y \sim x$ 散点图与 $\varepsilon \sim \hat{y}$ 散点图

当因变量 y 与自变量 x 不满足线性关系，而我们又强行使用线性回归来拟合二者关系时，是否能从 $\varepsilon \sim \hat{y}$ 散点图中看出点什么呢？下面是另一个例子：

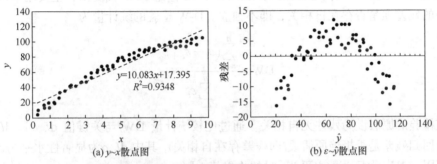

图 11-3　当 y 和 x 存在非线性关系时的 $y \sim x$ 散点图和 $\varepsilon \sim \hat{y}$ 散点图

和图 11-2 一样，图 11-3(a)展示的是自变量 x 与因变量 y 的关系，而图 11-3(b)反映的则是拟合值 $\hat{y}$ 与残差 ε 的关系。当 x 与 y 存在非线性关系，那么在 $\varepsilon \sim \hat{y}$ 散点图中能非常清楚地观察到散点排列出的非线性模式。图 11-3(b)中这个例子显示出一种非常典型的二次关系，说明在原模型中我们忽略了 x^2 对 y 的影响。如果在模型中添加一个 x^2 项，重新进行回归，应该能获得一个拟合程度更好的模型。但必须注意的是，是否在模型中添加二次项，或者对模型进行其他修改，应该取决于你的理论假设，而不应该通过数据去"硬凑"结果。

11.2.2　独立性检验

通过前面的讲解，考察残差的特征，判断因变量与自变量是否符合 LINE 假设。那么在这一节，同样可以通过观察残差的特征来判断样本是否互相独立。

图 11-4 是一幅当残差随估计值呈周期性变化时的 $\varepsilon \sim \hat{y}$ 散点图，可以看到残差 ε 随着 $\hat{y}$ 的变化而有规律地上下波动。这说明除了自变量对因变量的影响之外，因变量自身还有一个规律性的变化。如果没有其他未发现解释变量存在，那就说明因变量本身服从某种模式，换句话说，因变量自己会对自己有影响。这种现象在分析经济现象的时候其实非常常见，例如，经济增长很可能有其自身的波动周期。

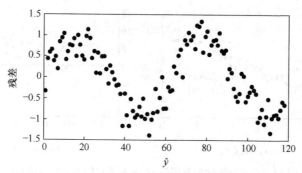

图 11-4　当残差随估计值呈周期性变化时 $\varepsilon \sim \hat{y}$ 散点图

除了使用 $\varepsilon \sim \hat{y}$ 散点图之外，也可以使用定量方法来推断残差是否独立。最常见的检验方法是 D-W 检验，其由 Durbin 与 Watson 于 20 世纪 50 年代提出，主要用来检测回归分析中的残差项是否存在自相关，即不独立。D-W 检验的统计量为

$$DW = \frac{\sum_{t=2}^{n}(\varepsilon_t - \varepsilon_{t-1})^2}{\sum_{t=1}^{n}\varepsilon_t^2} \qquad (11\text{-}1)$$

该检验的原假设为残差无自相关。通过比较统计量 DW 与关键值 dL,α 和 dU,α 就可以推断回归残差是否拒绝原假设(即残差存在自相关)，其中 dL,α 为显著性水平为 α 时的临界值下限，dU,α 为显著性水平为 α 时的临界值上限。

(1) 如果 $DW \leqslant dL,\alpha$，则在 α 显著水平下拒绝原假设，且残差自相关为正。

(2) 如果 $DW \geqslant dU,\alpha$，则不拒绝原假设，残差相互独立。

(3) 如果 $dL,\alpha < DW < dU,\alpha$，则检验结果无法确认。

(4) 如果 $(4-DW) \leqslant dL,\alpha$，则在 α 显著性水平下拒绝原假设，且残差自相关为负。

(5) 如果 $(4-DW) \geqslant dU,\alpha$，则不拒绝原假设，残差相互独立。

(6) 如果 $dL,\alpha < (4-DW) < dU,\alpha$，则检验结果无法确认。

关键值 dL,α 和 dU,α 的大小与显著性水平 α 及样本量有关。

D-W 检验是一个较为复杂的统计检验，更多细节可以参考 Durbin 和 Watson(1950，1951)。本书建议对于简单多元线性回归，还是以残差图为主要判断依据。

当残差不满足独立假设时，尤其当研究样本存在时间序列时，可以考虑使用差分模型来替代：

$$\Delta y = y + \beta_0 + \beta_1 \Delta x \qquad (11\text{-}2)$$

式中，$\Delta y = y_{i+1} - y_i$，$\Delta x = x_{i+1} - x_i$，$i = 1, 2, 3, \cdots, n-1$。

使用差分法在很多时候都能将因变量自身的变化趋势消除掉，相比于原模型，差分模型并不试图解释自变量和因变量的关系，而是解释因变量变化的原因。

11.2.3　残差方差齐性检验

残差的方差齐性也可以从 $\varepsilon \sim \hat{y}$ 散点图中看出，图 11-5 就是两个典型的例子。

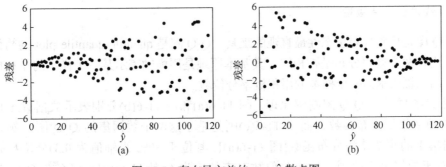

图 11-5　存在异方差的 $\varepsilon \sim \hat{y}$ 散点图

图 11-5 是残差存在异方差时的典型表现，11-5(a)反映了残差的方差随着 y 的增大而增大，而从 11-5(b)可以看出残差的方差随着 y 增加而减少。

同样，可以通过假设检验的方法来检验方差齐性。首先可以建立原假设：残差的方差没有区别。备择假设是残差存在异方差。可以使用 Hartley 检验来判断是否拒绝原假设。其原理可以理解为将残差按照不同的 y 拟合值区间分成 n 组，求出最大的组内平方和最小的组内平方和，如果这两者差异很大，那么就拒绝原假设，说明残差存在异方差现象。其统计量为

$$F_{\max} = \frac{\max\left(s_1^2, s_2^2, \cdots, s_3^2\right)}{\min\left(s_1^2, s_2^2, \cdots, s_3^2\right)} \tag{11-3}$$

式中，s_i^2 为残差的组内平方和。重复实验 m 次，如果 $F_{\max}$ 大于关键值 $F_{\max(1-\alpha)}(n, m-1)$ 则说明统计结果拒绝原假设，即残差存在异方差。除了 Hartley 检验外，Cochran 检验和 Barlett 检验也是常用的检验方法，在此不展开介绍。

当模型残差存在非齐性时，可以尝试对因变量进行一些方差稳定性变化，表 11-1 总结了一些常见的消除异方差的变换函数。

表 11-1　常见的消除异方差的变换函数

序号	变换	方差
1	$z = \sqrt{y}$	$g(\mu) = \alpha\mu$
2	$z = \arcsin\sqrt{y}$	$g(\mu) = \alpha\mu(1-\mu)$
3	$z = \ln(y)$	$g(\mu) = \alpha\mu^2$
4	$z = 1/\sqrt{y}$	$g(\mu) = \alpha\mu^3$
5	$z = y^{-1}$	$g(\mu) = \alpha\mu^4$

此外，还可以使用加权回归的方式尽可能消除残差的异方差，这里不展开介绍。

11.2.4　残差正态性检验

　　Q-Q 图是检验残差正态性最直观的工具。Q-Q 图是 quantile-quantile plot 的简称，其常用于比较两个概率分布是否相同。其基本原理是用横轴表示某一个样本的累积概率分位数，用纵轴表示另一个样本的累积概率分位数。

　　图 11-6 展示了 Q-Q 图制图原理，图 11-6(a)和图 11-6(b)分别表示数据集 1 和数据集 2 的频率累积分布函数，而图 11-6(c)则是基于这两个数据集的 Q-Q 图。例如，根据数据集 1 的频率累积分布函数[图 11-6(a)]，其位于 30%(纵轴值为 0.3)分位数的值为 4；而对于数据集 2 来说，这个分位数对应的值为 6[图 11-6(b)]，那么在 Q-Q 图上就可以标记一个点(6，4)。同理可以把数据集 1 和数据集 2 中所有具有相同分位数(例如，1%，2%，3%，…，100%)的值对标记在 Q-Q 图里，就形成了图 11-6(c)的散点。如果两个数据集的概率分布累积函数很接近，那么其在 Q-Q 图上形成的散点就会非常接近 $y=x$(指 Q-Q 图上的 y 和 x)的对角线上，否则就会偏离对角线。从图 11-6 的这个例子来看，很显然它偏离了 $y=x$ 对角线，因此可以断定数据集 1 和数据集 2 的分布不同。

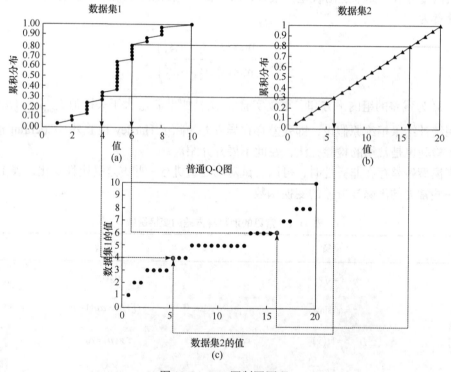

图 11-6　Q-Q 图制图原理

　　当需要检验某一组数据是否符合正态分布时，只需要将 Q-Q 图的一个轴设置为标准正态分布的频率累积分布分位数对应值，而另一个轴设置为待检验数据的频率累积分布分位值。绘制散点并观察散点的分布是否在对角线附近。如果这些散点布局和图 11-7 类似，就说明待检验的这组数据符合正态分布。

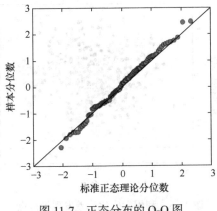

图 11-7 正态分布的 Q-Q 图

定量检验样本正态性的检验方法有很多，如柯莫哥洛夫检验、W 检验、D 检验等。

11.3 数据的诊断

除了对残差进行分析外，回归诊断的另一项重要任务是对数据进行诊断。在很多时候，样本数据虽然大体上满足 LINE 假设，但依然有可能会出现一些零星的异常点(outliers)或强影响点(influential observations)，它们可能会掩盖数据中的真实结构，导致分析的结果变得不可靠，从专业上难以解释结果，甚至得到完全错误的结论。尤其是随着统计软件的日渐普及，人们倾向于简单地将数据交给软件来分析，而不注意具体方法的应用条件，尽管采用了 R 语言(或 SPSS、SAS)等先进软件，但是输出结果有时却与专业解释相悖。

11.3.1 异常点

在回归模型中，异常点是指对既定模型偏离很大的数据点。通过前面内容的学习，知道残差描述的正好是样本点偏离模型的程度。因此，可以很容易地通过观察残差的分布特征找到这些异常点。知道了可以通过观察残差识别异常点，那么下一步就是要考虑判断异常点的标准。既然异常点是那些偏离模型、残差很大的点，但是究竟偏离多少，残差有多大才能算得上是异常点呢？

残差究竟偏离达到何种程度才算是异常，这就必须对模型残差的分布有一定的假设。在 11.2 节介绍过，对于线性回归模型，需要残差为正态分布，那么就可以把落在正态分布单侧或双侧某个分位点(通常为很小的值如 0.005)以外的点看作异常点。

实践操作中，学生化残差（studentized residuals）是异常点检测的主流方法之一。该方法由统计学家威廉·西利·戈塞特提出，即 20 世纪初以"Student"为笔名发表 t 检验理论的研究者。其核心原理在于：将普通残差进行标准化处理，使其近似服从 t 分布，从而构建统计推断框架。例如，如图 11-8 所示，第 51 号观测值的学生化残差小于 -3，通过比对 t 分布表，可以认为它远小于 0.05% 分位值，因此可以认为其为异常点。

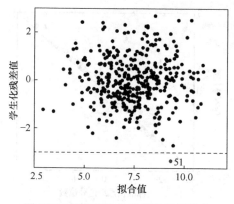

图 11-8　利用学生化残差发现异常点

　　异常点的出现大致可以归结为以下三类：整体模型变化、局部模型变化和自然变异。在前两种情况下，异常点出现得多而且连续，往往蕴涵着机制的变化、新事物的出现或者新局面的形成，大量而且连续的异常点可以用新的模型来拟合。对于整个数据集，实质上已经成为一个混合模型。而第三种情况更为常见，偶尔的人为差错或者仪器的故障都会引起异常。对于不同原因产生的异常点，它们的处理方法是不同的。在进行统计诊断时，判断异常点的成因是很重要的，是对异常点进行正确处理的先决条件。

　　通常对异常值的处理方法有两种：一种是把异常点作为工作重点，目标就是发现异常点并确定是否要做进一步的研究，这样的异常点往往含有很重要的信息。这时不仅要判断出异常点的存在与否，还要确定异常点出现的位置及影响大小。这是统计诊断中一个重要内容，围绕此类问题出现了大量的统计量检验方法及影响分析研究。另一种是针对由上述第三种情况引起的异常点，发现之后可以进行删除，以免影响参数估计等以后工作的效果。

11.3.2　强影响点

　　本书在第 8 章"相关与回归"中讲到了一个案例，某一个异常点的存在就有可能让回归拟合线偏离数据整体的趋势。因此，需要高度重视这些对模型有较强影响的观测点。

　　强影响点是指那些对统计量的取值有非常大的影响的点。在考虑强影响点时，有几个基本问题需要考虑：首先，必须明确是对哪个统计量的影响？例如，线性回归模型所考虑的是对回归系数的估计量的影响，还是对误差方差的估计影响，或是对拟合优度统计量的影响等。分析目标不同，所考虑的影响也有所不同。其次，必须确定度量影响的尺度是什么？为了定量地刻画影响的大小，迄今为止已提出多种尺度，如基于置信域的尺度、基于似然函数的尺度等。在每一种类型中又可能有不同的统计量，例如，基于影响函数就已提出多种"距离"来度量影响，有 Cook 距离、Welsch-Kuh 距离、Welsch 距离等。每一种度量都是着眼于某一方面的影响，并在某种具体场合下较为有效。这一方面反映了度量影响问题的复杂性，另一方面也说明了影响分析的研究在统计诊断中是一个甚为活跃的方向，还有大量有待解决的问题。

异常点不一定是强影响点，而强影响点也不一定是异常点。图 11-9 中的两幅图显示了所有数据所拟合的模型(灰色实线)与去掉黑色点后的拟合曲线(黑色虚线)。可以发现在图 11-9(a)中的黑色点虽然与模型的拟合直线相距较远，但去掉它之后，模型并没有太大的变化，说明这个点只是一个异常点，但它对模型本身的影响并不大。而图 11-9(b)中的这个黑点去掉后，模型发生了很大的变化，这样的观测点就是强影响点。

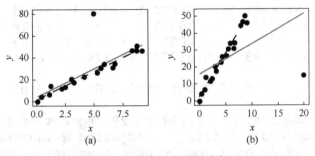

图 11-9　异常点与强影响点

当有多个自变量时，Cook 距离是最常见的识别强影响点的方法之一。Cook 距离直接总结了去除某一个数据点之后，其他样本拟合值的变化。一个数据点的 Cook 距离越大，它对于整个回归模型的影响就越大，常用的判断标准如下：

(1) 如果 Cook 距离大于 0.5，那么这个点就有可能是强影响点。

(2) 如果 Cook 距离大于 1，那么这个点就非常有可能是强影响点，必须得到关注。

11.4　回归诊断的 R 语言实现

虽然本书用了很长的篇幅介绍回归诊断的各个方面，但 R 语言可以非常方便高效地实现这些诊断。本节还是以 mtcars 数据集为例介绍如何利用 R 语言进行回归诊断。为了避免不小心破坏原始数据，还是和第 4 章一样，先将 mtcars 数据集存入一个临时的数据框架，命名为 mycars：

```
> mycars<-mtcars
```

如果想搞清楚汽车燃油经济性(mpg)和汽车发动机功率(hp)及车重量(wt)之间的关系，可以调用 lm()函数：

```
> fit<-lm(mycars$mpg~mycars$hp+mycars$wt)
```

现在 fit 这个对象就记录了回归模型的关键信息，可以用 summary()函数查看回归的各项参数：

```
Call:
lm(formula = mycars$mpg ~ mycars$hp + mycars$wt)

Residuals:
   Min     1Q Median     3Q    Max
-3.941 -1.600 -0.182  1.050  5.854

Coefficients:
             Estimate Std. Error t value Pr(>|t|)
(Intercept) 37.22727    1.59879  23.285  < 2e-16 ***
mycars$hp   -0.03177    0.00903  -3.519  0.00145 **
mycars$wt   -3.87783    0.63273  -6.129 1.12e-06 ***
---
Signif. codes:  0 '***' 0.001 '**' 0.01 '*' 0.05 '.' 0.1 ' ' 1

Residual standard error: 2.593 on 29 degrees of freedom
Multiple R-squared:  0.8268,    Adjusted R-squared:  0.8148
F-statistic: 69.21 on 2 and 29 DF,  p-value: 9.109e-12
```

从回归结果来看，两个自变量系数都通过了 0.05 的显著性检验，系数符号也符合预期。无论 F 检验的结果还是调整的 R^2 值都显示出模型总体有较强的解释能力，似乎一切都很"美好"。

接着调用 plot() 函数将回归诊断的信息用图的方式展现出来。这个回归诊断内容有六幅图，通常可以一次将它们都绘制出来：

```
> par(mfrow = c(2,3))
> for(i in 1:6)
> plot(fit,i)
```

应该可以看到以下六幅图：

图 11-10(a)是 $\varepsilon \sim \hat{y}$ 散点图，能看出残差项和 y 的拟合值似乎存在一定的非线性关系。图 11-10(b)是残差的 Q-Q 图，从图形看，残差基本位于一条直线上，可以认为其符合正态分布假设。图 11-10(c)展示了学生化的残差和拟合值的关系，它是用来判断残差是否存在异方差最直观的工具。当然，图 11-10(a)也有这个功能，但当残差与拟合值本身不服从线性关系时，图 11-10(c)这种方法更为直观。图 11-10(d)为 Cook 距离图，它提示第 17、20 和 31 号样本可能为强影响点。图 11-10(e)为残差-杠杆图，其横坐标为样本的杠杆值，纵坐标为标准化残差，黑色实线为二者的趋势线，黑色虚线表示等 Cook 距离线；横坐标过大的点为高杠杆点，纵坐标过大的为离群点，黑色虚线外的点为强影响点，可以看到虽然第 17、20 和 31 号样本三个点的影响较大，但仍然在可接受范围内。图 11-10(f)为杠杆和 Cook 距离之间的关系图。会发现后三幅图都是用来帮助进行数据诊断的，绝大多数时候图 11-10(e)就足够了。R 语言默认给出的四幅图就是这里的图 11-10(a)、图 11-10(b)、图 11-10(c)及图 11-10(e)，可以尝试以下命令：

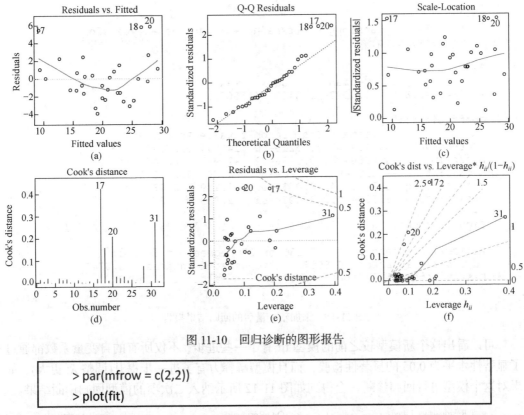

图 11-10　回归诊断的图形报告

```
> par(mfrow = c(2,2))
> plot(fit)
```

从 $\varepsilon \sim \hat{y}$ 图中能发现，目前这个模型最主要的问题是因变量和自变量可能存在非线性关系，因此并不符合 LINE 假设。这时，需要去反思理论，是不是还有漏掉的变量？自变量和因变量之间是不是存在 2 次或其他函数关系？假设通过文献阅读和理论学习，发现并没有遗漏变量，而汽车质量和发动机功率与汽车燃油经济性之间确实可能存在高次关系，那么可以试着构造新的回归方程，将 wt 和 hp 这两个变量的平方项作为自变量纳入方程。在这个数据集中创建两个新的变量，分别是 wt 的平方和 hp 的平方：

```
> mycars$wt_sq<-(mycars$wt)^2
> mycars$hp_sq<-(mycars$hp)^2
```

然后调用 lm()函数求解回归函数，可以将新模型命名为 fit2：

```
>fit2<-lm(mycars$mpg~mycars$hp+mycars$wt+mycars$hp_sq+mycars$wt_sq)
```

接着可以用 summary()函数调出模型求解结果：

```
> summary(fit2)
```

应该会看到如图 11-11 所示报告。

```
call:
lm(formula = mycars$mpg ~ mycars$hp + mycars$wt + mycars$hp_sq +
    mycars$wt_sq)

Residuals:
    Min      1Q  Median      3Q     Max
-2.8849 -1.8165 -0.3922  1.3499  4.5807

coefficients:
                Estimate Std. Error t value Pr(>|t|)
(Intercept)    4.945e+01  3.521e+00  14.044 6.27e-14 ***
mycars$hp     -9.428e-02  3.193e-02  -2.952 0.006456 **
mycars$wt     -9.220e+00  2.270e+00  -4.062 0.000375 ***
mycars$hp_sq   1.743e-04  8.073e-05   2.159 0.039879 *
mycars$wt_sq   8.500e-01  3.005e-01   2.829 0.008700 **
---
signif. codes:  0 '***' 0.001 '**' 0.01 '*' 0.05 '.' 0.1 ' ' 1

Residual standard error: 2.135 on 27 degrees of freedom
Multiple R-squared:  0.8907,    Adjusted R-squared:  0.8745
F-statistic: 55.02 on 4 and 27 DF,  p-value: 1.363e-12
```

图 11-11   添加新变量后的回归结果报告

可以看出这个新模型较之前的模型 fit 有了一些进步,不仅所有的自变量系数都通过了显著性水平为 0.05 的显著性检验,而且模型解释力有了进一步提升(调整 R^2 更大)。如果对这个模型进行回归诊断,会得到如图 11-12 所示纳入二次项的模型回归诊断结果。

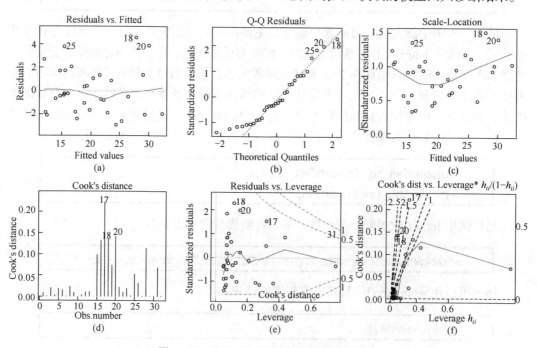

图 11-12   纳入二次项的模型回归诊断结果

从回归诊断的结果来看,模型的残差分布有了较大的改善。图 11-12(a)的 $\varepsilon \sim \hat{y}$ 散点图中，模型残差项和 y 的拟合值基本位于 $\varepsilon=0$ 这条直线上，没有明显的异方差特征，残差的 Q-Q 图也显示出其基本符合正态分布。虽然异常点的分布特征与原模型较为接近，但如果仔细观察图 11-12(d)的纵坐标，会发现异常点的 Cook 距离较之原模型小了不少，显示出异常值对模型的影响较小。总之，通过引入两个二次项，得到了一个解释力更强并且更可靠的模型。值得注意的是，任何对模型的修改都应该有理论作为支撑，任何对数据的修正都必须有充分的理由，如有明显的记录错误需要修改。在实际工作中，既不能根据手上的数据去"硬凑"一个模型，也不能为了得到某个模型参数去"修饰"数据，这两种行为都不符合学术伦理，并且会误导对世界的认识。

　　R 语言的扩展包里(如 car，stats 等)有更多更为强大的工具可以帮助大家进行更为精确的模型诊断，限于篇幅，在此不再赘述。

11.5　本 章 小 结

　　这一章介绍了回归诊断的原理与方法。回归诊断是统计建模的一个关键步骤。只有当观测数据符合模型假设时，模型才有良好的描述、解释和预测能力。在对一个科学问题展开统计分析时，需要不时地反问自己，这一步的前提假设是什么？这个假设会不会引入过大的不确定性？回归诊断就是这样一个不断"回头看"的过程，当建立好模型，求解出参数，对模型的拟合度进行评估以后，依然需要回头看看一系列假定(LINE)是否真的成立。

　　在这一章中，讨论了如何从模型和数据两个方面来诊断回归模型。对残差进行分析是回归诊断的最有效途径。无论是对模型的诊断还是对数据的诊断，残差都能有效体现真实数据与模型假设的差异。残差图是最直观地帮助我们判断模型是否合理、数据是否符合假设的工具。简要学习了几种能够帮助诊断模型的统计量，例如，帮助判断方差齐性的 Hartley 检验，帮助判断残差独立性的 D-W 检验，帮助判断残差正态性的柯莫哥洛夫检验等。有些统计方法比较复杂，感兴趣的读者可以找相关文献进一步学习。

　　计算机和软件能把人们从繁重的重复劳动中解放出来，但代替不了思考。现代计算机技术的普及让人们不用花费大量的劳动去进行手工计算。R 语言等先进的统计软件可以帮助人们快速地求解模型参数，也可以帮助人们快速地进行回归诊断。但是即使如此，仍需要慎重考虑如何选择合适的模型，如何正确地估计模型参数，如何正确地应用模型，且需要对现实世界进行深刻洞察，并对数学方法进行深入理解。

第 12 章　虚拟变量回归模型

在前面几章，已经向读者展示了线性回归模型及其在 R 语言中的实现。然而，并非所有的数据都适合用线性回归模型建模，例如，在医学中经常会使用受测试者的血压、年龄、性别等信息来预测一项手术会不会有并发症，这时候被解释变量并不是连续型变量，而是一个虚拟变量，即数值仅存在 0 和 1 两种情况的变量，如果再使用线性回归模型，就会出现"模型误用"的问题，一旦这些错误的数据被应用到后续治疗中，就很有可能引发医疗事故。那么，如何解决这类问题呢？本章将围绕这一主题，从一些错误的案例入手，帮助大家理解虚拟变量回归模型。

12.1　一个错误的解释和一个错用的模型

经过长时间的发展，关于虚拟变量回归的技术已经非常成熟，因此绝大部分公开发表的研究并不会出现上文提及的问题。但对于初学者而言，模型误用、结果误读等问题经常发生。

12.1.1　结果误读

案例 12-1　身高、超重对立定跳远距离的影响。

某校 2020 年度体测成绩数据显示了 100 名学生的身高、超重的情况(超重=0，不超重=1)和立定跳远距离等数据，试分析学生身高、超重情况对立定跳远距离的影响。

由上述案例可知，可以将"立定跳远距离"视为被解释变量，将"身高"和"超重情况"视为解释变量。被解释变量是一个连续型变量，通过简单的散点图和相关关系分析，能够发现变量之间存在线性关系。同时，日常中也能感觉到身高和体重会影响立定跳远的距离。根据这些情况，有同学参考线性回归一章的步骤，初步建立了一个线性回归模型

$$\text{long.jump} = \beta_0 + \beta_1 \text{weight} + \beta_2 \text{height} + u \tag{12-1}$$

并得出了结果：

```
> lm(formula=long.jump~weight+height,data=data17)
```

```
Residuals:
     Min       1Q   Median       3Q      Max
-24.4016  -6.6640  -0.8665   6.4130  26.9656

Coefficients:
             Estimate Std. Error t value Pr(>|t|)
(Intercept)    8.2158    35.2302   0.233 0.816094
weight未超重   31.9833     3.5087   9.115 1.09e-14 ***
height         0.7313     0.2048   3.571 0.000556 ***
---
Signif. codes:  0 '***' 0.001 '**' 0.01 '*' 0.05 '.' 0.1 ' ' 1

Residual standard error: 10.98 on 97 degrees of freedom
Multiple R-squared:  0.4984,    Adjusted R-squared:  0.488
F-statistic: 48.19 on 2 and 97 DF,  p-value: 2.939e-15
```

根据参考线性回归模型的结果，得出"体重越不超重，跳得就越远"的结论。初读起来，似乎这一结论没有问题。但是，由数据分布可知，"是否超重"只有两种情况，即超重或不超重，因此"越不超重"的说法不符合数据分布的实际情况。举个例子，假设这里的变量是性别，女性设置为"0"，男性设置为"1"，参考该同学的解释方法，那就成了"性别越不像女性，跳得就越远"，这种机械式的解释不仅不符合数据分布情况，还会闹出笑话。

12.1.2　模型误用

课堂上还有一个练习题，即"某校 2019 年度体测成绩数据显示了 100 名学生的超重情况(超重=0，不超重=1)，同时记录了这些学生 2019 年环湖跑的圈数，试分析学生环湖跑的圈数对其是否超重的影响。"该题目中的被解释变量显然不再是连续型的变量，但是有相当一部分同学依旧采用了线性回归模型，这时候就会出现模型误用的问题。

这种情况下为何不能使用线性回归模型？可以通过图 12-1 进行解释，当被解释变量 y 取值为 0 或 1 时，使用线性回归将拟合出一条直线。但这显然不符合数据的真实分布，即被解释变量的真实取值非 0 即 1，但该线性回归的预测值会出现大于 1 或者小于 0 的情况。此外，常数项也不再符合正态分布，而是二项式分布，与 OLS 线性回归模型的前提假设不一致。

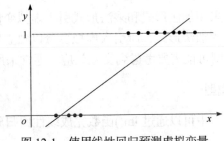

图 12-1　使用线性回归预测虚拟变量

可见，不论是结果误读，还是模型误用，其根源在于初学者没有把握数据类型的真正含义及其对回归模型的影响，将虚拟变量等同于连续变量进行处理。接下来，将带领大家学习如何厘清虚拟变量的真正含义及其对回归模型选择的影响。

12.2　什么是虚拟变量

12.2.1　虚拟变量的含义

在回归中,把反映定性(或属性)因素变化,取值为 0 和 1 的变量称为虚拟变量(dummy variable),也有的研究中将其称为哑变量、属性变量、双值变量、二元型变量、名义变量等,可以看到虚拟变量是定类变量的特殊类型。

连续变量是与离散变量相对应的概念。在一定区间内可以任意取值的变量称为连续变量,其数值是连续不断的,相邻两个数值可作无限分割,即可取无限个数值,如身高、体重、收入等。与连续变量相比,虚拟变量具有不可定量测量和不可分割性。举例而言,已知某班同学的身高均在 155~187cm,只要测量方式足够先进,那么该班 A 同学的身高可以是这一区间的任何一个数字。但是假如将变量换成性别这一虚拟变量,这时候只有男女,那么该班 A 同学要么是女生(取值 0),要么是男生(取值 1),不可能出现介于 0 和 1 的情况。

12.2.2　虚拟变量对回归模型选择的影响

将虚拟变量引入回归模型,有以下两种情况:

(1) 作为解释变量代入回归模型,此时并不会影响模型的选择,但是相对于连续变量而言,其回归系数的含义发生了变化。以线性回归模型为例,假如解释变量为性别(男性=1,女性=0),如果回归系数为正,那么表示在其他条件不变的情况下,男性相对于女性 y 值会高。这部分将在 12.3 节中进行详细讲解。

(2) 作为被解释变量时,此时的模型选择也会发生很大的变化,如前文所述,不再适用于线性回归模式,而是应当选择 Logistic 回归等模型,其数据的解读方式、模型的拟合与诊断都发生了很大的变化,具体见 12.4 节。

12.3　解释变量为虚拟变量的回归模型

在回归模型中,通常采用加法形式和乘法形式引入虚拟变量作为解释变量。当引入单一虚拟变量时,通常采用加法形式,所引入虚拟变量以独立项的形式出现在方程中;当引入多个虚拟变量时,则可能需要考虑到交互效应,通常采用乘法形式。

12.3.1　加法形式的回归模型

如第 10 章所述,R 语言中可以通过 lm()函数完成线性回归分析,函数的基本形式为: lm(formula, data)。

以案例 12-1 为例,分析学生身高(height)和超重情况(weight)对立定跳远距离(long.jump)的影响,则可以引入"超重情况"作为虚拟变量(未超重=1,超重=0),建立模

型为

$$long.jump = \beta_1 + \beta_2 weight + \beta_3 height + \varepsilon$$

$$E\left(Y \mid weight = 1, height\right) = \beta_1 + \beta_2 + \beta_3 height \,(未超重)$$

$$E\left(Y \mid weight = 0, height\right) = \beta_1 + \beta_3 height \,(超重)$$

代码如下：

```
> lm(formula=long.jump~weight+height,data=data17)
```

回归结果如下：

```
Residuals:
     Min      1Q   Median      3Q      Max
-24.4016  -6.6640  -0.8665   6.4130  26.9656

Coefficients:
            Estimate Std. Error t value Pr(>|t|)
(Intercept)   8.2158    35.2302   0.233 0.816094
weight未超重   31.9833     3.5087   9.115 1.09e-14 ***
height        0.7313     0.2048   3.571 0.000556 ***
---
Signif. codes:  0 '***' 0.001 '**' 0.01 '*' 0.05 '.' 0.1 ' ' 1

Residual standard error: 10.98 on 97 degrees of freedom
Multiple R-squared:  0.4984,    Adjusted R-squared:  0.488
F-statistic: 48.19 on 2 and 97 DF,  p-value: 2.939e-15
```

可以得到回归方程：

$$long.jump = 8.2158 + 31.9833 + 0.7313 height + \varepsilon = 40.1991 + 0.7313 height + \varepsilon \,(未超重)$$

$$long.jump = 8.2158 + 0.7313 height + \varepsilon \,(超重)$$

回归结果显示，当身高相同时，与未超重的同学相比，在其他因素不变的情况下，超重的同学立定跳远距离将会平均减少 31.9833cm。也可以通过绘制数据分布图来直观地观察这一区别，代码如下：

```
> library(ggplot2)
> data=read.csv("data.csv")
> head(data)
> ggplot(data,aes(x=height,y=long.jump,colour = weight)) +
  geom_point(size=2)+
  geom_smooth(method = lm, se = FALSE)
```

通过图 12-2 可以明显看出，未超重和超重同学的身高对跳远距离的影响是不一样的，未超重同学的立定跳远距离普遍高于超重同学。模型的拟合与诊断，可以参考第 11 章的内容进行。

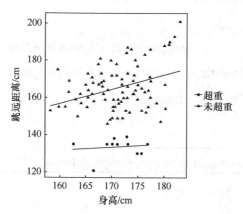

图 12-2　超重与未超重学生身高与跳远距离回归拟合散点图

当然，需要注意的是，在现实世界中，还有很多因素会影响到跳远距离，如家族遗传、跳远姿势、训练频次等，但是受数据可获取性的限制，并未将这些因素考虑进去。因此在解释结果时，需要加上一个限制条件，即"其他因素不变的情况下"，从而在有限条件下提高解释的严谨性。

12.3.2　乘法形式的回归模型

案例 12-2　身高、性别对立定跳远成绩的影响。

某校 2020 年度体测成绩数据显示了 100 名学生的身高、性别和立定跳远距离等数据，试分析学生身高、性别对立定跳远距离的影响。

与案例 12-1 不一样，案例 12-2 的解释变量虽然也是两个，但是性别和身高是有交互效应的。一般而言，男生要比女生高，也就是说性别会影响身高，因此需要采用乘数法来控制解释变量之间的交互作用。根据温忠麟等(2013)提出的方法，在处理交互作用时，如果解释变量同时存在虚拟变量和连续型变量，需要先做去中心化处理再将乘积项带入回归方程，否则乘积项和两个解释变量就会存在共线性。可以设想一下，当把解释变量 x_1 和 x_2 同时代入方程，如果研究设计合理，一般不会出现共线性的问题，但是再将 $x_1 \times x_2$ 同时代入方程后，不论设计多么合理，都很容易出现解释变量间的共线性，特别是当其中一个变量为虚拟变量时，$x_1 \times x_2$ 要么为 0，要么为 x_1 或 x_2，这意味着乘积项将会对解释变量 x_1、x_2 产生强干扰，影响模型的解释力度，因此去中心化尤为重要。

去中心化常用的方法是用观测值减去变量的平均值，这部分内容大家可以阅读温忠麟等出版的《调节效应和中介效应分析》一书。本节也参照这一方法，将去中心化后的两个变量的乘积(sexheight_mc)代入方程中，即去中心化后的身高(height_mc)乘以去中心化后的性别(sex_mc)，在给出的数据集中已经完成了这一步，当然感兴趣的同学也可以尝试自己处理一下。建立模型如下：

$$\text{long.jump} = \beta_1 + \beta_2 \text{height} + \beta_3 \text{sex} + \beta_4 \text{sexheight\_mc} + \varepsilon$$

$$E(Y|\text{sex}=1,\text{height}) = \beta_1 + \beta_2 \text{height} + \beta_3 + \beta_4 \text{sexheight\_mc} \qquad (\text{男生})$$

$$E(Y \mid \text{sex} = 0, \text{height}) = \beta_1 + \beta_2\text{height} \quad \text{（女生）}$$

代码如下：

```
> lm(formula=long.jump~height+sex+sexheight_mc,data=data17)
```

同样采用 lm()函数，可以得到如下结果：

```
Residuals:
    Min      1Q  Median      3Q     Max
-34.516  -8.548   0.704  11.197  24.592

Coefficients:
             Estimate Std. Error t value Pr(>|t|)
(Intercept)   49.7330    42.7419   1.164  0.24748
height         0.6069     0.2506   2.422  0.01733 *
sex           12.3164     2.7727   4.442 2.39e-05 ***
sexheight_mc   1.5827     0.5120   3.091  0.00261 **
---
Signif. codes:  0 '***' 0.001 '**' 0.01 '*' 0.05 '.' 0.1 ' ' 1

Residual standard error: 13.26 on 96 degrees of freedom
Multiple R-squared:  0.2759,    Adjusted R-squared:  0.2532
F-statistic: 12.19 on 3 and 96 DF,  p-value: 7.931e-07
```

回归方程为

$$\begin{aligned}
\text{long.jump} &= 49.7330 + 0.6069\text{height} + 12.3164 + 1.582\text{height} + \varepsilon \\
&= 62.0494 + 2.1889\text{height} + \varepsilon
\end{aligned} \quad \text{（男生）}$$

$$\text{long.jump} = 49.7330 + 0.6069\text{height} + \varepsilon \quad \text{（女生）}$$

从上述结果可以看出，在其他条件不变的情况下，身高越高，跳得就越远；相对于女生而言，男生跳的距离要显著更远。进一步分析可以发现，身高同样增加 $n$cm，男生立定跳远的距离将比女生多增加 $12.3164 + 1.582n$cm，即男生身高提升对跳远成绩的正向影响要显著高于女生。模型的拟合与诊断，可参考第 11 章的内容进行。

12.4 被解释变量为虚拟变量的回归模型

当被解释变量不是连续型变量时，再使用线性回归模型就不合适了。

案例 12-3 学生环湖跑圈数对其是否超重的影响。

某大学 2019 年度体测成绩数据显示了 110 名学生的超重情况(超重=0，不超重=1)，同时记录了这些学生 2019 年环湖跑的圈数，试分析学生环湖跑的圈数对其是否超重的影响。

案例 12-3 中被解释变量为虚拟变量，就要使用到广义线性模型。广义线性模型是在线

性模型基础上发展出来的一系列回归模型，包含的内容很广泛，如 Logistic 回归、Poisson 回归、Probit 模型等。本书主要展示常用的 Logistic 回归模型。

12.4.1 Logistic 回归

Logistic 回归也称为逻辑回归，其原理是用逻辑函数把线性回归的结果$(-\infty,+\infty)$映射到$(0,1)$。在第 8 章，已经对线性回归函数进行了介绍，实际上广义线性回归模型也是在此基础上推导出来的。由本章"模型误用"一节可知，因变量为虚拟变量，数据不符合线性回归模型的前提假设，直接采用线性回归模式会导致模式估计错误，那么应该怎么办呢？这时候就可以引入 Sigmoid 函数，该函数是指一类 S 形曲线的函数，常见的有 Logistic 函数和 Tanh 函数，日常研究中主要使用 Logistic 函数，它的取值范围为$(0,1)$。该函数可以将一个实数映射到$(0,1)$中，因此常用来处理被解释变量是二分类的数据。其数学表达式为

$$h(y)=\frac{1}{1+\mathrm{e}^{-y}} \tag{12-2}$$

从图 12-3 可以看出，当 y 趋于 $-\infty$，$h(y)$ 趋于 0；当 y 趋于 $+\infty$，$h(y)$ 趋于 1。该函数连续、光滑、严格单调且以$(0,0.5)$中心对称，值域范围限制在$(0,1)$，既符合数据的真实分布，又能够与概率联系起来。

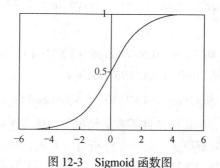

图 12-3 Sigmoid 函数图

把线性回归函数的结果 y 代入 Sigmod 函数中，就构造出逻辑回归函数：

$$h(y)=\frac{1}{1+\mathrm{e}^{-y}}=\frac{1}{1+\mathrm{e}^{-(\theta_0+\theta_1 x_1+\cdots+\theta_n x_n)}}=\frac{1}{1+\mathrm{e}^{-\theta^{\mathrm{T}} x}} \tag{12-3}$$

将其转换，得到

$$h(y)=\frac{1}{1+\mathrm{e}^{-y}} \rightarrow h(y)\times\left(1+\mathrm{e}^{-y}\right)=1 \rightarrow \mathrm{e}^{-y}=\frac{1}{h(y)}-1$$

$$\rightarrow -y=\ln\left(\frac{1-h(y)}{h(y)}\right) \rightarrow y=\ln\left(\frac{h(y)}{1-h(y)}\right)$$

如果将逻辑回归的结果 $h(y)$ 看作某个事件发生的概率，那么这个事件不发生的概率就是 $1-h(y)$，二者的比值称为优势比(odds)。令 $h(y)=p$，则可以得到：

$$\theta^{\mathrm{T}} x=\ln\left(\frac{h(y)}{1-h(y)}\right) \rightarrow \theta^{\mathrm{T}} x=\ln\left(\frac{p}{1-p}\right)=\ln(\mathrm{odds}) \tag{12-4}$$

即线性回归的结果等于对数优势比 $\ln\left(\dfrac{p}{1-p}\right)$。当 $p=0$ 时，$\ln\left(\dfrac{p}{1-p}\right)=-\infty$；当 $p=0.5$ 时，$\ln\left(\dfrac{p}{1-p}\right)=0$；当 $p=1$ 时，$\ln\left(\dfrac{p}{1-p}\right)=+\infty$。因此，Logistic 回归常用于估计给定暴露水平时结果事件发生的概率，如考查某同学环湖跑 N 圈时其超重的概率。

Logistic 函数同样具有 S 形分布的特点，无论解释变量取何值，其被解释变量的取值范围都在 0～1，这就避免了前文提及的预测值大于 1 或者小于 0 的情况，能够很好地处理被解释变量为虚拟变量的情况。

12.4.2　glm( )函数

上述相对复杂的推导过程只是帮助理解 Logistic 回归的真实含义，这些工作在 R 语言中只需要一个命令就能够完成。在 R 语言中，Logistic 回归通常使用 glm()函数来拟合，其形式与拟合线性回归模型的 lm()函数类似，只是多了一些参数值，其基本形式为：

```
glm(formula, family =family (link=function)，data=)
```

其中，概率分布(family)可以对应不同的连接函数(function)。例如，选择 binomial()时可以拟合 Logistic 回归，选择 poisson()时可以拟合泊松回归模型，两种回归的代码为：

```
glm(formula, family =binomial (link="logit")，data= mydata)
glm(formula, family = poisson (link="log")，data= mydata)
```

12.4.3　数据分析与结果的解读

采用上述表达式，可以在 R 语言中轻松实现 Logistic 回归，结果如下所示：

```
Deviance Residuals:
    Min        1Q     Median        3Q        Max
-2.89119   0.00005   0.08324    0.48565    1.51166

Coefficients:
            Estimate Std. Error z value Pr(>|z|)
(Intercept) -1.30531    0.78386  -1.665 0.095867 .
number       0.27347    0.08079   3.385 0.000712 ***
---
Signif. codes:  0 '***' 0.001 '**' 0.01 '*' 0.05 '.' 0.1 ' ' 1

(Dispersion parameter for binomial family taken to be 1)

    Null deviance: 73.385  on 99  degrees of freedom
Residual deviance: 44.418  on 98  degrees of freedom
AIC: 48.418

Number of Fisher Scoring iterations: 8
```

可以看出，模型回归系数显著($p<0.05$)，这可以进行下一步的解释。在逻辑回归中，回归系数的含义表示在其他变量不变的情况下，一单位预测变量的变化可以引起的相应变量对数优势比的变化。回到结果中，表示学生每多跑一圈，其出现超重情况将是不超重的 0.273 倍，即跑的圈数越多，不超重的可能性就越大。显然这种解释略显啰唆且不够直白，因此大部分研究会将结果进行指数化，代码为：

```
> coef(model1)
> exp(coef(model1))
```

结果如下所示：

```
(Intercept)           number
 -1.3053081        0.2734693

(Intercept)           number
  0.271089          1.314517
```

可以看到，在其他变量保持不变的情况下，环湖跑圈数每增加一圈，未超重的优势就会变为原来的约 1.315 倍，即伴随着跑圈数的增加，不超重的同学将会增加 31.5% 的优势。此处的优势比即上文推导出的 $\dfrac{p}{1-p}$，也就是事件发生的概率与不发生概率的比值。当然，多跑一圈所引起的变化可能并不是唯一想要的，当想知道多跑 n 圈引起的变化，只需要将优势比 n 次方即可。例如，其他变量保持不变的情况下，多 10 圈的话，优势比将乘以 1.315^{10}，即 15.462。需要再次提醒的是，本书做的研究是在数据有限条件下进行的，因此解释时需要严谨，不要漏掉"在其他变量保持不变"或者"不考虑其他情况"等前提条件。

12.4.4　虚拟变量回归模型的拟合与诊断

正如第 11 章所介绍的，不要以为跑出数据后就万事大吉，只是看一下 p 值就开始撰写分析报告，这容易犯基本错误。与线性回归模型一样，还要对模型进行诊断。对于广义线性模型的拟合与回归诊断，统计学界并未有统一的标准，目前仍然莫衷一是(卡巴科弗，2016)。一般而言，可以参考第 11 章提出的关于线性回归的各种诊断方法，如残差、异常点、强影响点的诊断等。针对 Logistic 回归，除第 11 章提出方法外，还可以考虑使用 Hosmer-Lemeshow(HL)检验、模型显著性的卡方检验、受试者工作特征(receiver operating characteristic，ROC)曲线图等方式。

1. 拟合的诊断

拟合的诊断，简单来说，就是判断模型拟合出的预测值能不能反映数据的真实情况。对于逻辑回归，可用模型显著性的卡方检验和 HL 检验来考察模型的拟合情况。

模型显著性检验。关于模型的显著性检验，可以使用 anova()函数，它能够检验加入一个变量后是否能够提升模型的拟合效果。

代码如下所示：

```
> anova(object=model1,test='chisq')
```

结果如下：

```
Analysis of Deviance Table

Model: binomial, link: logit

Response: rank_

Terms added sequentially (first to last)


        Df Deviance Resid. Df Resid. Dev  Pr(>Chi)
NULL                      99      73.385
number   1   28.967       98      44.418 7.362e-08 ***
---
Signif. codes:  0 '***' 0.001 '**' 0.01 '*' 0.05 '.' 0.1 ' ' 1
```

可以看出，当被解释变量 number 加入后，p=7.362e–08<0.05，表示模型整体显著，拟合优度较好。

HL 检验。HL 检验可以在模型中有连续型解释变量时使用，它主要是检查预测值与真实值的吻合程度。从统计量上来讲，对应的 p 值如果大于 0.05，说明预测值与真实值之间不存在显著差异。反之，如果 p 值小于等于 0.05，则说明预测值与真实值之间有着明显的差异，表明模型拟合度较差。其实现代码和结果如下：

```
> install.packages('ResourceSelection')
> library(ResourceSelection)
> hl = hoslem.test(mydata$weight_, fitted(model1), g=10)
> hl
```

```
        Hosmer and Lemeshow goodness of fit (GOF) test

data:  mydata$weight_, fitted(model1)
X-squared = 10.25, df = 8, p-value = 0.2479
```

可以看出，本研究的 HL 检验对应的 p 值大于 0.05，通过了检验，表明预测值与实际值不存在显著差异，模型拟合度较好。

2. 模型的诊断

在这里，主要介绍如何使用 ROC 曲线来诊断模型。ROC 曲线最早应用于军事和医学领域，全称为受试者工作特征曲线，它主要是为了考察模型的预测效果。举例来说，在医学领域，ROC 的横坐标为受试者的特异性，纵坐标为受试者的敏感度，前者越高意味着漏诊率越低，后者越高意味着误诊率越低。理想状态下，是希望两者都高，因此曲线离对角线越远、曲线下覆盖的面积越大越好，这意味着数据的预测效果就越好。

在 R 语言中，可以使用 library(pROC)代码实现：

```
> library(pROC)
> roc1<-roc(weight_, number, smooth=TRUE)
> plot(roc1)
```

案例 12-3 的 Logistic 模型 ROC 曲线图如图 12-4 所示，可以看出，该曲线离对角线的距离较远，而且曲线下的区域占据了大部分，这表明模型的预测效果较好。

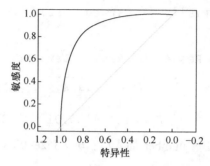

图 12-4　案例 12-3 的 Logistic 模型 ROC 曲线图

12.5　本章小结

本章中，大家学习了虚拟变量及其对应的回归模型。虚拟变量是一类特殊的定类变量，它的取值为 0 和 1，通常反映某个事物的属性，如"男"和"女"、"未超重"和"超重"等，具有不可定量测量和不可分割性。虚拟变量的特性决定了不能简单套用线性回归模型，否则容易出现结果误读和模型误用问题。

根据虚拟变量在回归模型中的位置，介绍了两种情形，即解释变量为虚拟变量的回归模型和被解释变量为虚拟变量的回归模型。在满足建立回归模型的前提下，前者在被解释变量为连续型变量时依旧可以采用线性回归模型，但回归系数的含义发生了变化，主要展现出一种相对性，例如，"相对于女生而言，男生跳的距离要显著更远"等；后者则会使用包括 Logistic 回归在内的广义线性模型，该类模型展示的是概率问题，例如，"H 校本科生环湖跑圈数每增加一圈，不超重的优势会变为原来的 n 倍"等。可见，虚拟变量回归模型与线性回归模型存在较大差异，这提示应充分重视变量形式不同带给回归模型的影响。

需要再次提醒的是，大家不要碰到虚拟变量就着急按本书所述开始操作，在此之前仍需慎重评估建立回归模型的可行性，并进行模型的拟合与诊断。此外，为了方便大家更快入门，本章提供了相对简洁的案例，在实际研究中要根据实际需要丰富模型，以提高研究的科学性，真正让 R 语言这门"手艺"在探索之旅中发挥作用。

第四篇　写给零基础学习者的 R 语言基础

第 13 章　R 语言基本操作

信息时代改变了每个人的生活，日常学习、工作、生活中产生的数据量日益增长，人们无时无刻不被各种各样的数据所包围，需要对数据进行科学合理的获取、分析、表达。数据分析工具是帮助人们更好地理解和呈现数据的高效手段，R 则是众多数据分析工具中的佼佼者。

R 是近年来迅速崛起的应用于数据分析和数据挖掘的编程语言，它由一批统计学家开发，目前已经广泛应用于数据分析、数据挖掘领域。在大数据时代，其"优雅"的编码风格、包罗万象的开发包、强大的数据处理能力，吸引了来自各个领域从事数据分析相关工作的人员。

本章首先介绍编程是门"手艺"的观点，强调信息时代掌握编程这门"手艺"的重要性，同时阐明编程这门"手艺"的可习得性。在此基础上，简要介绍 R 的基础知识，带领大家进入 R 的世界。

13.1　编程是门"手艺"

13.1.1　为什么要学习编程

编程，就是为了完成某项任务，将解决问题的步骤用计算机能够理解的语言写成指令的过程。和人们日常使用的中文、英语一样，编程语言也是一门用于沟通的语言，只不过"编程语言"是人们和计算机沟通的语言。

编程可以把人们从大量重复的数据处理中解放出来。处在信息时代，经常会遇到需要处理海量数据的情况，编程则是帮助处理海量数据的高效手段。例如，收集到了 1949～2020 年全国每一个县(区)级行政单元的人口数据，需要利用这些数据生成全国每一个地级市的人口数据集。这个数据处理工作方法非常简单，不过手动处理需要多次进行重复性的操作。但如果对数据处理过程进行编程，计算机就可以代替人工较快地完成重复性的数据处理工作。

编程可以显著提高工作效率。计算机的出现使得人类的工作效率得到显著提升，其中编程发挥了至关重要的作用。在大多数情况下，专业程序员已经写好的程序就可以满足人们的需求，提升工作效率。但如果当已有的程序或软件无法满足我们的需要时，则需要自己进行编程。

编程在进行重复性操作方面比人工工作更具可靠性。人在进行大量重复操作过程中容易出现疲劳、注意力分散等情况，尤其是在处理大量繁杂的数据时，更容易出错。计算机不知疲劳，也不会眼花，最擅长进行大量的数据处理工作。只要编写的程序可靠，不管重复运算多少次，数据处理的结果都是可靠的。想想上面提到的人口数据处理的例子，用计算机程序处理要比人工处理可靠得多。

13.1.2　编程可以学会吗

编程是门"手艺"，每个人都可以学会。古人靠着常年熟练的功夫，可以制作出各式各样的器物和装饰品。回想一下当见到有人心灵手巧地做出美丽的剪纸或刺绣，心中的艳羡之情时常涌上心头。对于生活在信息时代的人们来说，也得有能够创造价值的"手艺活"，通过在一门手艺上倾注人们的精神、品质、态度，来展示和实现自我价值。编程，就是类似于剪纸、刺绣的手艺，也是通过借助某些工具编制出令人赞叹的"手工制品"。显然，剪纸和刺绣的难度可能比编程的难度要大得多，所以错过剪纸、刺绣的同学们，可以尝试先学习一下编程这门"手艺"！

编程和其他手艺一样，需要经过"分解动作—大量练习—反馈修正"这样反复训练才能学会。当学习一项新的技能时，除了倾注热情和时间以外，还需要掌握一定的方法要领，从而达到事半功倍的效果，更快地体验到"手艺之美"。首先，要对复杂的编程过程进行动作分解，这是进入门槛、循序渐进的基础。其次，需要将分解动作进行大量练习，这是习得手艺、娴于一技的基本保障。最后，要注重反馈修正环节，认识到学习过程中的缺陷并及时修正，这是在正确道路上精进的关键。

总之，通过"分解动作—大量练习—反馈修正"的训练过程，编程这门"手艺"是可习得的。习得编程之后，可以大幅提高人们的工作效率，让人们从大量烦琐、重复的劳动中解放出来。

13.2　编程语言是工具

13.2.1　编程语言的分类

根据编程语言的主要应用领域，可以将编程语言初步划分为两类：一类是给专业程序员使用的编程语言，另一类是给其他领域的专业人员使用的编程语言。给专业程序员使用的编程语言主要有 C++、Java 等，这些语言工具一般效率都比较高，同时对用户的专业要求也比较高。与之对应，给专业程序员之外的其他领域专业人员使用的工具(如 R、Python 等)一般都比较简单易用。这两类语言都可以在特定场景中满足特定人群的需求，就好像流感病毒检测的"医用专业设备"和"民用自测试纸"，都可以满足人们的需求。

13.2.2　编程语言的区别

上述两类编程语言，除了都能满足特定编程需求外，也存在一些明显的区别。给专业程序员使用的编程语言主要有以下特点：语法复杂、学习曲线陡峭、开发效率低、运行效率高、工具箱十分有限等。与之对应，给专业程序员之外的其他领域专业人员使用的编程语言有不同的特点：语法简单、学习曲线平缓、开发效率高、运行效率低、有丰富便捷的专业工具箱。正是由于两者存在以上区别，初学者在接触纷繁复杂的编程语言时，不用过于迷茫，更不可随意盲目选择，要在学习之前进行判断和筛选，找到适合自己的编程语言。

13.2.3　编程语言的选择

合适的语言才是最好的语言。初学者在选择编程语言时常常会有"鱼和熊掌兼得"的想法，将"选择困难症"体现得淋漓尽致。纵使不同编程语言有各自的优缺点，最后都要回到一个最重要的准则上来，那就是是否适合自己。如果选择了一门并不适合自己的语言，可能很难体会到编程这门"手艺"的奥妙，反而会陷入深深的挫败感。所以，在选择编程语言时，可以先尝试回答下面三个问题：我是谁？我为什么要学编程？我应该选择哪一门编程语言？这将有助于厘清思路并做出选择。

关于"我是谁"这个问题，很多读者的答案都是一样的：我们不是专业程序员，而是一名从事统计分析的专业人员。大家学习编程的原因，也并不是为了开发商业化的软件，而是为了更加高效、快捷地处理数据，进行统计分析。所以，给专业程序员用的、太难学的语言不是最佳选择，而给非专业程序员使用的、易学好用、很快可以上手，同时具有较强统计分析功能的编程语言更合适。R 符合上述要求，因此 R 是统计分析专业人员学习编程的一个合理选择。

本书所讲的编程并不是面向专业程序员，而是主要面向统计分析人员。所以本书并不涉及高深的编程语言和编程工具，仅介绍初学者够用的基本编程知识。

13.3　初 识 R

13.3.1　R 的特点

R 是一种为统计计算和绘图而生的语言和环境，有很多值得称道的特点。

首先，R 是免费的。相较于很多价格昂贵的商业统计软件而言，R 对于学生学习和使用具有先天的便利性。

其次，R 是专业的统计研究平台。R 有各种数据分析技术，可以用来处理几乎任何类型的数据分析工作。

再次，R 具有顶尖的制图功能。R 的一系列可视化功能，可以对复杂数据进行精美高效的表达。

最后，R 还有很多优势，如扩展性强，应用面广，可移植性强，学习资源丰富等。

13.3.2　R 安装与操作界面

R 可以在 CRAN(Comprehensive R Archive Network)上免费下载(http: //cran.r-project.org)，Linux、Mac OS X 和 Windows 都有相应编译好的二进制版本。下载安装后，可以启动 R 并见到其操作界面(图 13-1)。

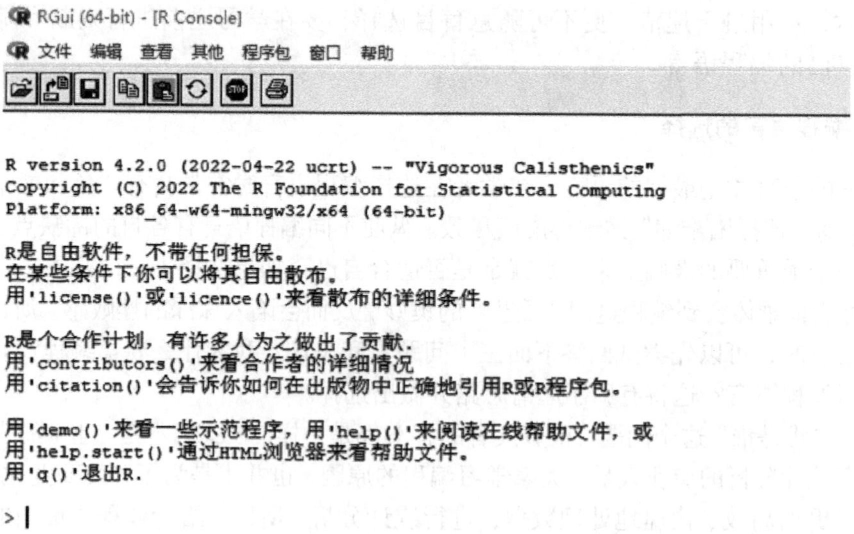

图 13-1　R 的操作界面

　　在不同系统上启动 R 的方式如下：在 Windows 中，可以从开始菜单中启动 R；在 Mac 上，则需要双击应用程序文件夹中的 R 图标；对于 Linux，在终端窗口中的命令提示符下敲入 R 并按回车键即可。

　　为了更加方便地编程，通常需要使用 R 的集成开发环境 RStudio，它提供了一个具有很多功能的环境，使 R 更容易使用。RStudio 可以在官方网站(https: //posit.co/download/rstudio-desktop/)上免费下载。下拉至图 13-2 所示的位置，点击 "DOWNLOAD RSTUDIO DESKTOP FOR WINDOWS"，即可开始下载 RStudio。

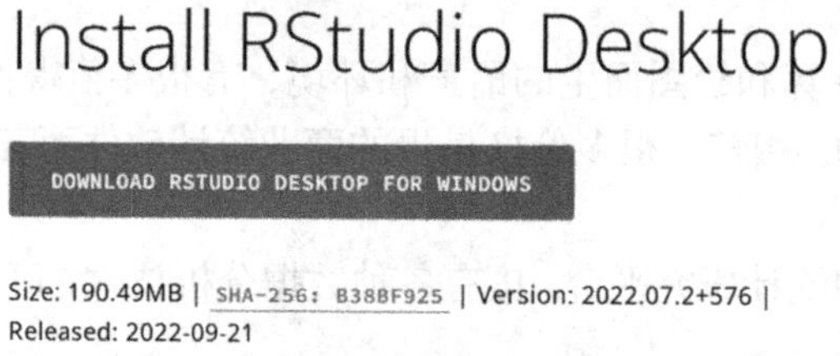

图 13-2　RStudio 的下载界面

　　下载完毕后，双击打开安装包，并按照安装引导逐步进行即可。在安装过程中需要注意的是，RStudio 的安装路径必须设置为纯英文路径。

　　RStudio 安装完毕后，双击打开呈现图 13-3 所示界面：由菜单栏和相应的窗口组成。左侧为"控制台"，是代码的运行窗口，在新建一个脚本文件(Script)后，控制台窗口上面会出现一个脚本编辑窗口用于用户编写代码；右侧上半部分为环境变量窗口，用于显示变量及历史代码等；右侧下半部分为文件管理窗口，用于图表显示、包管理及帮助文档等。可以在脚本编辑器中输入代码，在代码行的最后按回车键就可以运行代码。在环境变量窗口中，可以看到当前工作区的环境概览，可以看到已经导入的数据、已经创建的对象、已经定义的函数等。最后，右下角的文件管理窗口中有多个标签页，可以预览所绘制的图形，并在文件夹中进行导航，查看当前已经安装和加载的软件包。

图 13-3　RStudio 的运行界面

13.3.3　与 R 的简单互动

首先，可以尝试一下基本的数学计算，如"16×26"。

```
>16*26
```

[1] 416

还可以尝试一个具体的例子。请根据收集到的数据(表 13-1)，利用 R 进行基本的统计分析，并计算：①这一组婴儿体重的平均值；②这一组婴儿体重的离散程度；③这一组婴儿的体重和月龄之间是否有关？如果有关，两者是什么关系？

表 13-1　婴儿月龄与体重数据

月龄/月	体重/kg	月龄/月	体重/kg
1	4.4	9	7.3
3	5.3	3	6.0
5	7.2	9	10.4
2	5.2	12	10.2
11	8.5	3	6.1

(1) 步骤 1：需要先把体重和月龄分别用一个向量来表示，用 R 的函数 c() 来实现。

```
> age<-c (1,3,5,2,11,9,3,9,12,3)
> weight <- c (4.4,5.3,7.2,5.2,8.5,7.3,6.0,10.4,10.2,6.1)
```

(2) 步骤 2：可以用 mean()函数和 sd()函数分别求出婴儿体重的平均值和标准差(离散程度)。

```
> mean (weight)
```

[1] 7.06

```
> sd (weight)
```

[1] 2.077498

(3) 步骤 3：为了探究婴儿的体重和月龄之间是否有关系，试着画一个散点图，横轴是月龄，纵轴是体重，每一个婴儿的(月龄，体重)数据对应该散点图上的一个点。散点图用 R 的 plot()函数即可得到。

```
> plot (age, weight)
```

婴儿月龄与体重的关系散点图如图 13-4 所示。

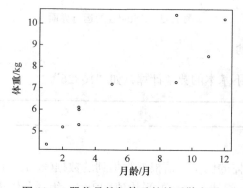

图 13-4　婴儿月龄与体重的关系散点图

从上述散点图可以非常直观地看出：婴儿的体重随着月龄的增加是呈线性增加的。也就是说，婴儿的体重和月龄之间是存在着线性正相关关系的。

为了从数学上验证婴儿的体重和月龄之间是否存在线性正相关关系，可以调用 R 的cor()函数来计算两者的相关系数。

```
> cor (age, weight)
```

[1] 0.9075655

可见，婴儿的月龄和体重的相关系数约为 0.91，说明两者之间存在较强的线性正相关关系。

R 具有非常丰富的功能，可以通过查看相应的帮助文档和文件来了解其原理和说明。R 的内置帮助系统提供了当前安装包中所有函数的细节、参考文献及使用示例。例如，可以利用 help.start() 打开帮助文档，具体可以尝试以下操作：①help("function")或? fun；②help.search("fun")；③example("function")。

函数 help.start() 会打开一个浏览器窗口，可以查看入门和高级的帮助手册、常见问题集，以及参考材料(图 13-5)。

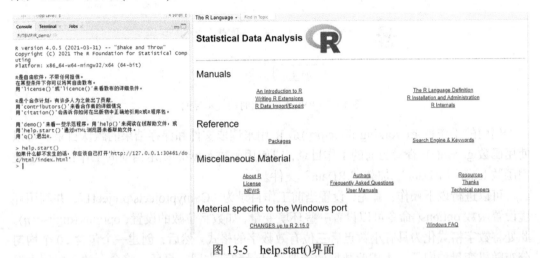

图 13-5　help.start()界面

函数 help.search() 可以在在线帮助手册和 R-Help 邮件列表的讨论存档中搜索指定主题，并在浏览器中返回结果(图 13-6)。

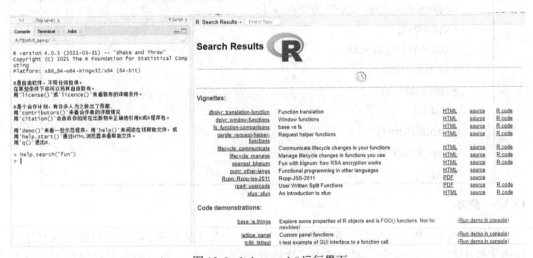

图 13-6　help.search()运行界面

13.3.4　工作空间

工作空间(workspace)就是当前 R 的工作环境，它储存着所有用户定义的对象(向量、矩阵、函数、数据框、列表)。当结束或暂停数据处理(如上述针对婴儿体重和月龄的操作)，打算关闭 RStudio 时，系统会提示是否需要保存工作空间(图 13-7)。这是由于在进行数据处理时，系统会将操作所产生的对象和中间结果暂存在工作空间中。可以将这些对象和中间结果保存，以方便再次打开 RStudio 时继续之前的数据处理，直接调用保存到工作空间中的对象。所以，每次退出 RStudio 时，可以根据自己的需求，按系统提示将这些对象保存到相应的工作空间中去。

图 13-7　RStudio 关闭时的提示界面

当前的工作目录(working directory)是 R 用来读取文件和保存结果的默认目录。可以使用函数 getwd()来查看当前的工作目录，或使用函数 setwd()设定当前的工作目录，或使用函数 load(".RData")加载".RData"文件。

可以进行以下操作：首先，设置当前工作目录为"C:/myprojects/project1"，并利用环境设置函数 options()命令可以设置一些环境变量，如数字位数的设置，options (digits = n)。此处将数字格式化为具有小数点后三位有效数字的格式。然后，创建一个包含 20 个均匀分布随机变量的向量，生成此数据的摘要统计量和直方图。最后，将命令的历史记录保存到文件.Rhistory 中，工作空间(包含向量 x)保存到文件.RData 中，会话结束。

```
> setwd (" C:/myprojects/project1")
> options ()
> options (digits = 3)
> x<-runif (20)
> summary (x)
> hist (x)
> savehistory ()
> save.image ()
> q ()
```

13.3.5　脚本

脚本(script)，其实就是把一连串的命令写在一个文本文件中，需要的时候可以直接运行该文件中的一连串命令。脚本可以一次性执行很多语句，而且脚本保存以后可以反复调用。因此，可以借助脚本来增强可用性。什么时候需要使用脚本呢？当需要反复调用命令，或需要调用一系列命令集时，可以将命令集写在一个脚本文件中，然后调用脚本就可以直接将结果输出到多类目标中。

如何新建脚本并运行脚本中的命令呢？关于新建脚本，可以在 RStudio 中创建脚本文件(.R)并执行，通过依次点击 File→New File→R Script(图 13-8)实现。

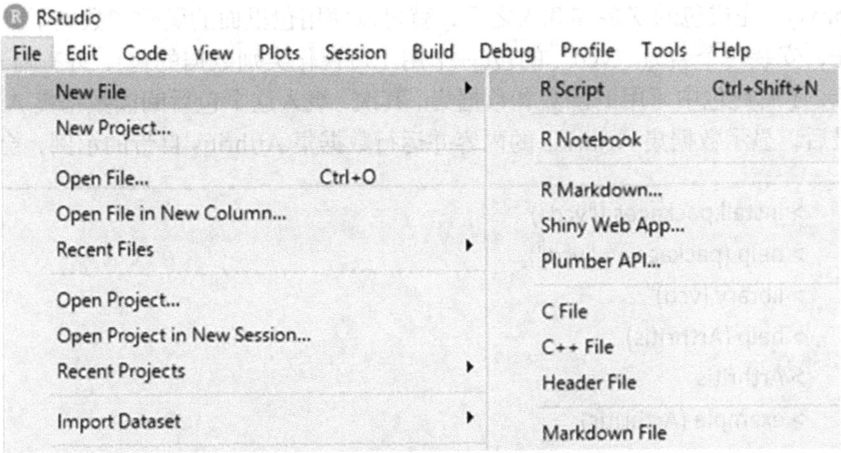

图 13-8　创建脚本文件的操作界面

当想要运行脚本中的命令时，选中命令行点击"Run"就可以运行相关代码。当然，还可以用 source（"filename"）直接调用整个脚本文件。

具体操作如下：首先，新建一个脚本，在脚本中输入包含以下命令的命令行；其次，选中这 3 行命令点击运行，便可将"Hello,SLS"打印输出 10 次。最后，将脚本保存为"temp3.R"后，在控制台处输入 source("temp3.R")，也可以达到同样的效果。

```
setwd("D:/")
myString<-"Hello,SLS! "
for (i in 1:10)
{print (myString)}
source("temp3.R")
```

```
[1] "Hello,SLS! "
[1] "Hello,SLS! "
[1] "Hello,SLS! "
[1] "Hello,SLS! "
[1] "Hello,SLS! "
[1] "Hello,SLS! "
[1] "Hello,SLS! "
[1] "Hello,SLS! "
[1] "Hello,SLS! "
[1] "Hello,SLS! "
```

13.3.6　包

包(package)是为了某个特定的功能而封装在一起的函数、数据的集合。大家可以把 R 里的"包"理解成用于解决特定功能的工具箱。R 自带了一系列默认包(包括 base、datasets、utils、grDevices、graphics、stats 及 methods)，它们提供了种类繁多的默认函数和数据集。除了默认包外的其他有需要的包可通过命令 install.packages()进行下载和安装，如专门画图的包、专门分析地理数据的包等。安装好以后，必须被载入会话中才能使用，所以需要输入 library()。完成包的安装和载入之后，就可以使用包里面的函数和数据了。

　　首先，安装一个名为"vcd"的包(一个用于可视化类别数据的包)，并查看这个包的帮助文档，了解此包中可用的函数和数据集。其次，载入这个包后阅读数据集 Arthritis 的描述。最后，显示数据集 Arthritis 的内容并运行数据集 Arthritis 自带的示例，会话结束。

```
> install.packages ("vcd")
> help (packages = "vcd")
> library (vcd)
> help (Arthritis)
> Arthritis
> example (Arthritis)
> q ()
```

13.4　本 章 小 结

　　本章介绍了学习编程这门手艺的重要性、可习得性。同时，介绍了 R 具有易学好用、很快可以上手、统计分析功能较强等特点，非常适合从事统计分析的专业人员使用。除此之外，为了让读者能够对 R 形成总体的认识，本章还介绍了 R 的基本操作，从 R 的下载安装和基本示例出发，介绍了 R 的工作空间、脚本、包等内容。最后，需要说明的是，在学习编程的过程中，希望读者能够结合自己在专业领域、日常生活中的思考，以更加充分地探索 R 丰富的功能。

第 14 章　R 语言数据组织与基本数据管理

学习 R 的主要目的是处理数据，在使用 R 进行数据处理之前，需要先告诉计算机如何组织和管理数据。我们在组织与管理数据的时候，往往借助了已经积累的知识和经验，但计算机并不具备这些知识和经验，因此必须先教会计算机如何组织与管理数据。举一个例子，同样是数字 1，但是在不同场景下"1"所表达的意义是完全不一样的：我有 1 个苹果；小明的衣服上有一个大大的"1"。对于人类而言，"我有 1 个苹果"里面的"1"是表示数值，而"小明的衣服上有一个大大的'1'"里面的"1"表示字符。计算机并不能直接判断数据的类型。所以，需要把这个信息传递给计算机。再举一个例子，某一班级有 20 个同学，数学成绩分别是 91、81、78、69、82、76、72、62、65、81、87、73、73、85、74、74、64、70、82、67。这 20 个数字可以组成一个一维数组，借助计算机对这个一维数组进行分析，就可以很快计算出全班同学的平均成绩、成绩的离散程度等。但是如果没告诉计算机这 20 个数字是一个一维数组，计算机是无法直接识别的。

可见，当面对不同类型的数据时，能够基于自身已经形成的认知，在大脑中自动识别数据类型和数据组织方式。但是，计算机并不具备这个能力，所以，必须告诉计算机所要分析数据的类型和组织方式，这样计算机才能开展后续数据分析。因此，本章将首先介绍 R 的基本数据类型及与之对应的基本运算，在此基础上讲解 R 的数据结构(即数据组织方式)，最后介绍数据输入及 R 的基本数据管理操作。

14.1　R 的基本数据类型

14.1.1　什么是数据类型

在现实中，经常需要处理如表 14-1 所示的数据，这是某高校学生体测成绩的数据表。从表 14-1 中可以发现不同列的数据具有不同的特点。例如，学号虽然都是用数字表示，但是这些数字是用来给学生编号的，代表各学生的学号，所以比较数字的大小并没有意义；出生日期也是由数字组成的，这些数据表示具体的日期；籍贯和性别是用字符表示的；身高、体重、短跑成绩、长跑成绩、立定跳远成绩、坐位体前屈成绩、腹部力量成绩等都是用数字表示的，并且这些数字具有具体的物理意义，可以比较大小。需要注意的是，在进行数据分析之前，需要对不同类型的数据进行定义，并且将数据类型告诉计算机，计算机才能基于这些基本信息进行后续的分析。如果在数据分析之前，不告诉计算机关于数据类型的信息，计算机会"蒙圈"或者出错。

表 14-1　某高校学生体测成绩

序号	出生日期	籍贯	性别	身高	体重	短跑成绩	长跑成绩	立定跳远成绩	坐位体前屈成绩	腹部力量成绩
1	1994/06/12	SD	M	164	60	60	60	60	60	64
2	1994/12/30	HB	M	163	57	70	68	20	72	0
3	1997/09/09	HB	F	155	49	70	76	72	90	64
4	1997/06/20	JL	F	156	40	66	66	40	62	64
5	1998/04/27	HLJ	F	152	50	74	80	64	80	66
…	…	…	…	…	…	…	…	…	…	…

14.1.2　R 常用的数据类型

R 常用的数据类型有数值型(numeric)、复数类型(complex)、布尔型或逻辑型(logical)、缺失数据(NA)、字符串类型(character)和原始数据类型(raw)。在 R 中，可以用 typeof()函数来查看数据类型。在 R 中，不需要显式地指定每一个变量的类型，但是在给变量赋初值的时候，计算机会自动给变量指定一个数据类型。当然，也可以用以 as.开头的函数强制改变某个变量的数据类型。

1. 数值型(numeric)

数值型数据是 R 最常见的数据类型。如表 14-1 中的身高、体重、短跑成绩等均为数值型。数值型又可以进一步细分为整数型(integer)和实数型(double)两个类型。
例如：

```
> height <- 170
```

这个语句并没有告诉计算机 height 是一个数值型变量。但是，由于给 height 变量赋的初值是 170 这个数值，计算机就默认 height 为数值型变量。我们可以用 typeof()函数来识别 height 的数据类型。

```
> typeof (height)
```

在 R 环境下执行上述命令，会得到"double"这个输出。可见计算机不仅默认 height 是数值型，而且还默认 height 是数值型(numeric)里面的实数型(double)。

细心的读者可能会产生疑问：明明 170 这个数是整数，为什么计算机会默认 height 是实数呢？其实是因为不管整数还是实数，都可以用实数来表示。计算机并不知道 height 这个变量当前是 170，在后面会不会被赋值为 170.3。如果在最开始的时候，就默认 height 是整数型，那后面遇到 height = 170.3 这种情况的时候，计算可能会出错。所以，为了保险起见，R 在执行完"height <- 170"这个命令之后，就默认 height 为实数型变量。

当然，如果数据分析人员非常有把握 height 所有的取值都是整数(如收集身高数据时就只精确到厘米)，那也可以把 height 强制转换为整数型。

```
> height <- 170
```

```
> height <- as.integer(height)
> typeof(height)
```

[1] "integer"

数值型数据还有一种特殊的类型：复数类型(complex)。复数是实数的延伸。任一复数都可表达为 $a+bi$，其中 a 和 b 都为实数，分别称为复数的实部和虚部；而 i 为虚数单位，它是 -1 的平方根，即 $i^2 = -1$。在 R 中，复数的基本运算均可实现。

```
> z1 <- 2 - 3i
> z2 <- 1 + 4i
> z1 + z2
```

[1] 3+1i

2. 布尔型或逻辑型(logical)

布尔型数据也称为逻辑型数据(logical)，可能的取值仅有两个，即 TRUE 与 FALSE。需要注意的是，R 是区分大小写的，小写的 true 或 True 不能代表 TRUE。逻辑型数据常用来对现有数据格式进行检查，或进行长逻辑之间的衔接等。例如，分别定义逻辑型数据 a、b，如下所示。

```
> a<- is.numeric(123.4)
> b<- is.integer(123.4)
```

3. 缺失数据(NA)

缺失数据(NA)是指获取的原始数据中由于缺少信息而造成的数据的聚类、分组、删失或截断。它指的是现有数据集中某个或某些属性的值是不完全的。例如，模拟一个存在缺失值的数据框，na 列第 10 行与第 12 行的数据为缺失值，gr 列第 4 行与第 8 行数据为缺失值，如下所示：

```
>missing<-data.frame(na=c(12,22,55,66,8,9,0,12,44,NA,55,NA),
gr=c(1,3,4,NA,45,67,44,NA,55,67,22,5)
```

	na	gr
1	12	1
2	22	3
3	55	4
4	66	NA
5	8	45
6	9	67
7	0	44
8	12	NA
9	44	55
10	NA	67
11	55	22
12	NA	5

4. 字符串类型(character)

字符串(string)是由数字、字母、下划线组成的一串字符，它在 R 中往往用来表达文本数据类型。字符串在储存上类似于字符数组，每一个元素都是可以提取的。在具体的操作中通常将字符串看作一个整体，可以对单个字符串进行很多处理，如求字符串的长度，这在循环代码中非常重要！也可以在字符串中查找某个子串、在某个位置插入或删除一个子串等。

```
> a<-"abc"
> nchar(a)
```

[1] 3

```
> substr(a,2,3)
```

[1] "bc"

5. 原始数据类型(raw)

原始数据类型(raw)在日常计算中运用较少，一般用来存储数据的原始字节，具体例子如下所示。

```
> charToRaw("rlanguage")
```

[1] 72 6c 61 6e 67 75 61 67 65

14.2　R 的基本运算

在计算机里对数据进行的操作都可以称为"运算"。R 的基本运算包括算术运算、比较运算和逻辑运算。

14.2.1　算术运算

相信读者对算术运算并不陌生，不过 R 常见的算术运算除了非常熟悉的加、减、乘、除、乘幂以外，还有大家不太熟悉的模运算、整数除法等。

加、减、乘、除、乘幂在 R 里面分别用如下运算符来表达：+(加)、−(减)、*(乘)、/(除)、^(乘幂)。

```
> 3 + 2
```

[1] 5

```
> 7 − 1
```

```
[1]  6
```

```
>3 * 7
```

```
[1]  21
```

```
>9 / 2
```

```
[1]  4.5
```

```
>2 ^ 3
```

[1] 8

　　"模"是"Mod"的音译。模运算在平时的数据分析中不太常用，但是在采用计算机编程进行数据分析的时候非常有用。模运算实际上是求余数的运算。例如，模运算可以帮助我们判断奇偶数、质数，也可以分析最大公约数，甚至可以求解恺撒密码等难题。在 R 中"模运算"的运算符是"%%"。如：

```
>8 %% 3
```

[1] 2

　　整数除法是整数的运算法则。与除法不同的是，被除数与除数均为整数，商也是整数(是被除数与除数的商的整数部分，取整而不是四舍五入)。在 R 中，整数除法的运算符是"%/%"。如：

```
>8 %/% 3
```

[1] 2

```
>10 %/% 3
```

[1] 3

14.2.2　比较运算

　　比较运算是比较两个量之间的关系。具体来说，两个量之间的关系有大于、小于、大于等于、小于等于、等于和不等于，在 R 中分别用>、<、>=、<=、==和!=来表示。比较运算的结果为逻辑变量(TRUE 或者 FALSE)。如：

```
>1 > 2
```

[1] FALSE

```
>1 == 1
```

```
[1] TRUE
```

```
> 1 != 1
```

```
[1] FALSE
```

14.2.3 逻辑运算

在计算机语言中,有一类特殊的变量,称为逻辑变量。逻辑变量只有两个取值: TRUE 和 FALSE,分别表示"真"和"假"。逻辑运算是指对逻辑变量进行的运算,具体包括逻辑"与"(&&)、逻辑"或"(||)、逻辑"非"(!)、向量的逻辑"与"(&)、向量的逻辑"或"(|),其中括号内的符号是各逻辑变量在 R 中的运算符。

逻辑"与"运算是判断两个变量是否均为真。如果两个变量均为真,则运算结果为真;否则,运算结果为假。如:

```
> TRUE && TRUE
```

```
[1] TRUE
```

```
> (1 == 1) && (1 == 2)
```

```
[1] FALSE
```

```
> (1 != 1) && (3 > 1)
```

```
[1] FALSE
```

逻辑"或"运算是判断两个变量中是否至少有一个为真。如果两个变量中至少有一个为真,则运算结果为真;否则,运算结果为假。

```
> FALSE || FALSE
```

```
[1] FALSE
> (1 == 1) || (1 == 2)
[1] TRUE
> (1 != 1) || (3 > 1)
[1] TRUE
```

逻辑"非"运算是对逻辑变量进行取反操作。如果逻辑变量的值为 TRUE,则对该变量进行逻辑非操作的运算结果为 FALSE;反之亦然。

```
> !FALSE
```

```
[1] TRUE
```

```
>   !(1 == 1)
```

[1] FALSE

```
> ! (1 != 1)
```

[1] TRUE

　　向量的逻辑"与"、向量的逻辑"或"是针对向量进行的逻辑运算。以向量的逻辑"与"为例,当两个向量对应位置的元素取值均为 TRUE 时,结果对应位置的元素取值为 TRUE;否则,结果对应位置的元素取值为 FALSE。如:

```
> a1 <- c(TRUE, FALSE, TRUE, FALSE, TRUE, FALSE)
> a2 <- c(FALSE, TRUE, TRUE, FALSE, FALSE, TRUE)
>a1 & a2
```

[1] FALSE FALSE   TRUE FALSE FALSE FALSE

14.2.4　运算次序

　　当运算比较复杂,一个表达式里包含有多个运算符时,运算次序就变得很重要了。一般而言,运算次序遵循如下规则:
　　(1) 括号里的表达式先计算;
　　(2) 较高优先级的运算先被执行(R 各种运算符的优先级如表 14-2 所示);
　　(3) 对于相同优先级的运算符,先做左边的运算。

表 14-2　R 各种运算符的优先级

运算符级别	运算符	运算符含义
第 1 级 (最高级)	^	乘幂
	+	仅作为前缀时(取正)
	-	仅作为后缀时(取负)
	!	非
第 2 级	*	乘
	/	除
第 3 级		仅作为中缀时(加)
		仅作为中缀时(减)
第 4 级	<,<=,>,>=,==,!=	—
第 5 级	&,&&,|,||	—

14.3　R 的数据结构

通常需要用 R 来处理大量的数据。当数据量较大时，就需要用一定的形式把数据组织起来，以便于计算机处理。R 的数据结构就是 R 对数据的组织形式。常用的 R 数据结构有向量、矩阵、数组、列表、数据框、因子等。

14.3.1　一维同质表达——向量

在生活中经常碰到这样的问题：全班同学某一课程成绩的平均值是多少？要回答上述问题，需要知道每一位同学的课程成绩。假设一个班级有 10 个人，这 10 位同学的短跑成绩分别是 68、85、72、70、62、76、64、64、70、60。很显然，上述 10 个数据中每一个数据类型都是一样的，均表示学生的短跑成绩。在这种情况下，在 R 里我们可以用向量(vector)来组织这 10 个数据。具体而言，可以用函数 c() 来创建一个向量，如下所示：

```
> sprint<-c(68,85,72,70,62,76,64,64,70,60)
```

创建向量之后，便可以调用相关的函数对向量进行操作。例如，要计算平均值，可以使用函数 mean()。

```
> mean(sprint)
```

```
[1] 69.1
```

当然，也可以对"sprint"这个向量进行其他操作。例如，要提取第 3 位同学的短跑成绩，则可以输入如下命令：

```
> sprint[3]
```

```
[1] 72
```

如果要提取第 2 位~第 8 位同学的短跑成绩，则可以输入如下命令：

```
> sprint[2:8]
```

```
[1] 85 72 70 62 76 64 64
```

如果要提取短跑成绩高于 70 分的同学成绩，则可以输入如下命令：

```
> sprint[sprint>70]
```

```
[1] 85 72 76
```

除了可以用 c() 函数创建向量之外，R 还可以用其他函数，如 seq() 函数或冒号，创建向量。例如，想生成一个由 20~40 的偶数构成的向量，可以输入如下命令来实现：

```
> seq(from = 20, to = 40, by = 2)
```

```
[1] 20 22 24 26 28 30 32 34 36 38 40
```

如果想生成一个 1~100 的整数构成的向量，可以输入如下命令来实现：

```
>1:100
```

```
[1]    1   2   3   4   5   6   7   8   9  10  11  12  13  14  15  16  17  18  19  20
[21]  21  22  23  24  25  26  27  28  29  30  31  32  33  34  35  36  37  38  39  40
[41]  41  42  43  44  45  46  47  48  49  50  51  52  53  54  55  56  57  58  59  60
[61]  61  62  63  64  65  66  67  68  69  70  71  72  73  74  75  76  77  78  79  80
[81]  81  82  83  84  85  86  87  88  89  90  91  92  93  94  95  96  97  98  99 100
```

14.3.2　二维同质模式——矩阵

人们经常也会碰到这样的情况，当获得的是一个由众多样本构成的样本集，同时，每个样本还包含不同的属性值，希望将其完整保存起来，以便未来直接调用与计算。例如，一个班级有 10 个人，我们得到了这 10 个人的短跑成绩和坐位体前屈成绩的数据。很显然，这个样本集一共有 10×2=20 条数据，虽然可以运用向量将其保存，但是每个数据的标签，或者数据结构就会丢失。在这种情况下，可以用矩阵(matrix)实现数据的保存。

具体而言，在 R 里面，运用 matrix()函数就可以创建矩阵，其一般形式为：matrix(data, nrow, ncol, byrow, dimnames)。式中，data 为矩阵的数据元素输入向量；nrow 为矩阵的行数；ncol 为矩阵的列数；byrow 为矩阵应当按行填充(byrow=TRUE)，还是按列填充(byrow=FALSE)，默认情况下会按列填充；dimnames 为分配给行和列的名称。具体操作如下：

```
> a<-
matrix(c(68,85,72,70,62,76,64,64,70,60,78,85,85,76,72,72,76,85,72,74),
nrow=10,ncol=2,byrow=FALSE,dimnames = list(1:10, c("sprint", "long")))
> a
```

```
   sprint long
1      68   78
2      85   85
3      72   85
4      70   76
5      62   72
6      76   72
7      64   76
8      64   85
9      70   72
10     60   74
```

引用矩阵的方法与向量相似，可以使用下标和方括号对目标矩阵中的行、列或元素进行提取：矩阵名[行下标,列下标]。

例如，如果要提取上述矩阵中的第 2 列数据，则可以输入如下命令：

```
> a[,2]
```

```
 1  2  3  4  5  6  7  8  9 10
78 85 85 76 72 72 76 85 72 74
```

类似地，如果要提取第 1 行的数据，则可以输入如下命令：

```
> a[1,]
```

```
sprint    long
   68      78
```

除此之外，还可以提取矩阵的子矩阵。例如，想提取第 1～3 行、第 1～2 列的数据形成一个单独的矩阵。

```
> a[1:3,1:2]
```

```
  sprint long
1    68   78
2    85   85
3    72   85
```

14.3.3　矩阵多维延展——数组

进一步思考，假设有 2 个班级的学生，每个学生均有相关属性数据，如果想按照不同的班级对信息进行储存，则要用到数组(array)。数组可以看作矩阵的升级，其维度大于 2。首先将每个班级的学生数据储存在不同的矩阵中，再将几个矩阵放入数组即可。数组可以通过 array()函数来创建，其形式为 array(data = NA, dim = length(data), dimnames = NULL)。式中，data 为数据组成的向量；dim 为数值型向量，代表各维度下标的最大值；dimnames 为各维度名称标签的列表，为可选项。

数组可以看作矩阵的自然推广，通过一个例子进一步了解数组的结构：构建两个向量 a1、a2，然后形成包含两个 10×2 矩阵的数组，其中数据根据两个向量依次填充，具体如下所示：

```
> a1<-c(68,85,72,70,62,76,64,64,70,60,78,85,85,76,72,72,76,85,72,74)
> a2<-c(66,74,74,68,80,60,62,70,66,76,70,90,70,74,74,80,80,78,66,90)
> array1<-array(c(a1,a2),dim = c(10,2,2))
> array1
```

```
, , 1

      [,1] [,2]
 [1,]   68   78
 [2,]   85   85
 [3,]   72   85
 [4,]   70   76
 [5,]   62   72
 [6,]   76   72
 [7,]   64   76
 [8,]   64   85
 [9,]   70   72
[10,]   60   74
```

```
, , 2

      [,1] [,2]
 [1,]   66   70
 [2,]   74   90
 [3,]   74   70
 [4,]   68   74
 [5,]   80   74
 [6,]   60   80
 [7,]   62   80
 [8,]   70   78
 [9,]   66   66
[10,]   76   90
```

与矩阵一样，数组中的数据格式也是同质化的。同样地，也可以对数组中的元素进行引用。例如，要调用第一组数据中的第一行数据，则输入如下命令：

```
> a1<-array1[1,,1]
> a1
```

```
[1]  68  78
```

14.3.4　对象有序集合——列表

数组可以将不同矩阵数据进行处理，并形成一个可以直接调用的数据结构。但是，如果需要整合的数据不仅仅包括矩阵，还包括其他数据类型时怎么办？例如，需要储存的数据包括向量、矩阵等，这时就需要用到列表(list)。列表是一种特殊的对象的集合，它的元素也由下标进行区分，但是每个元素的类型可以是异质的。列表的元素本身可以是上述复杂的数据类型，当然列表的元素也可以为列表。

举一个具体的例子，如果想要储存 Wangyu 同学的 2 项体测成绩，那么可以利用 list() 函数形成一个列表：

```
> wangyulist <- list(name = "Wangyu", age = 16, score=c(73,74))
> wangyulist
```

```
$name
[1]  "Wangyu"

$age
[1]  16

$score
[1]  73 74
```

引用列表中的元素有两种方法，一种是通过数据标签，另一种是直接读取数据。例如，想读取他的年龄，可以输入以下两种命令：

```
> wangyulist$age
```

```
[1]  16
```

```
> wangyulist[[2]]
```

[1] 16

除此之外，还可以对列表中的向量(或数组等)进行读取：

```
> wangyulist[[3]][2]
```

[1] 74

若想添加更多 Wangyu 的信息，则需要在原有列表中插入元素。例如，目前 Wangyulist
共有 3 个元素，需要再定义一个新的元素，则列表总长度变为 4：

```
> wangyulist$sex = "male"
```

同时也可以删除现有列表中的元素，如下所示：

```
> wangyulist[-1]
```

14.3.5　二维不同模式——数据框

数据框(dataframe)是一种特殊的列表，可以理解为常见的数据表格。数据框通常是
由数据构成的一个矩形数组，行表示观测对象，列表示变量。例如，我们储存一个班
级的体测成绩数据，行代表每个学生的体测成绩数据，列代表不同的体测项目，如短
跑、坐位体前屈等，每个样本具有相同的属性特征，只不过取值不一样。

相比之下，数据框具有以下特征：

(1) 数据框是较为规则的列表。

(2) 数据框的每一列中所有数据必须为同一类型，但是每一行中的数据可以为不
同类型。

数据框可以通过 data.frame()创建，其格式为：data.frame(col1,col2,col3,…)，其中的列
向量 col1,col2,col3,…可为任何类型(如 int，character，bool 等)，每一列的名称可由函数
names 进行指定。例如，要构建一个班级学生短跑成绩与坐位体前屈成绩的数据框，命令
如下所示：

```
> ID<-c(letters[1:10])
> Name <-c('Wangyu','Jiao zhichao','Zhuqi','Wangqing','Liru', 'Guanglei',
'Wangshuo','Wangnan','Sunhui','Xieyang')
> Gender <-c('female','female','female','male','female', 'male','female',
'female','female','female')
> Age <-c(18,20,19,21,17,21,18,19,17,22)
> sprint<-c(68,85,72,70,62,76,64,64,70,60)
> SFF<-c(78,85,85,76,72,72,76,85,72,74)
```

```
> df1<-data.frame(ID,Name,Gender,Age,sprint,SFF)
> df1
```

```
   ID        Name Gender Age sprint SFF
1   a      Wangyu female  18     68  78
2   b Jiao zhichao female  20     85  85
3   c       Zhuqi female  19     72  85
4   d    Wangqing   male  21     70  76
5   e        Liru female  17     62  72
6   f    Guanglei   male  21     76  72
7   g    Wangshuo female  18     64  76
8   h     Wangnan female  19     64  85
9   i      Sunhui female  17     70  72
10  j     Xieyang female  22     60  74
```

需要注意：每一列的数据格式统一是通过向量实现的，数据框的组成可以看作将不同类型的向量进行组合，进而形成了包含不同数据类型的数据框。

类似地，可以利用下标或列表名称进行相应数据的引用。例如，我们想抽取某一特定列，符号$可以用来抽取给定数据框中的某个特定变量(列)，如下所示：

```
> df1[1]
> df1$Name
```

```
   ID
1   a
2   b
3   c
4   d
5   e
6   f
7   g
8   h
9   i
10  j
```

```
[1] "Wangyu"       "Jiao zhichao" "Zhuqi"        "Wangqing"     "Liru"
[6] "Guanglei"     "Wangshuo"     "Wangnan"      "Sunhui"       "Xieyang"
```

还可以对数据框添加或修改变量(列)，例如，要增加一列长跑成绩的数据，或者要对原来学生的短跑成绩数据进行修改：

```
> df1$long=c(74,74,68,62,64,76,64,62,62,60)
> df1$sprint=c(98,78,66,70,62,76,64,78,84,88)
> df1
```

```
    ID          Name Gender Age sprint SFF long
1   a        Wangyu female  18     98  78   74
2   b Jiao zhichao female  20     78  85   74
3   c         Zhuqi female  19     66  85   68
4   d       Wangqing  male  21     70  76   62
5   e          Liru female  17     62  72   64
6   f      Guanglei  male  21     76  72   76
7   g      Wangshuo female  18     64  76   64
8   h       Wangnan female  19     78  85   62
9   i        Sunhui female  17     84  72   62
10  j       Xieyang female  22     88  74   60
```

也可以删除观察值或变量(行或列)，通用函数为：数据框名[-下标值,]或数据框名[, -下标值]。例如，要删除第 5 行记录，或者要删除性别记录：

```
> df2=df1[-5,]
> df2
```

```
    ID          Name Gender Age sprint SFF long
1   a        Wangyu female  18     98  78   74
2   b Jiao zhichao female  20     78  85   74
3   c         Zhuqi female  19     66  85   68
4   d       Wangqing  male  21     70  76   62
6   f      Guanglei  male  21     76  72   76
7   g      Wangshuo female  18     64  76   64
8   h       Wangnan female  19     78  85   62
9   i        Sunhui female  17     84  72   62
10  j       Xieyang female  22     88  74   60
```

14.3.6　特殊变量集合——因子

还会遇到一类特殊的数据类型，例如，学生们的短跑成绩分为 poor、improved、excellent 三个等级，或者体重评分分为"低体重""正常""肥胖""超重"四个等级等，在统计学中将其称为定序(有序型)变量；例如，学生们是否有重大病史分为"有""无"，将这类变量称为定类(名义型)变量。定类变量和定序变量在 R 中称为因子(factor)。因子是 R 中比较特殊的一个数据类型，它决定了数据分析的方式与呈现，它用于存储类别变量。举个例子，依据性别划分，通常可以把人分为男性和女性；依据年龄划分，则可以把人分为未成年人(<18 岁)和成年人(≥18)。

函数 factor()以一个整数向量(int)的形式存储类型值，整数取值范围 $\in [1, k]$，其中整数 k 为定类变量中的类型总个数，同时一个由字符串(原始值)组成的内部向量将映射到这些整数上。例如，重大病史分为"有"与"无"两类，则以下实例设置因子水平为 c("Flase"，"True")：

```
>history<-c("False","True","True","True","True","True","True","True","True",
"False")
```

```
> history <- factor(history)
> history
```

```
[1] False True   True   True   True   True   True   True   True   False
Levels: False True
```

对于定序变量，生成的因子水平(levels)是有实际意义的，例如，短跑成绩中 poor、improved、excellent 三种等级呈现递增趋势，则需要通过命令指定 sprint 的因子水平是有序的：

```
> sprint <-c("poor","improved","excellent")
> sprint <-factor(sprint, ordered = TRUE, levels = c("poor", "improved", "excellent"))
> sprint
```

```
[1] poor      improved  excellent
Levels: poor < improved < excellent
```

14.4　R 的数据输入

R 可从多种途径导入数据，包括键盘录入、文本文件、Microsoft Excel 和 Access、流行的统计软件、特殊格式的文件、多种关系型数据库管理系统、专业数据库、网站和在线服务等。

14.4.1　使用键盘输入数据

用键盘输入数据是最简单的数据输入形式，利用函数 edit()自动调用的文本编辑器进行操作，它支持手动输入数据，具体操作如下：

(1) 创建一个空数据框(或矩阵)，并定义变量名和变量的模式。

(2) 调用文本编辑器，根据数据对象输入数据，得到的结果需要保存回此数据对象中。

例如，创建一个含有三个变量：age(数值型)、gender(字符型)和 weight(数值型)，名为 newdata 的数据框，然后通过 newdata<-edit(newdata)或者 fix(newdata)调用文本编辑器，键入数据，最后保存结果。

```
newdata <- data.frame(age = numeric(0), gender = character(0), weight = numeric(0))
newdata <- edit(newdata)
```

像 age=numeric(0)这样的赋值语句将创建一个指定模式但不含实际数据的量。因为函数 edit()实际上是在对象的一个副本上进行操作的，所以需要将编辑的结果赋值回对象本身，反之，如果不将其赋值到一个目标，则会丢失所有的修改。

在 Windows 上函数 edit()的结果示意图如图 14-1 所示。

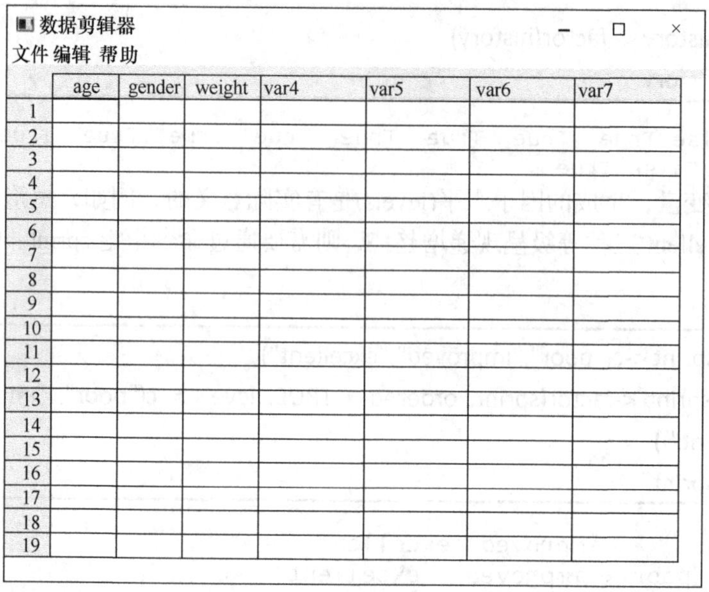

	age	gender	weight	var4	var5	var6	var7
1							
2							
3							
4							
5							
6							
7							
8							
9							
10							
11							
12							
13							
14							
15							
16							
17							
18							
19							

■ 数据剪辑器
文件 编辑 帮助

图 14-1　函数 edit()的结果示意图

使用键盘输入数据的方式，对于处理小数据集比较方便有效，但是处理较大数据集的时候，还是需要从已有的文本文件、Excel 电子表格、统计软件或数据库中导入数据。

14.4.2　从带分隔符的文本文件导入数据

可以用 read.table()函数从带分隔符的文本文件中导入数据。该函数可读入一个表格格式的文件并将其保存为一个数据框，文件中每一行分别对应表格的每一行。它的语法如下：

```
mydata <- read.table(file, header=TRUE, sep="delimiter",row.names="name")
```

其中，file 是一个 ASCII 文本文件，其中带分隔符；header 是一个逻辑值(TRUE 或 FALSE)，用来表明首行是否包含变量名；sep 是分隔符，用来指定分隔数据；row.names 是一个可选参数，用来指定一个或多个表示行标识符的变量。

例如：

```
costs<-read.table("cost_wh.csv",header=TRUE,sep=",",row.names="STUDENTID")
```

读入了一个名为 cost_wh.csv 的逗号分隔文件，从文件的第一行取得各变量名称，指定行标识符为变量 STUDENTID，最后将结果保存到了名为 costs 的数据框中。

这里要强调的是参数 sep 默认是 sep=""，这表示了一个或多个空格、制表符、换行或回车。一般使用 sep=","来读取用逗号分隔行内数据的文件，使用 sep="\t"来读取使用制表符分割行内数据的文件。

14.4.3　导入 Excel 数据

对于读取 Excel 文件，比较便捷的方法是 Excel 文件导出为逗号分隔文件(csv)，并使用 14.4.2 节中描述的方式将其导入 R 中。

如果直接读取 Excel 文件，则使用 read.xlsx()函数将 xlsx 文件中的工作表导入一个数据框，需要安装并加载 xlsx 包。其最简单的调用格式是 read.xlsx(file, n)，式中，file 为 Excel 工作簿的所在路径；n 为要导入的工作表序号。例如，在 Windows 上，输入以下代码：

```
install.packages("xlsx")
library(xlsx)
workbook<-"D:/R/scores_2021035101.xlsx"
data<-read.xlsx(workbook,1)
```

从位于 D 盘的工作簿 scores_2021035101.xlsx 中导入了第一个工作表，并将其保存为一个数据框 data。xlsx 包中的命令功能除了导入数据表，还能够创建和操作 xlsx 文件。

在 Windows 系统中，也可以使用 RODBC 包来访问 Excel 文件。变量/列的名称应当包含在电子表格的第一行。

首先，下载并安装 RODBC 包：

```
install.packages("RODBC")
```

然后，可以输入以下代码导入数据：

```
library(RODBC)
channel<-odbcConnectExcel("scores_2021035101.xlsx")
data<-sqlFetch(channel,"scores_2021035101")
odbcClose(channel)s
```

这里的 scores_2021035101.xlsx 是一个 Excel 文件，mysheet 是要从这个工作簿中读取工作表的名称，channel 是一个由 odbcConnectExcel()返回的 RODBC 连接对象，data 是返回的数据框。RODBC 也可用于从 Microsoft Access 导入数据。

14.4.4　导入 SPSS 数据

可以通过调用 foreign 包中的 read.spss()函数将 SPSS 数据集导入 R 中，也可以使用 Hmisc 包中的 spss.get()函数。函数 spss.get()是对 read.spss()的一个封装，它可以对后者的许多参数自动设置，使整个转换过程简单一致，从而得到所期望的结果。

foreign 包已被默认安装，首先，需要下载并安装 Hmisc 包：

```
install.packages("Hmisc")
```

然后，输入以下代码导入数据：

```
library(Hmisc)
mydataframe<-spss.get("mydata.sav",use.value.labels=TRUE)
mydataframe
```

这段代码中，mydata.sav 是要导入的 SPSS 数据文件，use.value.labels=TRUE 表示让函数将带有值标签的变量导入为 R 中水平对应因子，mydataframe 是导入后的 R 数据框。

14.4.5 导入 SAS 数据

R 中设计了很多用来导入 SAS 数据集的函数，例如，foreign 包中的 read.ssd() 和 Hmisc 包中的 sas.get()，以及 sas7bdat 包中的 read.sas7bdat()。

但是，如果使用的是较新版本的 SAS(SAS 9.1 或更高版本)，由于 R 尚未跟进 SAS 对文件结构的改动，可能会出现这些函数无法正常工作的情况，可以将 SAS 数据转换为 csv 数据，再用 14.4.2 节的方法将导出的文件读取到 R 中。例如：

```
SAS 程序:
proc export data=mydataframe
        outfile="mydata.csv"
        dbms=csv;
run:
R 程序:
mydata<-read.table("mydata.csv",header=TRUE,sep=".")
```

14.4.6 导入 Stata 数据

要将 Stata 数据导入 R 中非常简单。可以输入如下代码：

```
library(foreign)
mydataframe<-read.dta("mydata.dta")
mydataframe
```

其中，mydata.dta 是 Stata 数据集，mydataframe 是返回的 R 数据框。

14.4.7 导入其他数据

还可以使用 ncdf 包和 ncdf4 包导入 netCDF 数据，使用 hdf5 包导入 HDF5 数据，但由于系统及软件格式的原因，R 对它们的支持有一定的限制。

R 中有 Microsoft SQL Server、Microsoft Access、MySQL、Oracle、PostgreSQL、DB2、Sybase、Teradata 及 SQLite 的多种关系型数据库管理系统(database management system, DBMS)的接口。其中一些包通过原生的数据库驱动来提供访问功能，另一些基于 RODBC 包通过开放数据库连接(open data base connectivity，ODBC)进行数据库访问，或者基于数

据库管理系统通用接口包(database interface，DBI)通过 Java 语言连接数据库(Java database connectivity，JDBC)实现访问。

14.5　R 的基本数据管理

现在需要测算学生的体育测试成绩差异，一个数据集中可能含有几十个变量、成千上万个观测对象。为了简化示例，这里仅选取了 5 行 11 列的数据(表 14-3)。在这个例子中，老师需要根据每位同学的体质水平对体育测试成绩相关的五项指标(短跑到腹部力量)进行评分。

表 14-3　学生的体育测试成绩表

序号	出生日期	籍贯	性别	身高/cm	体重/kg	短跑成绩	长跑成绩	立定跳远成绩	坐位体前屈成绩	腹部力量成绩
1	1994/06/12	SD	M	164	60	60	60	60	60	64
2	1994/12/30	HB	M	163	57	70	68	20	72	0
3	1997/09/09	HB	F	155	49	70	76			64
4	1997/06/20	JL	F	156	40	66	66		62	64
5	1998/04/27	HLJ	F	152	−999	74	80	64	80	66

从表 14-3 可以看出，每一行表示一个观测对象的各类信息，每一列对应 5 位同学的信息。所以，把每一行称为一个观测。每一列表示一个属性，把每一列称为一个变量或者一个字段。

根据前面介绍的 R 数据结构知识，因为表 14-3 中每一列中的各个数据都是同一种类型，但是不同的列数据类型有差别。所以，可以用数据框这种数组结构来组织表 14-3 中的数据。

创建一个包含表 14-3 中数据的数据框(grades 数据框)，代码如下：

```
> number<-c(1,2,3,4,5)
> birthdate<-c("1994/06/12","1994/12/30","1997/09/09","1997/06/20",
"1998/04/27")
> origin<-c("SD","HB","HB","JL","HLJ")
> gender<-c("M","M","F","F","F")
> height<-c(164,163,155,156,152)
> weight<-c(60,57,49,40,-999)
> sprint <-c(60,70,70,66,74)
> long<-c(60,68,76,66,80)
> SLJ<-c(60,20,NA,NA,64)
> SFF<-c(60,72,NA,62,80)
> abdominal<-c(64,0,64,64,66)
```

```
> grades<-data.frame(number,birthdate,origin,gender,height,    weight,
sprint, long, SLJ, SFF, abdominal,stringsAsFactors=FALSE)
> grades
```

```
  number  birthdate  origin  gender  height  weight  sprint  long  SLJ  SFF  abdominal
1      1  1994/06/12    SD      M       164     60      60    60   60   60        64
2      2  1994/12/30    HB      M       163     57      70    68   20   72         0
3      3  1997/09/09    HB      F       155     49      70    76   NA   NA        64
4      4  1997/06/20    JL      F       156     40      66    66   NA   62        64
5      5  1998/04/27    HLJ     F       152   -999      74    80   64   80        66
```

1. 创建新变量

现在可以对数据进行进一步处理来获取我们想要的信息了。例如，想要获得学生的 BMI 数据，知道 BMI 的测算需要身高与体重数据。那么首先应该增加 BMI 这个属性特征，需要用到 14.3.5 节提到的数据框增加列的方法：

```
> grades$BMI=c(0,0,0,0,0)
> grades
```

数据框增加了一列 BMI 的属性，并用 0 进行占位。

2. 向量运算

接下来，就要运用数据框现有的数据将 BMI 计算出来，需要运用向量运算的相关方法，即 BMI 列的数据与 height 与 weight 列的数据有关，并且呈现向量计算关系，$BMI=weight/height^2$。采用如下代码来实现：

```
> grades$BMI=grades$weight/(grades$height*grades$height)
> grades$BMI
```

```
[1]   0.002230815   0.002145357   0.002039542   0.001643655  -0.043239266
```

3. 变量重编码

在数据处理中还会遇到对现有数据进行重新编码的情况，例如，将一个连续型变量(体重)修改为一组类别值(是否超重)；将误编码的值替换为正确值；基于一组分数线创建一个表示及格/不及格的变量。重编码就是关于根据同一个变量和/或其他变量的现有值创建新值的过程。

例如，想把数据框中的短跑成绩修改为不及格、及格、良好、优秀几个类别。首先，发现有一个–999 的体重数据，这明显是不符合实际的，先将其重编码为缺失值：

```
> grades$weight[grades$weight==-999]<-NA
> grades$weight
```

[1]　60　57　49　40　NA

接下来,需要对短跑成绩进行重新分组并赋值,这里需要运用语句 variable[condition] <-expression,将仅在 condition 的值为 TRUE 时执行赋值,使用以下代码创建 sprint 变量:

```
> grades$sprint[grades$sprint>=85&grades$sprint <=100]<-" Excellent "
> grades$sprint[grades$sprint >=70&grades$sprint <85]<-" Good "
> grades$sprint[grades$sprint >=60&grades$sprint <70]<-" Passed "
> grades$sprint[grades$sprint >=0&grades$sprint <60]<-" Failed "
> grades$sprint
```

[1] " Passed " " Good "　　" Good "　　" Passed " " Good "

这里发现符号$一直在出现,是否很烦琐呢? 为了避免“数据框名$”的反复出现,可以采用 attach()函数,它可以帮助用户将数据框或其他对象附加到 R 的搜索路径中。例如,用 attach()函数直接作用于 grades,则帮助对 grades 数据框进行了锁定,当调用其中的属性数据时,则可直接输入对应属性列的名称,如 weight,直接调用相应列的数据。解除对数据框的绑定可以用 detach()函数。当存在多个数据框时,为了避免在不同数据框之间来回切换,也可以使用 with()命令,其一般格式为 with(数据框名$, {对数据框中的数据进行操作(不需要再用“数据框名$”)})。

```
>attach(grades)
>weight
```

[1]　　60　　57　　49　　40　-999

```
>with(grades,weight)
```

[1] 60 57 49 40 NA

4. 缺失值处理

当想要分析各位同学的体测成绩时,发现有很多缺失值,这些缺失值会影响对最后结果的处理。希望找到这些缺失值,并删除这些包含缺失值的样本,从而实现进一步分析。在 R 中,缺失值以符号 NA 表示。

首先需要找到这些缺失值在哪里。函数 is.na()可以检测缺失值是否存在。当该函数作用于一个对象时,返回一个相同大小的对象,如果某个元素是缺失值,相应的位置会被改写为 TRUE,不是缺失值的位置被改写为 FALSE。

例如,检测 grades 数据集中短跑到腹部力量是否存在缺失值。

```
> is.na(grades[,7:11])
```

```
        sprint  long   SLJ    SFF  abdominal
[1,]    FALSE  FALSE  FALSE  FALSE    FALSE
[2,]    FALSE  FALSE  FALSE  FALSE    FALSE
[3,]    FALSE  FALSE  TRUE   TRUE     FALSE
[4,]    FALSE  FALSE  TRUE   FALSE    FALSE
[5,]    FALSE  FALSE  FALSE  FALSE    FALSE
```

这里的 grades[,7:11]将数据框限定到第 7 列至第 11 列，接下来 is.na()识别出了缺失值。我们要在分析中排除缺失值，可以通过函数 na.omit()移除所有含有缺失值的观测，na.omit()可以删除所有含有缺失数据的行。

移除 grades 数据集中含有缺失数据的样本：

```
> newdata<-na.omit(grades)
> newdata
```

```
  number birthdate origin gender height weight  sprint long SLJ SFF abdominal        BMI
1      1 1994/06/12     SD      M    164     60  Passed   60  60  60        64 0.002230815
2      2 1994/12/30     HB      M    163     57    Good   68  20  72         0 0.002145357
```

5. 日期值处理

grades 数据框中学生出生日期是一类特殊的数据，这种类型的数据大多数为时间序列，而时间序列分析在日常研究中也是很常见的。

日期值通常以字符串的形式输入 R 中，然后转化为以数值形式存储的日期变量。我们用函数 as.Date()执行这种转化，其语法为 as.Date(x, "input_format")，其中 x 是字符型数据，input_format 给出了用于读入日期的适当格式，默认格式是：yyyy-mm-dd。

例如，将 grades 数据集中变量名 birthdate 的字符串形式转换为日期格式：

```
> birthdates<-as.Date(grades[,2],"%Y/%m/%d")
> birthdates
```

```
[1] "1994-06-12" "1994-12-30" "1997-09-09" "1997-06-20" "1998-04-27"
```

类似地，R 中提供了一系列用来判断某个对象的数据类型和将其转换为另一种数据类型的函数。例如，向一个数值型向量中添加一个字符串会将此向量中的所有元素转换为字符型，可以使用表 14-4 中列出的函数来判断数据的类型或者将其转换为指定类型。

表 14-4　数据类型判断与转换函数

判断	转换
is.numeric()	as.numeric()
is.character()	as.character()
is.vector()	as.vector()
is.matrix()	as.matrix()
is.data.frame()	as.data.frame()
is.factor()	as.factor()
is.logical()	as.logical()

例如，将 grades 数据框中 height 进行类型转换。

```
> height<-c(164,163,155,156,152)
> is.numeric(height)
```

[1] TRUE

```
> is.vector(height)
```

[1] TRUE

```
> height<-as.character(height)
> height
```

[1] "164" "163" "155" "156" "152"

```
> is.numeric(height)
```

[1] FALSE

```
> is.vector(height)
```

[1] TRUE

```
> is.character(height)
```

[1] TRUE

6. 数据排序

在分析同学们的体测成绩时，往往希望成绩能够按照顺序进行展示，方便后续的观察与统计。在 R 中可以使用 order()函数对一个数据框排序，默认排序是升序，在排序变量前加一个负号就可以得到降序排序结果。

例如，将 grades 数据框中各行依女性到男性、同性别中按身高升序排序：

```
> attach(grades)
>newdata<-grades[order(gender,height),]
> newdata
```

	number	birthdate	origin	gender	height	weight	sprint	long	SLJ	SFF	abdominal	BMI
5	5	1998/04/27	HLJ	F	152	NA	Good	80	64	80	66	-0.043239266
3	3	1997/09/09	HB	F	155	49	Good	76	NA	NA	64	0.002039542
4	4	1997/06/20	JL	F	156	40	Passed	66	NA	62	64	0.001643655
2	2	1994/12/30	HB	M	163	57	Good	68	20	72	0	0.002145357
1	1	1994/06/12	SD	M	164	60	Passed	60	60	60	64	0.002230815

如果要对多个变量进行排序，可以在 order()函数里输入多个变量名。

7. 数据集的合并：行的合并

如果想把两个甚至多个班级的学生体测成绩同时进行比较，该如何操作呢？这时候需要对两个数据集进行行的合并，行的合并指纵向合并两个数据框(数据集)。纵向联结通常用于向数据框中添加观测，可以使用 rbind() 函数。

例如，bas_info_1 和 bas_info_2 分别是两个班同学基本信息的数据集：

```
>total<-rbind(bas_info_1,bas_info_2)
```

需要注意的是，两个数据框必须拥有相同的变量，不过它们的顺序不必一定相同。如果 bas_info_1 中拥有 bas_info_2 中没有的变量，需要在合并它们之前删除 bas_info_1 中的多余变量，或者在 bas_info_2 中创建追加的变量并将其值设为 NA。

8. 数据集的合并：列的合并

如果想要把同一个班级同学的基本信息与体测各项成绩进行合并，又该怎么办呢？这时候则需要进行列的合并，列的合并指横向合并两个数据框(数据集)。横向联结通常用于向数据框中添加变量，可以使用 merge() 函数。

例如，pe_score_2016 和 bas_info 分别表示体测各项成绩的数据集和上述两个班级同学的基本信息数据集，以学号 ID 为公共索引合并：

```
total<-merge(pe_score_2016,bas_info,by="ID")
```

这里需要特别强调的是，如果要直接横向合并两个矩阵或数据框，并且不需要指定一个公共索引，那么可以直接使用 cbind() 函数。这个函数将横向合并对象 A 和对象 B。为了让它正常工作，每个对象必须拥有相同的行数，且要以相同顺序排序。

9. 数据集取子集：选入观测(行)

选取子集可以帮助对同学们的单项成绩进行分析，这时选入或剔除观测(行)来进行数据准备和数据分析，可以通过下述方法进行。

第一步，选入指定的行：dataframeA[行号,]；第二步，选入符合条件的行：dataframeA[条件,]。

例如，要选出 grades 数据框中的某同学，或长跑成绩小于 70 的同学。

```
> grades[4,]
```

	number	birthdate	origin	gender	height	weight	sprint	long	SLJ	SFF	abdominal	BMI
4	4	1997/06/20	JL	F	156	40	Passed	66	NA	62	64	16.43655

```
> grades[which(long < 70),]
```

	number	birthdate	origin	gender	height	weight	sprint	long	SLJ	SFF	abdominal	BMI
1	1	1994/06/12	SD	M	164	60	Passed	60	60	60	64	22.30815
2	2	1994/12/30	HB	M	163	57	Good	68	20	72	0	21.45357
4	4	1997/06/20	JL	F	156	40	Passed	66	NA	62	64	16.43655

10. 数据集取子集：选入变量(列)

在分析同学们的体测成绩时，往往会有几项需要重点分析的成绩，或者原有的数据集包含过多无用的变量，这是常有的事。这时候可以把需要的部分变量提取出来，组成一个新的数据集。数据集中的元素通过 dataframe[row indices, column indices]这样的记号进行访问，可以利用 dataframeA[列号向量]或者 dataframeA[列名向量]选入指定的列。

例如，要从 grades 数据集中选取学号、体重、短跑和长跑成绩组成一个新的数据集。

```
> newgrades<-grades[,c(1,5,7,8)]
> newgrades
```

```
  number height  sprint long
1      1    164  Passed   60
2      2    163    Good   68
3      3    155    Good   76
4      4    156  Passed   66
5      5    152    Good   80
```

11. 数据集取子集：删除变量(列)

在分析同学们的体测成绩时，可能某个单项成绩中有很多缺失值，想在进一步分析之前将其丢弃；又或者数据集中包含小部分无用的变量等原因需要删除变量。

例如，想要删除上一个例子中"long"这一列。

```
> newgradess<-newgrades[,-4]
> newgradess
```

```
  number height  sprint
1      1    164  Passed
2      2    163    Good
3      3    155    Good
4      4    156  Passed
5      5    152    Good
```

这是通过删除指定的第 4 列从而达到删除"long"这一列的目的。

如果想要删除指定名称的变量，则需要执行下列步骤：首先，明确要删除的变量名称；其次，用 names(dataframeA)%in%(要删除的变量名称向量)把这些列挑出来；最后，选取不是上一步挑出来的列。

仍然删除前面例子中"long"这一列：

```
> newgradess<-newgrades[!var]
> newgradess
```

```
  number height   sprint
1      1    164   Passed
2      2    163     Good
3      3    155     Good
4      4    156   Passed
5      5    152     Good
```

这里需要强调的是，删除变量是选入变量的逆操作，要视情况选用合适的操作。

12. 数据集取子集：subset()函数的使用

如果只想要某项体测成绩的区间值，这该怎么做呢？前面的示例就很重要了，因为它们辅助描述了逻辑型向量和比较运算符在 R 中的解释方式。理解这些例子的工作原理有助于解读 R 代码。现在介绍一个更简便的方法——subset()函数，它可以用来选择变量和观测。

例如，选择了所有 height 值大于等于 163 或 height 值小于 150 的行，保留了短跑到腹部力量这些变量：

```
> newheight<-subset(grades,height>=163|height<150,select=c(sprint, long,SLJ,SFF,
abdominal))
```

```
  sprint long SLJ SFF abdominal
1 Passed   60  60  60        64
2   Good   68  20  72         0
```

14.6 本章小结

良好的数据组织与数据管理是进行高效数据分析的前提。本章首先详细介绍了 R 的基本数据类型和基本运算，这是 R 数据组织与数据管理的基础，也是 R 数据分析的基础。在此基础上，重点介绍了 R 数据组织的主要形式，即数据结构，包括向量、矩阵、数组、列表、数据框、因子等。此外，在进行数据分析时，通常是直接从电子文件里导入数据，本章介绍了 R 中多种来源的数据输入方法。最后，本章基于一个案例，带领大家对 R 数据管理的基本知识进行一个大串联。希望大家通过这个案例，不仅可以学会 R 的相关操作，而且可以学会如何分析并找到解决问题的思路。更重要的是，如何把解决问题的思路变成 R 的相关操作，即锻炼自己的编程思维。

第 15 章　高级数据管理

在前面的章节中，我们学习了数据组织与数据管理的基本知识，以及如何将外部数据导入 R。由于数据的来源、量纲、类型等不同，往往需要先对原始数据进行初始化处理，才能执行下一步操作。同时，数据通过关系映射会形成一些新的数据，希望将这些新的数据(属性)加入数据结构中，以便于后面直接调用与计算。

除此之外，还希望利用 R 强大的功能计算平均值、方差、标准差等，那么可以采用哪些现有的工具呢？又或者，当利用现有工具无法解决一些问题时，如何创造一些个性化的工具来解决呢？

可见，仅仅掌握基本的 R 数据管理知识是不够的。本章将先通过一个具体案例，带领大家学习数据初始化处理；然后，讲解 R 现有的工具——内置函数与控制流，帮助大家精准快捷地解决问题。最后，通过介绍 R 自编函数的内容，帮助大家探索和解决个性化问题。

15.1　数据处理案例介绍

相信大家对"身体素质测试"(简称：体测)都非常熟悉，表 15-1 中选取了部分同学的体测信息。首先，需要对身体素质进行评分，评价指标包括 BMI、肺活量及体测总分；然后，按照学生身体素质指标得分排名对学生身体素质评级，将身体素质排名前 20%的学生评定为 A，接下来的 20%评定为 B，依此类推；最后，按班级进行排序，在每个班级按身体素质进行排序。

表 15-1　部分体测数据

学号	姓名	性别	出生日期	BMI	肺活量	体测总分
2014308200507	王沈南	M	1994/06/12	22	2577	304
2014317200216	王佳畅	F	1994/12/30	22	4183	230
2015301200131	王鑫立	M	1997/09/09	20	3127	372
2015301200607	王亦贞	F	1997/10/16	22	4398	270
2015302200314	王梦莹	F	1997/08/30	19	3830	286

在执行以上步骤之前，一系列问题摆在面前：

(1) 如何将不同量纲的数据放在统一标准下呢？例如，肺活量与 BMI 的测量单位不一样，其数据范围存在很大的差异；并且 BMI 指标的数值并不是越大越好，它有一个国际标准，因此采用平均值计算是没有意义的。

(2) 如何对每个学生的身体素质进行评级呢？学生身体素质得分是基于三项指标综

合计算的结果，包括 BMI、肺活量、体测总分，因此需要设计一种方法计算每个学生身体素质的总得分。同时，需要将身体素质按照 A、B、C、D、E 五个等级给出，那如何将得分转化为等级成绩呢？

（3）如何对不同班级的学生进行分类管理呢？对数据处理的过程中往往会打乱数据样本的顺序，又或者数据本身并不包括学生的属性信息，如班级、年级等。如何从现有数据中，如学号，找到学生的班级数据，并按照班级对学生的体测成绩进行分类管理呢？

R 提供了多种多样的工具可以轻松解决上述问题。根据需求，可以使用现成的工具进行处理，如数学函数；当现有工具无法满足需求时，也可以通过编程创造"工具"。由此可见，R 的工具——函数，可以分为内置函数（现成的工具）和自编函数（自己创造的工具）。

15.2　R 内置函数

R 内置函数可分为数值函数和字符处理函数等，数值函数又包括数学函数、统计函数、概率函数、字符处理函数等。

1. 数学函数

数学函数是 R 编程的基础，主要包括基础数学函数、对数函数和三角函数。这些函数最主要的用途是对数据进行变换。例如，当因变量存在某些明显的偏倚或特定函数特征时，可以运用上述函数对其进行处理，再做进一步分析。数学函数也可用于进行绘图和输出结果前对数值进行格式化。另外，数学函数的参数可以是向量、矩阵或是数据框等。表 15-2 列出了一些常用数学函数。

表 15-2　常用数学函数

	函数	描述	举例	操作实例
基础数学函数	abs(x)	绝对值	−3.14 的绝对值	>abs(−3.14) [1] 3.14
	sqrt(x)	平方根	3.14 的平方根	> sqrt(3.14) [1] 1.772005
	ceiling(x)	不小于 x 的最小整数	不小于 3.14 的最小整数	> ceiling(3.14) [1] 4
	floor(x)	不大于 x 的最大整数	不大于 3.14 的最大整数	> floor(3.14) [1] 3
	round(x,digits=n)	将 x 舍入为指定位小数	将 3.14159 舍入为 3 位的小数	> round(3.14159, digits=3) [1] 3.142
	signif(x,digits=n)	将 x 舍入为指定有效数字位数	将 3.14159 舍入为 3 位有效数字位数	> signif(3.14159, digits=3) [1] 3.14
三角函数	cos(x),sin(x),tan(x)	余弦、正弦和正切	求对应数据的三角函数值	> cos(0.3) [1] 0.9553365 > sin(0.3) [1] 0.2955202 > tan(0.3) [1] 0.3093362

续表

函数		描述	举例	操作实例
三角函数	acos(x),asin(x),atan(x)	反余弦、反正弦和反正切	求对应数据的反三角函数值	> acos(0.3) [1] 1.266104 > asin(0.3) [1] 0.3046927 > atan(0.3) [1] 0.2914568
对数函数	log(x,base=n)	对 x 取以 n 为底的对数	求 log3(9)的值	> log(9,base=3) [1] 2
	log(x)	为了方便起见 log(x)为自然对数	求 log(3)的值	> log(3) [1] 1.098612
	log10(x)	log10(x)为常用对数	求 log10(3)的值	> log10(3) [1] 0.4771213
	exp(x)	指数函数	求 exp(3)的值	> exp(3) [1] 20.085537

思考：表 15-2 中的实例仅介绍了如何将函数运用在标量[①]上，大家可以做一些尝试，当这些函数作用于数值向量、矩阵或数据框时，会出现什么结果呢？你会发现它们作用于给定数据结构中的每一个值。例如：

```
> x <- c(1,2,3,4,5,6)
> exp(x)
```

[1]   2.718282   7.389056   20.085537   54.598150 148.413159 403.428793

2. 统计函数

在对数据进行初始操作后，需要采用统计函数对数据的分布特征进行描述，表 15-3 列出了一些常用统计函数。

表 15-3　常用统计函数

函数	描述	举例	操作实例
mean(x)	平均数	求集合元素的平均数	> mean(c(1,2,3,4,5)) [1] 3
median(x)	中位数	求集合元素的中位数	> median(c(1,2,3,4,5)) [1] 3
sd(x)	标准差	求集合元素的标准差	> sd(c(1,2,3,4,5)) [1] 1.581139
var(x)	方差	求集合元素的方差	>var(c(1,2,3,4,5)) [1] 2.5
mad(x)	绝对中位差	求集合元素的绝对中位差	> mad(c(1,2,3,4,5)) [1] 1.4826
quantile(x,probs)	分位数	求集合元素的分位数	> quantile(c(1,2,3,4,5),c(.2,.8)) 20% 80% 1.8 4.2

① 标量是含有一个元素的向量。R 中，单个数据(标量)没有单独的数据类型，它只是向量的一种特殊形式，以单元素向量的形式出现。

续表

函数	描述	举例	操作实例
range(*x*)	值域	求集合元素的值域	> range(c(1,2,3,4,5)) [1] 1 5
diff(*x*,lag=*n*)	滞后差分	求集合元素的 滞后差分	>diff(c(1,2,3,4,5),lag=1) [1] 1 1 1 1
sum(*x*)	和	求集合元素的总和	> sum(c(1,2,3,4,5)) [1] 15
min(*x*)	最小值	求集合元素的最小值	> min(c(1,2,3,4,5)) [1] 1
max(*x*)	最大值	求集合元素的最大值	> max(c(1,2,3,4,5)) [1] 5
scale(*x*,center=TRUE, scale=T)	标准化	为数据对象 *x* 按列进行中心化 或标准化	>scale(c(1,2,3,4,5),center=TRUE,scale=T) [,1] [1,] −1.2649111 [2,] −0.6324555 [3,] 0.0000000 [4,] 0.6324555 [5,] 1.2649111 attr(,"scaled:center") [1] 3 attr(,"scaled:scale") [1] 1.581139

需要注意：平均数、中位数、标准差、方差、分位数、求和等函数都可以运用最基础的加、减、乘、除函数来替代，其本质是基础函数运算的叠加运算。例如，运算数据集A(1,2,3,4,5)的标准差。

使用简化运算：

```
>A<-c(1,2,3,4,5)
> sd(A)
```

[1] 1.581139

也可以使用复杂运算：

```
> A<-c (1,2,3,4,5)
> n <- length(A)
> meanA <- sum(A)/n
> css <- sum((A-meanA)^2)
> sdA<-sqrt(css/(n-1))
> sdA
```

[1] 1.581139

可以发现在简化运算中第二行代码相当于复杂运算中的第二行到第六行代码。

3. 概率函数

概率函数通常用来生成特征已知的模拟数据，或者在用户编写的统计函数中计算概率值，可以凭借这个模拟数据完成可能性预测。例如，想为一个班级的学生生成随机数，以便于后期的抽签，那么就可以使用随机数函数。R 中概率函数的形式为：[dpqr]distribution_abbreviation()。其中，[dpqr]为分布的某一个方面：d 为密度函数；p 为分布函数；q 为分位数函数；r 为生成随机数。常见概率函数表达式如表 15-4 所示。

表 15-4　常见概率函数表达式

分布名称	缩写	分布名称	缩写	分布名称	缩写
Beta 分布	beta	几何分布	geom	正态分布	rnorm
二项分布	binom	超几何分布	hyper	泊松分布	pois
柯西分布	cauchy	对数正态分布	inorm	Wilcoxon 符号秩分布	signrank
指数分布	exp	Logistic 分布	logis	t 分布	t
卡方分布	chisq	多项分布	multinom	均匀分布	runif
Gamma 分布	gamma	负二项分布	nbinom	Weibull 分布	weibull

例如，要生成 20 个均值为 60，标准差为 20 的体重正态分布随机数，可以进行如下操作：

```
> rnorm(20, mean = 60, sd = 20)
```

```
 [1] 28.21216 65.01591 41.91315 68.93411 82.59834 73.78851 97.68501 43.56089 52.16670 39.02082
[11] 34.11813 59.64370 93.42742 52.59297 53.26817 69.50593 44.55524 56.86572 57.44666 36.86744
```

或者生成 20 个均匀分布数据：

```
> runif(20)
```

```
 [1] 0.33102131 0.85067690 0.81072913 0.79996602 0.63765706 0.29853528 0.28376294 0.90600405
 [9] 0.72543813 0.58851036 0.36457561 0.01876832 0.18808174 0.10864201 0.84657530 0.30914146
[17] 0.11617208 0.42033815 0.26606608 0.38468297
```

4. 字符处理函数

字符函数是对文本型数据进行处理的函数，可以采用该类函数处理文本数据，如打印、输出报告、重设文本的格式等。另外，还可以使用字符函数对文本数据进行拆分，或者统计某个词语出现的次数。常见字符函数如表 15-5 所示。

表 15-5　常见字符函数

函数	描述	举例	操作实例
nchar(x)	计算 x 中的字符数量	求集合 c(qwe,wer,eras)的字符数量	> x<-c("qwe","wer","eras") > nchar(x) [1] 3 3 4
substr(x, start, stop)	提取或替换一个字符向量中的子串	提取 "apple" 中的第 3~5 个字符，并将其替换为 "666"	> x<-c("apple") > substr(x,3,5) [1] "ple" > substr(x,3,5)<-"66666" > x [1] "ap666"

函数	描述	举例	操作实例
sub(pattern, replacement, x, ignore.case = FALSE, fixed = FALSE)	在 x 中搜索 pattern，并以文本 replacement 将其替换	在 "apple" 中搜索 "ple" 并用 "ex" 替代	> sub("ple","ex","apple",fixed=TRUE) [1] "apex"
strsplit(x, split, fixed = FALSE)	在 split 处分割字符向量 x 中的元素	将 "apple" 分割成独立的字母	> x<-strsplit("apple","",fixed=FALSE) > x [[1]] [1] "a" "p" "p" "l" "e"
paste(⋯, sep = "")	连接字符串，分隔符为 sep	将 "A" 与 1~5 分别相连	> paste("A",1:5,spe="") [1] "A1" "A2" "A3" "A4" "A5"
toupper(x)	大写转换	将 "apple" 转换为大写	> toupper("apple") [1] "APPLE"
tolower(x)	小写转换	将 "APPLE" 转换为小写	> tolower("APPLE") [1] "apple"

5. R 其他实用函数

除了上述常用的函数外，还有一些其他函数(表 15-6)。这些函数无论是在数值函数还是字符函数都有广泛的应用。

表 15-6　其他函数

函数	描述	举例	操作实例
length(x)	对象 x 的长度	求集合 c("q","w","e","r","a")的长度	> length(c("q","w","e","r","a")) [1] 5
seq(from, to, by)	生成一个序列	在 1~20 的范围中，生成以 1 为第一个元素差值为 3 的等差数列	> x <- seq(1,20,3) > x [1] 1 4 7 10 13 16 19
rep(x, n)	令集合 x 重复出现 n 次	令集合 c(3,4,5,6)重复出现 2 次	> x <- rep(3:6, 2) > x [1] 3 4 5 6 3 4 5 6
t()	矩阵转置	见正文	见正文

转置函数相较于其他函数较为简单，使用 t()函数便可以实现转置。可以将原有数据中的行与列对调，如下例所示：

```
> name<-c("shennan","jiachang","xinli","yizhen","mengying")
> sex<-c("M","F","M","F","F")
>birth<-c("1994/06/12","1994/12/30","1997/09/09","1997/10/16","1997/08/30")
> BMI<-c(22,22,20,22,19)
> capacity<-c(2577,4183,3127,4398,3830)
```

```
> score<-c(304,230,372,270,286)
> data<-data.frame(name,sex,birth,BMI,capacity,score)
> data
```

```
   name    sex       birth BMI capacity score
1  shennan   M  1994/06/12  22     2577   304
2  jiachang  F  1994/12/30  22     4183   230
3  xinli     M  1997/09/09  20     3127   372
4  yizhen    F  1997/10/16  22     4398   270
5  mengying  F  1997/08/30  19     3830   286
```

```
> t(data)
```

```
         [,1]         [,2]         [,3]         [,4]         [,5]
name     "shennan"    "jiachang"   "xinli"      "yizhen"     "mengying"
sex      "M"          "F"          "M"          "F"          "F"
birth    "1994/06/12" "1994/12/30" "1997/09/09" "1997/10/16" "1997/08/30"
BMI      "22"         "22"         "20"         "22"         "19"
capacity "2577"       "4183"       "3127"       "4398"       "3830"
score    "304"        "230"        "372"        "270"        "286"
```

6. 将函数应用于矩阵和数据框

R 的函数可以应用到一系列的数据对象上，包括标量、向量、矩阵、数组和数据框。可以直接应用，例如，可以直接计算学生得分的均值：

```
> mean(data$score)
```

[1] 292.4

除此之外，还有一个更为简单方便的方法——apply()函数，可以帮助将任意函数应用到矩阵、数组、数据框的任何维度上。具体的代码为：apply(x,MARGIN,FUN,…)。式中，MARGIN 为维度的下标(1 表示行, 2 表示列)；FUN 为函数名称。如 apply(myMat, 1, mean) 表示计算 myMat 中每行的均值。

例如：需要对一个矩阵进行逐列求和，那么一行代码即可实现：

```
> x<-matrix(1:12,ncol=3)
> apply(x,1,sum)
```

[1] 15 18 21 24

15.3　R 处理数据的步骤

在学习了 R 的函数之后，相信大家应该有能力独立完成 15.1 节中的数据处理目标了。回顾一下那道难题，需要完成 3 个任务：

(1) 综合 BMI、肺活量和体测总分三项指标测算身体素质分值。

(2) 身体素质排名前 20%的学生评定为 A，接下来的 20%评定为 B，依此类推，将学生分为 5 个等级。

(3) 按班级进行排序，在每个班级内按身体素质进行排序。

利用表 15-7 数据来逐个解决以上问题。

表 15-7　部分测试数据

学号	姓名	性别	出生日期	BMI	肺活量	体测总分
2014308200507	王沈南	M	1994/06/12	22	2577	304
2014317200216	王佳畅	F	1994/12/30	22	4183	230
2015301200131	王金立	M	1997/09/09	20	3127	372
2015301200607	王亦贞	F	1997/10/16	22	4398	270
2015302200314	王梦莹	F	1997/08/30	19	3830	286

1. 计算身体素质分值

身体素质分值的计算需要同时考虑 BMI、肺活量、体测总分三个指标，然而三个指标的单位不同、分值不同，不具有可比性，如何将其整合成一个数值来表达身体素质呢？这里就要用到标准化的方法了。标准化是最为常见的无量纲化处理方式，常见的方法有极差标准化、Z-Score 标准化、线性比例标准化等。以 Z-Score 标准化方法为例。

Z-Score 标准化方法是对数据进行处理得到符合均值为 0，方差为 1 的新分布数据，计算公式为

$$z = \frac{x - \mu}{\delta} \tag{15-1}$$

式中，z 为标准化后数据；x 为原始数据；μ 为均值；δ 为标准差。

运用 Z-Score 标准化方法分别对 BMI、肺活量、体测总分三个数据进行处理：

```
> z<-scale(data[4:6])
> z
```

```
          BMI        fei      score
[1,]  0.7071068 -1.3802626  0.2221423
[2,]  0.7071068  0.7389551 -1.1949726
[3,] -0.7071068 -0.6545031  1.5243561
[4,]  0.7071068  1.0226611 -0.4289645
[5,] -1.4142136  0.2731495 -0.1225613
attr(,"scaled:center")
  BMI    fei  score
 21.0 3623.0  292.4
attr(,"scaled:scale")
      BMI        fei      score
 1.414214 757.826827  52.218771
```

将 BMI、肺活量、体测总分的标准值加和得到身体素质分值，并将身体素质分值向量加入原始数据框中。

```
> a<-z[,1]+z[,2]+z[,3]
> a
```

```
[1] -0.4510134  0.2510893  0.1627462  1.3008033 -1.2636254
```

```
> data$body=a
> data
```

```
   name sex      birth BMI capacity score      body
1 shennan   M  1994/6/12  22     2577   304 -0.4510134
2 jiachang  F 1994/12/30  22     4183   230  0.2510893
3   xinli   M  1997/9/9   20     3127   372  0.1627462
4  yizhen   F 1997/10/16  22     4398   270  1.3008033
5 mengying  F  1997/8/30  19     3830   286 -1.2636254
```

2. 划分身体素质等级

接下来，需要按照要求将学生的身体素质分为五个等级，那么首先要求出五个等级 A、B、C、D、E 的分界值；然后，根据学生的身体素质分值进行等级判断。

第 1 步是将所得到的分数进行五等分化，将要使用到的函数为 quantile(x, probs = seq(0, 1, 0.25), na.rm = FALSE,names = TRUE, type = 7, digits = 7, ...)，它可以进行多种等分的操作，并求出分界值。对分数进行处理的代码如下：

```
> q<-quantile(a,c(.8,.6,.4,.2))
> q
```

```
        80%         60%         40%         20%
 0.46103209  0.19808343 -0.08275766 -0.61353583
```

第 2 步是将五等分后的数据进行评级，并将该数据合并到数据集中。

```
> data$body[data$body>=q[1]]<-"A"
> data$body[data$body<q[1]&data$body>=q[2]]<-"B"
> data$body[data$body<q[2]&data$body>=q[3]]<-"C"
> data$body[data$body<q[3]&data$body>=q[4]]<-"D"
> data$body[data$body<q[4]]<-"F"
> data
```

```
   name sex      birth BMI capacity score body
1 shennan   M  1994/6/12  22     2577   304    C
2 jiachang  F 1994/12/30  22     4183   230    B
3   xinli   M  1997/9/9   20     3127   372    C
4  yizhen   F 1997/10/16  22     4398   270    A
5 mengying  F  1997/8/30  19     3830   286    C
```

3. 按班级、身体素质等级排序

接下来要完成最后一步工作——对这些学生进行分类与排序。分类的标准是班级。如何获得学生的班级信息呢？查阅资料可知，学生学号的第 11 个数字即为同学们的班级，所以需要将学号这个数值向量转换为字符串，之后将字符串进行拆分，便可提取出班级信息。

首先，将学号信息加入原有数据框中：

```
>number<-c(2014308200507,2014317200216,2014301200131,2014301200607,
2015302200314)
> data$number=number
```

将原有数值变换为字符串：

```
> data$number<-as.character(data$number)
> data$number
```

[1] "2014308200507" "2014317200216" "2014301200131" "2014301200607" "2015302200314"

将字符串进行拆解，并提取第 11 位班级字符：

```
> student.number<-strsplit((data$number),"")
> class<-sapply(student.number, "[",11)
> data<-cbind(class,data[,-1])
> data
```

```
  class sex    birth  BMI capacity score body    number
1   5    M  1994/6/12  22    2577   304   C  2014308200507
2   2    F  1994/12/30 22    4183   230   B  2014317200216
3   1    M   1997/9/9  20    3127   372   C  2014301200131
4   6    F  1997/10/16 22    4398   270   A  2014301200607
5   3    F  1997/8/30  19    3830   286   C  2015302200314
```

最后，运用 order()函数按照班级及身体素质成绩进行排序，输出结果。

4. 小结

这个练习中，将任务拆分成了三步：首先，用 scale()函数对数据进行标准化，计算三个指标的均值；其次，借助 quantile()函数将学生们的身体素质成绩从高到低划分为五个等级；最后，根据班级信息及学生的身体素质成绩，借助 order()函数进行排序。当然完成这些任务的方法有很多，我们只是从中选择了一种方式作为示例。

希望大家通过这个练习能获得以下认识：第一，不管是多复杂的数据与任务，首先要做的是厘清思路，把比较复杂的问题切分成一个一个小问题，然后逐个解决问题；第二，不要过分陷入具体的操作或者技术中，技术只是处理数据的工具，学会分析问题才是帮助解决现实问题的关键。

15.4　R 控 制 流

现实中，经常会遇到比较复杂的问题。R 中专门有一个解决重复、复杂问题的利器：控制流。控制流是计算机程序强大功能的基础。一般而言，R 所设定的程序都是按部就班，一步一步进行的，但掌握控制流结构的用法之后，就可以让它重复循环执行指令，大大减少编写代码的工作量，提高编程效率。

在学习控制流之前，需要先了解 R 语言中的四个基本概念：

(1) 语句(statement)，代表一条单独的 R 语句或一组复合语句(包含在花括号{ } 中的一组 R 语句，使用分号分隔)。

(2) 条件(cond)，代表一条最终被解析为真(TRUE)或者假(FALSE)的表达式。

(3) 表达式(expr)，代表一条数值或字符串的求值语句。

(4) 序列(seq)，代表一个数值或字符串序列。

R 语言中的控制流包括重复和循环、条件执行。

1. 重复和循环

有时候，需要重复执行一系列操作，这样的操作就可以用编程语言中的"重复和循环"控制流来实现。在 R 语言中，有"for"和"while"两种循环结构，在特定的指令之下，循环结构将会重复执行指令，直至不满足特定条件为止。重复与循环代码如表 15-8 所示。

表 15-8　重复与循环代码

函数	描述
for (var in seq) statement	for 循环重复地执行一个语句，直到某个变量的值不再包含在序列 seq 中为止
While (cond) statement	while 循环重复地执行一个语句，直到条件不为真为止

下面，用循环代码解决一个简单的数学问题，例如，要计算 1+2+3+…+100，用 for 来实现。首先设定一个 sum 空集合，然后利用 for 函数每次加 1~100 其中的一个数字，直到结束为止，如下所示：

```
> sum = 0
> for (i in 1:100)
+ {
+     sum = sum + i
+ }
> print(sum)
```

[1] 5050

接下来用 while 实现：

```
> sum = 0
> i = 100
> while (i > 0) {
+       sum = sum + i
+       i = i - 1
+ }
> print(sum)
[1] 5050
```

根据上述例子，大家可以发现 for 循环和 while 循环的区别：for 循环适合已知循环次数的操作，while 循环适合未知循环次数(或有停止条件)的操作。

2. 条件执行

有时候，需要根据某个条件是否成立来决定接下来执行哪些操作。这样的操作就可以用编程语言中的"条件执行"控制流来实现。条件结构在 R 的代码编写中也发挥着重要作用。如果想要筛选出有哪些同学获得了"A"，就可以考虑采用条件结构帮助实现操作。条件结构是指一条或者一组语句仅在满足一个条件时执行。条件结构主要包括"if-else, ifelse, switch"三种形式，三种形式均在满足一种指令时去执行指令。

if-else 的结构为 if(condition) {statement1} else {statement2}，当条件符合真值要求时，则按照"statement1"输出结果，否则按照"statement2"输出结果。例如，要执行一个命令，如果 A 大于 20，则执行正确；否则，则执行错误，代码如下所示。首先给定 A 一个数值为 30；然后判断 A 值是否大于 20，如果大于 20 则输出"That is right!"，反之就会输出"Not enough"。

```
> A <- 30
>   if (A > 20) {
+       print('That is right!')
+       } else {
+           print('Not enough')
+               }
```

[1] "That is right!"

ifelse 与 if-else 不同，其函数结构较为简单：ifelse(cond,statement1,statement2)，指当条件符合真值要求时则按照"statement1"输出结果，否则按照"statement2"输出结果。例如，要确定"x"的值是否大于 10，如果数量大于 10 则会输出为"大"，否则输出为"小"。

```
>   x<-15
>   ifelse(x>10,print('大'),print('小'))
```

[1] "大"

R 还有一种特殊的"开关"函数：switch()，它允许测试一个变量，与一个列表中的值相比较，这里就可变相理解为循环。switch 函数表达为：switch(expr,list)。如果整数的值在 1 和 length(list)(最大参数)之间，则对条件的相应元素进行求值并返回结果。如果表达式计算为字符串，则该字符串与元素的名称匹配。如果有多个匹配，则返回第一个匹配元素。若 expr 的值超出范围，则没有返回值。

第一个例子展示了当表达式为数字时，调用列表中第三个字符串"third"；第二个例子表示当 y 为字符串时，则返回第一个匹配元素"qiji"。

```
> x <- switch(3, "first", "second", "third", "fourth")
> x
```

[1] "third"

```
> y<-"LDHA"
> switch(y,LDHA="qiji",LFHA="2346",HDWH="abde")
```

[1] "qiji"

15.5　用户自编函数

在复杂计算过程中，内置函数有时无法满足需求，这时可以根据自己的需求自定义相关函数。例如，已经试过用循环函数计算 1～100 的和，但是如果要计算 1～1000、1～10000、…呢？是不是每次都要重新编写相关代码呢？当然不用，只需要找到这些代码之间的内在规律，然后将这些重复的步骤"打包"之后"装入"到一个盒子内，每次调用它就好。

自编函数可以大大提升工作效率：首先，有了自编函数，原本复杂的可能会出现多重循环、条件结构的代码变得简洁清晰且不容易犯错；同时，可以将工作中常用的代码设计为自编函数，这样可以避免很多重复的工作。下面通过一个简单的例子，介绍如何"创造工具"(函数定义)并且"应用工具"(函数调用)。

例如，需要自定义一个求从 a 一直加到 b 的函数，并调用这个函数计算 1～100，5～50，3～299 的和。

1. 函数的定义

函数具有三要素：自变量，即引起其他量变化的量；因变量，随着自变量变化的量，且与自变量一一对应；函数关系，即 x 与 y 之间的映射关系。在函数定义中需要做的就是将函数关系打包扔进"盒子"中，当需要使用的时候，"召唤"出自编的"盒子"，输入自变量，"盒子"会自动处理数据，以设定的方式输出因变量。而函数定义就是将函数关系封装进"盒子"的过程。

自定义函数的基本格式如下：

```
myfunction <- function(arg1, arg2, …)
{
        statements
        return(objects)

}
```

其中，"myfunction"为函数名称；"arg1, arg2"为参数项，大括号包含的是函数主体。函数主体可以包括"异常处理、内部处理过程、返回值"三部分：异常处理指当输入的数据不能满足函数计算的要求，或者类型不符，应设计异常处理机制提示哪个地方出现错误；内部处理过程指对数据的具体处理步骤，与具体函数的功能相关；返回值用函数 return() 输出，返回对象的类型是任意的。函数在内部处理过程中，一旦遇到 return() 就会终止运行函数，将 return() 内的数据作为函数处理的结果返回。

构建从 a 一直加到 b 的函数。首先，必须保证输入 a 与 b 必须为数值，这里运用条件执行语句"if…else…"结构实现对输入数据类型的判断；函数!is.numeric() 可以轻松实现具体功能；若输入 a 与 b 有任意一个不为数值型数据，则会报错，并输出"输入数据必须为数值型数据"。若通过异常值判断过程，则进入函数内部处理过程，会按照循环控制流 for() 函数，从 a 一直加到 b，形成并赋值给 sum。最后，通过 return() 返回 sum 值。这样，自定义函数 myfuction 就定义好了。如下例所示：

```
myfunction<-function(a,b)
{
    #异常处理
    if(!is.numeric(a)| !is.numeric(b)){
        stop("the input data must be numeric! \n")
        }else
        #内部处理
    {
        sum = 0
        for (i in a:b)
        {
            sum = sum + i
        }
        return(sum)    #返回值
    }
}
```

2. 函数调用

结合上面的例子，函数调用其实就是召唤"盒子"、输入自变量的过程。可以计算从任意 a 一直加到 b 的和，并使用相应函数名实现对函数的调用，例如，myfunction(1,100)，就实现了从 1 加到 100。也可以将函数以脚本的形式保存下来，便于下次调用。首先定义目前的工作空间，并使用 source 函数读取目标"myfuc.R"文件实现对脚本文件中函数的调用，注意这里若不加 encoding="utf-8"可能弹出警告信息。调用函数对不同数据类型的输入进行处理，输出结果与预期一致。如下例所示：

```
> setwd("E:/")
> source("myfuc.R",encoding="utf-8")
> myfunction("1","abc")
Error in myfunction("1", "abc") : the input data must be numeric!
> myfunction(1,"abc")
Error in myfunction(1, "abc") : the input data must be numeric!
> myfunction(1,100)
```

[1] 5050

15.6 本 章 小 结

本章从一个数据处理的具体案例出发，阐述了 R 的数值函数和字符处理函数两大类内置函数，介绍了 R 处理数据的基本工具。随后从问题出发，逐层剥开不同函数的使用情境，并解决了案例中的难题。在原来问题的基础上，为了解决新的问题，学习了控制流，介绍了循环及条件结构，并讲解了通过自编函数进一步完善与简化编程操作。

在实践过程中，大家一定记住——"在很多情况下，提出问题比找到答案更难"。R 为大家提供了丰富多彩寻找答案的"途径"(函数)，还为大家开放了众多"窗口"(自编函数)。但是，大家一定不要舍本逐末，迷失在"编代码"的过程中，忘记了统计学的初衷——解决问题。大家在学习过程中要始终保持问题意识，基于需求选择适当的函数或模型，切勿贪多；要渗透逻辑意识，变成擅长解决问题的人。

第16章 R 语言数据可视化

数据是对世界的一种抽象表达，我们通过调查、测量、计算机模拟等方式获取数据。在大数据时代，很容易在互联网上获取海量的数据，如人口数量、经济产值、学校附近餐馆数量等。这些数据记录了人们生活的方方面面，包含了丰富的信息，可以帮助人们了解这个世界并做出正确的判断或决策。然而，在很多时候这些信息不够直观，人们往往很难直接从庞大的数据中提取有用的信息。例如，你可以很轻易地比较两个同学的身高，但是却很难直接从大量的身高记录中看出一所城市中学和一所农村中学的学生身高是否存在差异。因此，必须找到一种有效的方法，从大量的数据中提取出简单、有效并且容易理解的信息。

人类是视觉动物，根据丹麦物理学家 Norretranders(1999)的研究，"视觉"对外界信息的处理速度是最快的。这就解释了为什么人们对数据信息的表达更青睐。

R 有着强大的图形系统。这一章将以 R 自带的一个数据集 mtcars 为例，介绍几个常用的数据可视化方法。R 自带的 mtcars 数据集提取自 1974 年美国 Motor Trend 杂志进行的一项旨在比较汽车燃油经济性的调查。这个数据集包含 32 辆汽车，记录了包括重量(wt)、燃油经济性(mpg)、发动机功率(hp)、变速箱类型(am)等 11 个指标，可以使用 R 的帮助命令获得更详细的信息：

```
> ? mtcars
```

也可以使用 head()函数，预览这个数据集的前 6 条记录：

```
> head(mtcars)
```

```
                   mpg cyl disp  hp drat    wt  qsec vs am gear carb
Mazda RX4         21.0   6  160 110 3.90 2.620 16.46  0  1    4    4
Mazda RX4 Wag     21.0   6  160 110 3.90 2.875 17.02  0  1    4    4
Datsun 710        22.8   4  108  93 3.85 2.320 18.61  1  1    4    1
Hornet 4 Drive    21.4   6  258 110 3.08 3.215 19.44  1  0    3    1
Hornet Sportabout 18.7   8  360 175 3.15 3.440 17.02  0  0    3    2
Valiant           18.1   6  225 105 2.76 3.460 20.22  1  0    3    1
```

mtcars 数据集第一条记录是一辆马自达 RX4 型轿车，它的燃油经济性(mpg)为 21.0 英里(1 英里=1.609334 千米)每加仑燃油，装备了一台 6 缸发动机(cyl)，排气量(disp)为 160 立方英寸(1 英寸=2.54 厘米)，功率(hp)为 110 马力(1 马力=745.7 瓦)，后轴比(drat)为 3.90，重量(wt)为 2.620 吨，1/4 英里直线加速时间(qsec)为 16.46 秒，发动机汽缸形式(vs)为直列，装备手动变速箱(am)，有 4 个前进挡(gear)，发动机有 4 个化油器(carb)。

mtcars 数据集集成在 R 软件中，不需要任何特殊命令就能直接使用，但为了防止误操作而损坏这个案例数据，可以将 mtcars 数据集复制一份，并重新命名为 mtcars_m(当然也可以按自己的喜好命名)，这样当对 mtcars_m 数据集进行操作时就不会改变原有的 mtcars 数据。

```
> mtcars_m<-mtcars
```

16.1　常见单变量统计图绘制

16.1.1　直方图

直方图(histogram)是由一系列相连矩形所组成的图形。直方图里每一个矩形的宽表示某一组数据的范围，而矩形的高代表该组数据出现的次数(频率)。直方图最先由卡尔·皮尔逊引入，通常被用来描述定比变量数据的频率分布(定类或定序变量数据的频率分布通常直接使用柱状图 bar chart)。为了构建直方图，第一步是将值的范围进行分段，即将整个值的范围分成一系列间隔，然后计算每个间隔中有多少值。

在 R 语言里可以使用 hist() 函数绘制直方图，例如：

```
> hist(mtcars_m$hp)
```

这行代码的作用是让计算机根据 mtcars_m 数据集中 hp 这个变量来绘制直方图 [图 16-1(a)]。横轴代表的是参与调查的汽车的发动机功率(hp)，而灰色矩形的高度代表某一个功率区间内汽车的数量。

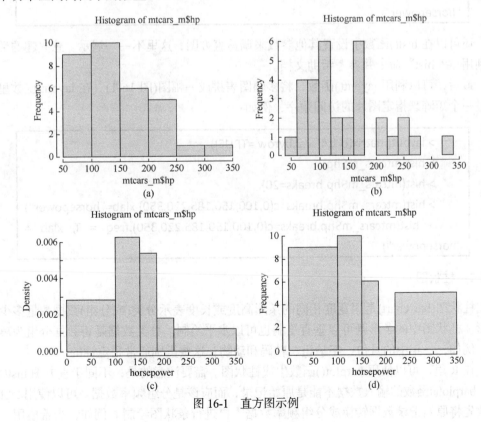

图 16-1　直方图示例

除此之外，hist()函数还可以指定绘图参数。例如，通过指定"breaks＝n"，我们可以在直方图中得到大约 *n* 个矩形条[图 16-1(b)]。之所以是"大约 *n* 个",是因为算法会尽力创建"合适"的分割点。例如：

```
> hist(mtcars_m$hp,breaks=20)
```

还可以将 breaks 参数指定为一个具体的向量定制分组。例如，当这个向量不是等差数列时，绘制一幅不等宽的直方图，大家可以尝试输入如下代码：

```
> hist(mtcars_m$hp, breaks = c(0,100,150,185,220,350), xlab = "horsepower")
```

便可得到[图 16-1(c)]。这段代码中添加了一个参数 xlab，这个参数可以用来指定直方图中横轴的标签。

请注意，通过上述代码，获得了一个"正确"的直方图。每个矩形的面积(而不是高度)正比于落于该区间的观测的个数，而该直方图的纵轴表示的是密度(每个 *x* 单位中数据的比例)而不是频率。

当然，如果希望得到一个纵轴表示频率，且宽度不统一的直方图[图 16-1(d)]，千万慎重，这种直方图容易令人误解，那么可以在上面的那行代码中加入 freq = T 来指定，例如：

```
> hist(mtcars_m$hp,breaks=c(0,100,150,185,220,350),freq = T, xlab = "horsepower")
```

还可以在 hist()函数中设置其他参数来调整直方图，这里不一一展示，感兴趣的话可以利用"？hist"命令并参考帮助文档。

最后，可以利用 layout()函数，将多幅图表拼成一幅图(图 16-1)。在 layout 函数里，通过一个矩阵来指定图片的访问顺序，例如：

```
> layout(matrix(c(1:4),2,2,byrow =TRUE))
> hist(mtcars_m$hp)
> hist(mtcars_m$hp,breaks=20)
> hist(mtcars_m$hp,breaks=c(0,100,150,185,220,350),xlab="horsepower")
> hist(mtcars_m$hp,breaks=c(0,100,150,185,220,350),freq = T, xlab = "horsepower")
```

16.1.2 柱状图

柱状图(bar chart)是用宽度相同的条形高度或长度表示分类(或分组)数据数量多少的图形。柱状图中的条形既可以垂直绘制也可以水平绘制。分类数据是将数据分组为离散组，例如，一年中的月份、年龄组、鞋码和动物，这些类别通常是定性的。

在 R 里，可以使用 barplot()函数生成柱状图。需要注意的是，不同于直方图 hist()命令，barplot()函数的输入数据不能是原始记录，而应该是分组频率数据。可以使用 table()函数先将原始记录数据转换成分组频率数据，再进行条状图绘制。例如，当希望用一幅图表达 mtcars 数据库中搭载不同气缸数发动机汽车的数量分布，可以先利用 table(mtcars_m$cyl)命令算出搭载每种发动机的汽车数量，再利用 barplot 函数绘制柱状图。可以把这两个函数进行嵌套，输入如下代码：

> barplot(table(mtcars_m$cyl))

可以得到如图 16-2 的柱状图，接着也可以利用 barplot()的相关参数美化柱状图，例如，通过指定 xlab="number of cylinder"参数来添加轴标签等。

> barplot(table(mtcars_m$cyl),xlab="number of cylinders")

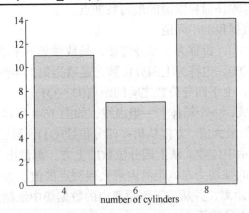

图 16-2　不同气缸数发动机的汽车频率分布柱状图

也可以尝试一下使用 hist(mtcars_m$cyl)，或直接使用 barplot(mtcars_m$cyl)命令，查看绘制出的图和图 16-2 的区别，思考一下为什么。

16.1.3　饼图

饼图(pie chart)是用来展示分组变量频率占比关系的统计图形，在 R 中可以利用 pie()函数绘制。和柱状图一样，pie()函数也只能接收分组频率数据作为输入参数。例如，如果想知道 mtcars 数据集中搭载不同气缸发动机的汽车的比例关系，可以使用如下命令得到图 16-3：

> pie(table(mtcars_m$cyl))

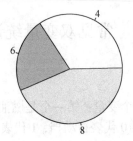

图 16-3　不同气缸数发动机的汽车比例饼图

16.1.4　箱线图

箱线图(boxplot)也是一种能够直观反映数据分布特征的统计图形，于 1977 年由美国统计学家约翰·图基发明。它能显示出一组数据的最大值、最小值、中位数及上下四分位数。在 R 中，可以使用 boxplot()函数来绘制：

> boxplot(mtcars_m$hp)

这里需要介绍几个概念：

(1) 最小值(Q0)，排除任何异常值的最低数据点。

(2) 最大值(Q4)，排除任何异常值的最高数据点。

(3) 中位数(Q2)，数据集的中间值。

(4) 第一四分位数(Q1)，也称为下四分位数，是数据集下半部分的中位数。

(5) 第三四分位数(Q3)，也称为上四分位数，是数据集上半部分的中位数。

(6) 四分位距(IQR)，上下四分位数之间的距离(Q3–Q1)。

箱线图由两部分构成，一个箱体和一组虚线，如图 16-4 所示。最低点是数据集的最小值，最高点是数据集的最大值。方框从第一四分位数(Q1)到第三四分位数(Q3)绘制，中间画了一条水平线来表示中位数。从上四分位数的上方，测量出 1.5 倍 IQR 的距离，并绘制一条虚线，该虚线的顶端为在该距离内最大观测点的值。类似地，在下四分位数以下测量出 1.5 倍 IQR 的距离，并从位于该距离内的数据集中绘制到下观察点的虚线。所有其他观测点都被绘制为异常值。

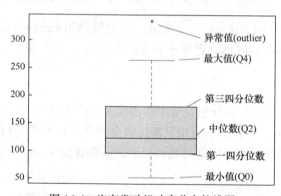

图 16-4　汽车发动机功率分布箱线图

16.2　常见双变量统计图

16.2.1　并列箱线图

在 mtcars 数据中，有这样两个变量：第一个是燃油经济性 mpg，该值越大代表汽车越省油；第二个是变速箱类型 am(0 代表自动挡，1 代表手动挡)。如果想知道搭载这两种变速箱汽车的燃油效率分布特征，则可以利用并列箱线图(parallel boxplot)来表达。和箱线图一样，依然使用 boxplot()函数绘制并列箱线图。利用"～"符号将两个变量连接起来作为 boxplot()函数的输入参数即可。也可以尝试使用逗号"，"分隔两个变量看会生成一幅什么样的图，思考一下为什么。

> boxplot(mtcars_m$mpg~mtcars_m$am,xlab = "transmission",ylab="mpg")

从图 16-5 中可以很容易发现，手动挡的汽车(am=1)相较于自动挡汽车(am=0)有更好的燃油经济性(mpg 值更高)。并列箱线图可以很好地表达一个定量变量和一个定类变量的关系。下面尝试探索发动机气缸数和汽车燃油经济性是否有关，可以输入如下代码：

> boxplot(mtcars_m$mpg~mtcars_m$cyl,xlab = "number of cylinder", ylab="mpg")

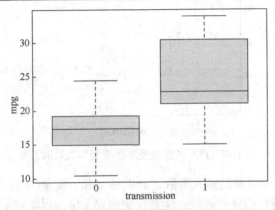

图 16-5　装备手动变速箱和自动变速箱汽车的燃油经济性分布

从图 16-6 可见，燃油经济性似乎和气缸数非常相关，气缸数越多的汽车燃油经济性越差，那么能不能就此得出"气缸数更少的车更环保"的结论呢？如果你关注了这几年汽车行业的新闻，便会发现在现行碳排放政策的压力下，越来越多搭载三缸发动机的汽

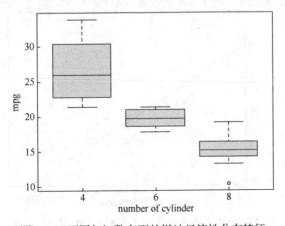

图 16-6　不同气缸数车型的燃油经济性分布特征

车走向市场，这似乎印证了这个结论。然而事实真的是这样吗？16.3.3 节会再详细讨论这个问题。

16.2.2 散点图

并列箱线图可以很好地表达定量变量和定性变量之间的关系，那么如何表达两个定量变量之间的关系呢？答案是散点图(scatter plot)。图 16-7 清晰地展示了汽车重量与燃油经济性之间的负相关关系，基本上越重的车燃油经济性越低。可以输入如下代码：

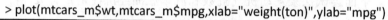

```
> plot(mtcars_m$wt,mtcars_m$mpg,xlab="weight(ton)",ylab="mpg")
```

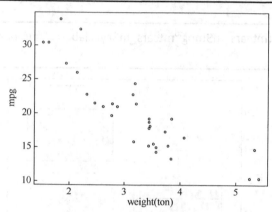

图 16-7　汽车"燃油经济性-重量"关系散点图

plot()函数需要两个必要的输入参数，分别是 *x* 和 *y* 变量(在这个例子中分别是 wt 和 mpg)，用逗号","将它们分开就行。注意，先指定 *x* 轴，再指定 *y* 轴变量。

大家也可以尝试使用 abline()函数为图 16-7 的散点图添加线性回归拟合线(图 16-8)。abline()函数可以根据直线的斜率与截距绘制直线。因此，在这段代码中，首先使用 lm()函数(具体功能请参考第 8 章相关内容)获得 mpg 与 wt 这两个变量的拟合直线的斜率与截距，然后传递给 abline()函数。abline()函数不会像前面见过的绘图函数那样刷新整个绘图

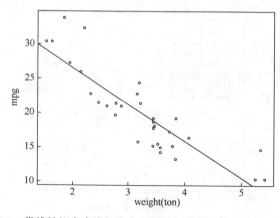

图 16-8　带线性拟合直线的汽车"燃油经济性-重量"关系散点图

区，因此非常适合给散点图添加拟合直线。可以输入如下代码：

```
> abline(lm(mtcars_m$mpg~mtcars_m$wt),col="red")
```

16.2.3　堆叠柱状图

当需要表达两个定性变量的关系时，可以使用堆叠柱状图(stack bars)。依然采用 barplot() 函数，只不过将输入参数从一个简单的单变量频率分布表改成双变量交叉表(cross tabulate)。例如，想知道汽车的变速箱种类和发动机气缸数之间是否存在某种关系，可以输入如下代码：

```
> barplot(table(mtcars_m$am,mtcars_m$cyl),legend = T,xlab = "number of
cylinder",ylab="Frequency")
```

在上述代码中，使用 table() 函数对 cyl 和 am 两个变量指标进行交叉，获得了两个变量的联合频率分布，再将这个结果传入 barplot() 函数，就可以获得堆叠柱状图(图 16-9)。试试 table(mtcars_m$cyl~mtcars_m$am)这行代码，看看会得到什么样的结果？

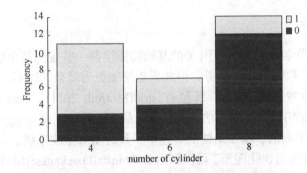

图 16-9　装备不同发动机与变速箱的车型频数分布

图 16-9 表明搭载较多气缸发动机的汽车更倾向于使用自动变速箱。这种趋势主要是由于 8 气缸发动机往往搭载在更豪华的汽车上，这些汽车价格较高，购买这些汽车的消费者更容易承受自动变速箱造成的溢价；而 4 气缸发动机往往搭载在比较便宜的家用车上，而这些车辆的消费对于自动变速箱造成的溢价会更加敏感，因此他们往往选择手动变速箱。当然，这套数据获取自 20 世纪 70 年代，当时自动变速箱的价格还很昂贵，这和今天的情况有很大不同。

16.2.4　分组柱状图

除了堆叠柱状图外，分组柱状图(group bars)也是一个反映两个定性变量之间关系的好方法，只需要在 barplot() 函数中指定 beside=T 就可以了，输入如下代码，得到装备不同变速箱与发动机的车型频率分布比较图(图 16-10)。

```
> barplot(table(mtcars_m$cyl,mtcars_m$am),legend = T, xlab = "Type of
Transmission",ylab="Frequency",beside=T)
```

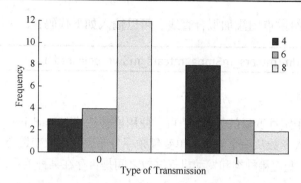

图 16-10　装备不同变速箱与发动机的车型频率分布比较

图 16-10 非常直观地展示了装备自动变速箱的汽车搭载 8 气缸发动机的更多，而在装备手动变速箱的汽车中 4 气缸的汽车更多。

16.3　使用 ggplot2 进行高级绘图

16.3.1　ggplot2 简介

16.1 节和 16.2 节学习了如何使用 R 的基础功能绘制一些较为简单的统计图形。这些图形能够应付大多数数据可视化任务，但如果想绘制更为复杂的图形，则需要使用 R 的一些扩展包。较为常用的制图扩展包有 grid(Murrell, 2011)、lattice(Sarker, 2008)和 ggplot2(Wickham, 2009)等，其中，功能最强大、最为流行的无疑是 ggplot2。

ggplot2 是一个全面的、基于语法的、连贯一致的图形生成系统，它允许用户创建新颖的、有创新性的数据可视化图形。可以利用 R 的 install.packages()函数从 CRAN 下载并安装 ggplot2 扩展包。当安装完成后，只需要调用 library()函数就可以调用 ggplot2 扩展包。ggplot2 扩展包体积较大，可能需要花上几分钟下载。代码如下：

```
> install.packages("ggplot2")
> library(ggplot2)
```

在 ggplot2 中，统计图是由若干个以串联符号(+)相连接的函数来生成的，每个函数负责实现自己承担的功能。通过下面这个例子来介绍 ggplot2 的语法。

首先，回顾 16.2.2 节提到的散点图，如果希望使用 ggplot2 来展示汽车重量(wt)与燃油经济性(mpg)之间的关系，可以使用如下代码，则可以得到图 16-11：

```
> ggplot(data=mtcars_m,aes(x=wt,y=mpg))+
geom_point()
```

ggplot()函数初始化图形(相当于展开一幅画布)，并且指定需要用到的数据来源(data=mtcars_m)。ggplot()函数虽然设置了图像的数据来源，但却并没有指定具体的图形

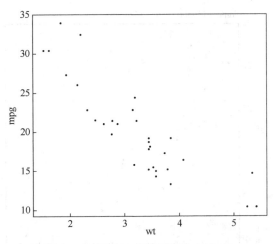

图 16-11　汽车"燃油经济性-重量"关系散点图

类别，可以通过调用几何函数实现(这些函数以 geom_开头)，包括点[geom_point()]、线[geom_line()]、条[geom_col()、geom_bar()]、箱线图[geom_boxplot()]、阴影区[geom_shadow()]等，逐层添加几何对象。图层与图层之间用"+"连接，彼此之间没有嵌套关系，因此，可以在"画布"上很轻松地添加多层几何图形。

　　aes()函数的功能是指定每个变量扮演的角色(aes 是 aesthetics 的缩写，即如何用视觉形式呈现信息)。在这个例子里，变量 wt 的值被映射到 x 轴，而变量 mpg 的值被映射到 y 轴(x=wt, y=mpg)。既可以在 ggplot()函数中指定作图变量(将 aes()嵌套进 ggplot()函数)，也可以等到具体要绘制几何图形时再来指定变量(将 aes()函数嵌套进 geom_系列函数)。例如，可以将上面那段代码写成以下形式：

```
> ggplot(data=mtcars_m)+
    geom_point(aes(x=wt,y=mpg))
```

　　如果决定不在 ggplot()函数中指定具体变量，那么每一个 geom_函数里都需要指定变量，这样做的好处是，在有些时候会更加灵活，例如，当需要在不同的图层表现不同变量的时候。缺点是当不同图层表达的是同一组变量时，需要在每一个 geom_函数里重复调用 aes()函数声明变量，使得代码变得烦琐。

　　在上面这个例子中，使用了 geom_point()函数在图形中绘制散点。代码写到这里，已经可以生成散点图了。当需要添加注记时，只需要在刚才那串代码后面添加 labs()函数即可，依然用"+"连接。例如，输入下面代码可以生成图 16-12。

```
> ggplot(data=mtcars_m)+
    geom_point(aes(x=wt,y=mpg))+
    labs(title="mpg vs. weight", x="weight(ton)",y="mpg")
```

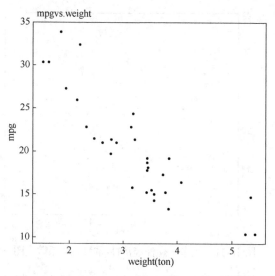

图 16-12　汽车"燃油经济性-重量"关系散点图

16.3.2　为散点图添加回归拟合线

还可以增加一段 geom_smooth()函数，这样就可以在散点图上增加一条拟合曲线，并绘制出该拟合曲线的 95%置信区间。尝试输入下面这段代码：

```
> ggplot(data=mtcars_m,aes(x=wt,y=mpg))+
    geom_point()+
    labs(title="mpg vs. weight", x="weight(ton)",y="mpg")+
    geom_smooth(method ="lm",color="red",linetype=2)
```

geom_smooth()函数的作用是添加一条"平滑"的曲线(图 16-13)。具体而言，在这里

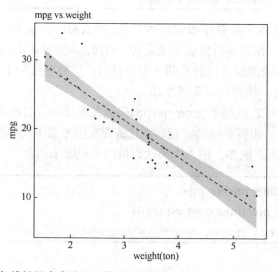

图 16-13　添加线性拟合直线与置信区间的汽车"燃油经济性-重量"关系散点图

添加了一条线性拟合直线(method="lm")，颜色设为红色(color="red"),线型设为虚线(linetype=2)。这些参数都可以设置，例如，尝试用 method="loess"替代 method="lm"，看看图 16-13 有什么变化。

在上面那段代码中，没有往 geom_point()函数里添加任何代码，这说明使用了geom_point()函数的默认设置。当然，也可以对它进行修改，例如，geom_point(pch=17,size=2, color="blue")。这句代码会将点设置为蓝色三角形。

图 16-13 展示了汽车的重量和燃油经济性之间的负相关关系。当然，你也许会好奇，有没有可能这种相关关系还会受到其他因素的影响？例如，自动挡的汽车相较于手动挡汽车，其燃油经济性受重量影响可能更小。带着这个疑问，尝试将 mtcars_m 这套数据根据变速箱类型(am)分成两组，并分别设置不同的颜色。

```
> mtcars_m$am = factor(mtcars_m$am)
> ggplot(data=mtcars_m,aes(x=wt,y=mpg))+
    geom_point(aes(group =am,color=am))+
    geom_smooth(method="lm",aes(group =am,color=am))+
    labs(title = "mpg vs. weight",x ="weight(ton)",y="mpg")
```

在上述代码中，通过 aes(group =am,color=am)告诉绘制散点的函数(geom_point)和绘制曲线的函数(geom_smooth)——希望根据变速箱种类将数据集分成不同的组(group=am)，同时在图中根据变速箱种类设置为不同颜色(color = am)。请注意 am 这个变量在数据集里默认是数值型变量，但实际上它只有 0 和 1 两个值(0 代表自动变速箱，1 代表手动变速箱)。因此，需要先使用 factor()函数将它因子化。

16.3.3　分面图

在上面的例子中，将自动挡汽车和手动挡汽车的"燃油经济性-重量"关系画在同一幅图上，也可以使用 facet_wrap()函数将这两个图分开，形成"分面图"(facet)：

```
> ggplot(data=mtcars_m,aes(x=wt,y=mpg))+
    geom_point()+
    geom_smooth(method="lm")+
    labs(title = "mpg vs. weight",x ="weight(ton)",y="mpg")+
    facet_wrap(~am)
```

虽然这些点和拟合线被画在了两个分图面上(图 16-14)，但请注意，这些图的纵横轴完全相同，因此可以很方便地进行比较。当分类足够多时，这个功能非常有用。例如，可以根据发动机气缸的数量(cyl)来进行分面。

```
> ggplot(data=mtcars_m,aes(x=wt,y=mpg))+
    geom_point()+
    geom_smooth(method="lm")+
```

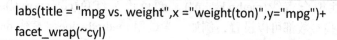

```
labs(title = "mpg vs. weight",x ="weight(ton)",y="mpg")+
facet_wrap(~cyl)
```

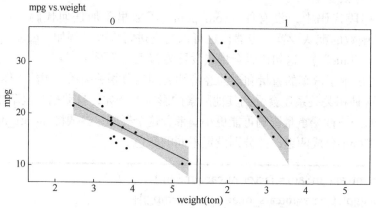

图 16-14 不同变速箱类型汽车的"燃油经济性-重量"关系

图 16-15 并列的三个分面图分别展示了装备 4 气缸、6 气缸和 8 气缸发动机的汽车燃油效率和重量之间的关系，能够发现两个特征：第一、三类汽车的"燃油经济性-重量"关系非常相似，所以，气缸数不太影响"燃油经济性-重量"关系。第二，汽车重量和气缸数有非常强的相关性。

还记得之前讲的并列箱线图的例子吗？是不是气缸数越多的汽车燃油经济性越差呢？从这幅图显示出的模式来看，有理由相信，发动机气缸数和燃油经济性之间没有太直接的关系，之所以会观察到气缸数越多的汽车燃油经济性越差是因为更重的汽车才需要搭载这些多气缸发动机，是汽车的重量导致了汽车的燃油经济性下降。因此，节能减排的关键在于降低汽车的重量，而不是追求更少的气缸数。

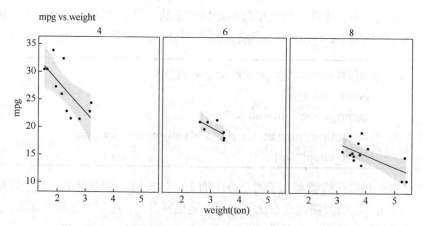

图 16-15 不同发动机类型汽车的"燃油经济性-重量"关系

当分类变量不只一个时，还可以用 facet_grid() 来制作更为复杂的分面图型，例如，下面这段代码：

```
> ggplot(data=mtcars_m,aes(x=wt,y=mpg))+
    geom_point()+
    geom_smooth(method="lm")+
    labs(title = "mpg vs. weight",x ="weight(ton)",y="mpg")+
    facet_grid(am~cyl)
```

在这段代码中，通过指定 facet_grid(am~cyl)来展示发动机气缸数(cyl)和变速箱种类(am)的交互作用对汽车“燃油经济性-重量”关系的影响，得到图 16-16。

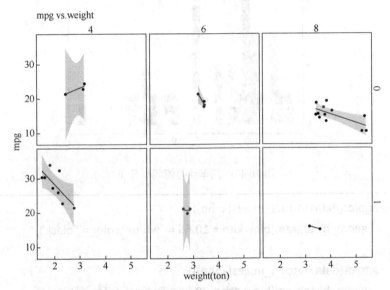

图 16-16　不同发动机及变速箱类型汽车的“燃油经济性-重量”关系

同样是表现燃油经济性与重量的关系，图 16-16 这幅分面图使用了更精细的分类。每个分面图之间既可以横向比较(横向的三幅图有相同的变速箱种类和不同的发动机气缸数)，也可以纵向比较(纵向的两幅图有着相同的发动机气缸数和不同的变速箱种类)。当然，在这个例子中，由于样本量较小，很难从中得出有意义的结论。不过会发现当考虑的交互变量越多，对于数据量的要求也越高，并且可视化后的图像也更难以解释。所以，并不鼓励在一幅图中表现过于复杂的相互关系，一幅简单明了的图像要好过一个复杂的图像。

16.3.4　利用 ggplot2 描述数据分布

以上内容介绍了如何使用 R 的基础绘图系统对数据分布进行可视化。ggplot2 也有这些功能，并且更加灵活。例如，可以使用 geom_histogram()函数绘制直方图。

```
> ggplot(data=mtcars_m, aes(x=hp))+
    geom_histogram()
```

图 16-17 和用 hist()函数绘制出来的直方图有些不同，主要原因是组距(binwidth)选择

不同。可以通过在 geom_histogram()指定组距(binwidth=)进行设置；当然，也可以通过"bins="来指定分组数量。另外，geom_histogram()默认的填充色是黑色且没有边框线，有时为了方便阅读，可以通过指定填充(fill=)和边框颜色(color=)来进行调整。尝试运行下面这组代码，看看组距是如何影响直方图形状的(图 16-18)。

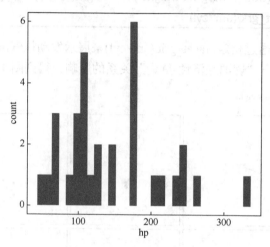

图 16-17　汽车动力值频率分布

```
> ggplot(data=mtcars_m,aes(x=hp))+
    geom_histogram(binwidth = 10,fill = "white",color = "black")

> ggplot(data=mtcars_m,aes(x=hp))+
    geom_histogram(binwidth = 30,fill = "white",color = "black")
> ggplot(data=mtcars_m,aes(x=hp))+
    geom_histogram(binwidth = 50,fill = "white",color = "black")

> ggplot(data=mtcars_m,aes(x=hp))+
    geom_histogram(binwidth = 80,fill = "white",color = "black")
```

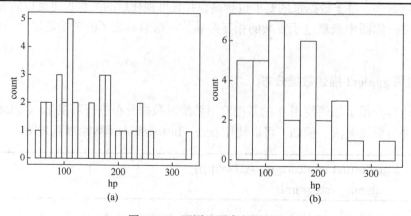

图 16-18　不同组距直方图对比

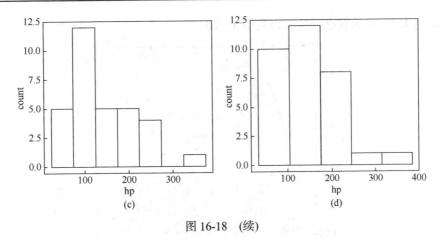

图 16-18　（续）

也可以根据某个定类变量，将数据分成不同的组，并分组绘制直方图。例如，想比较装备不同变速箱类型(am)的汽车燃油经济性分布。

```
> ggplot(data=mtcars_m)+
geom_histogram(aes(x=mpg, fill = am), binwidth = 5, alpha =.3, position =
"identity")
```

在上述代码里，根据 am 这个变量来对数据进行分组，并对直方图填充颜色；因此，在 aes()函数中指明 fill=am。alpha 这个参数用来设置透明色，为了不让直方图出现遮挡，将透明度设为 0.3(alpha=.3)。position="identity"让不同组的直方图都从 0 开始，从而防止直方图堆叠。

也可以利用 facet_grid 或 facet_wrap 来绘制分面图(图 16-19)。

```
> ggplot(data=mtcars_m)+
    geom_histogram(aes(x=mpg), bins=10, fill="white", color = "black")+
    facet_grid(am~.)
```

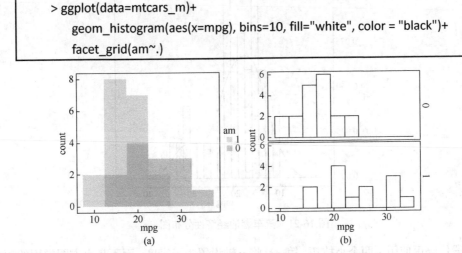

图 16-19　不同变速箱类型的汽车燃油经济性分布对比

除了直方图以外，密度图也是一个很好的描述频率分布的图形。在 ggplot2 中，可以使用 geom_density()函数进行绘制得到图 16-20。

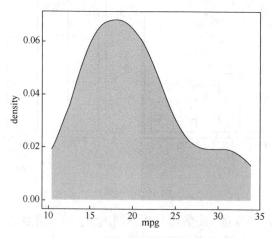

图 16-20 汽车燃油经济性–密度分布图

```
> ggplot(mtcars_m)+
    geom_density(aes(x=mpg), fill = "blue",alpha = 0.3)
```

也许更多的时候会看到它和直方图叠加在一起，那么可以尝试输入以下代码，获得图 16-21。

```
> ggplot(mtcars_m,aes(x=mpg,y=..density..))+
    geom_histogram(fill = "cornsilk",color ="black")+
    geom_density()
```

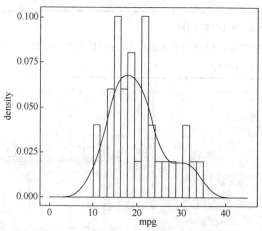

图 16-21 汽车燃油经济性分布图

这段代码里使用了两个小技巧：第一，将 y 轴设置为了密度，而不是直方图常用的频率。由于密度曲线的 y 轴坐标较小，如果将其直接叠加到 y 轴为频率的坐标平面上，频率曲线会非常"扁平"，难以看清；第二，利用 xlim()函数设置了 x 轴的取值范围。如果使用默认值，系统会根据数据集所包含的数据来设定 x 轴取值范围，有可能导致密度曲线两端被裁切。

下面，大家可以试试自己写一段代码，将上面这个直方图与密度曲线的叠置图形根据变速箱类型(am)分成两组，绘制图 16-22 和图 16-23。

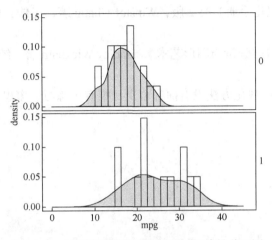

图 16-22　不同变速箱类型汽车燃油经济性分面图

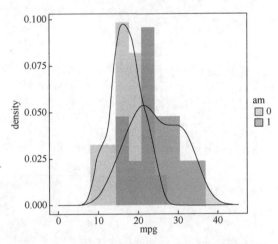

图 16-23　不同变速箱类型汽车燃油经济性叠加图

16.4　本章小结

本章介绍了基本的数据可视化方法，介绍了 R 语言支持的两套图形系统——R 基础绘图功能和 ggplot2 系统。虽然凭借着更完善的功能、更灵活的语法结构、更强大的绘图能力，ggplot2 可以绘制出更复杂、更美观、信息更丰富的数据可视化成果，但希望大家记住，真正让这些工具发挥作用的是掌握工具的人(也就是读到此处的你)。选择合适的可视化方法去表达数据分布特征、探索数据交互模式，这既是一门科学也是一门艺术。本书并不想给你一个标准的"流程"，指导你应该如何去绘制图表；相反，希望给你更多的选择，告诉你可以怎样去绘制图表。你需要根据数据的特征，选择合适的可视化策略，尽可能向读者传达数据所包含的真实信息，以免避免误导读者。

R 语言与 ggplot2 的图形功能远不止这一章介绍的内容。如果想进一步了解基于 R 的数据可视化方法，尤其是 ggplot2 的使用方法，推荐以下图书：

(1)《R 数据可视化手册》第 2 版，Winston Chang 著，王佳，林枫，王祎帆，等译，人民邮电出版社。

(2)《ggplot2：数据分析与图形艺术》，Hadley Wickham 著，统计之都译，西安交通大学出版社。

掌握并驾驭数据可视化方法没有捷径可走，唯有多练习、多思考。

主要参考文献

林李月, 朱宇, 柯文前, 等. 2020. 流动人口流出地住房投资特征及影响因素——基于福建省的调查. 地理科学, 40(3): 401-408.

明娟, 曾湘泉. 2014. 农村劳动力外出与家乡住房投资行为——基于广东省的调查. 中国人口科学, (4): 110-120, 128.

牛建林. 2021. 中国人口教育发展的特征、结构性矛盾与下一步思路——基于第七次全国人口普查公报和相关人口教育统计的发现. 教育研究, 42(11): 36-47.

卡巴科弗. 2016. R 语言实战. 2 版. 王小宁, 等译. 北京: 人民邮电出版社.

潘竟虎, 赖建波. 2019. 中国城市间人口流动空间格局的网络分析——以国庆-中秋长假和腾讯迁徙数据为例. 地理研究, 38(7): 1678-1693.

王存同. 2010. 进阶回归分析. 北京: 高等教育出版社.

王珊, 萨师煊. 2014. 数据库系统概论. 5 版. 北京: 高等教育出版社.

温忠麟, 刘红云, 侯杰泰. 2013. 调节效应和中介效应分析. 北京: 教育科学出版社.

赵梓渝, 魏冶, 庞瑞秋, 等. 2017. 基于人口省际流动的中国城市网络转变中心性与控制力研究——兼论递归理论用于城市网络研究的条件性. 地理学报, 72(6):1032-1048.

Ajzen I, Madden T J. 1986. Prediction of goal-directed behavior: Attitudes, intentions, and perceived behavioral control. Journal of Experimental Social Psychology, 22(5): 453-474.

Durbin J, Watson G S. 1950. Testing for serial correlation in least squares regression (I). Biometrika, 37 (3-4): 409-428.

Durbin J, Watson G S. 1951. Testing for serial correlation in least squares regression (II). Biometrika, 38 (1-2): 159-179.

Gao J, Cai Y, Liu Y, et al. 2022. Understanding the underutilization of rural housing land in China: A multi-level modeling approach. Journal of Rural Studies, 89: 73-81.

Hünermund P, Louw B. 2025. On the nuisance of control variables in causal regression analysis. Organizational Research Methods, 28(1): 138-151.

Liu R. 2022. Incomplete Urbanization and the trans-local rural-urban gradient in China: From a perspective of new economics of labor migration. Land, 11: 282-285.

Murrell P. 2011. R Graphics. 2nd ed. Boca Raton: CRC Press.

Norretranders T. 1999. The User Illusion: Cutting Consciousness Down to Size. New York: Penguin Books.

Oswald A J, Proto E, Sgroi D. 2015. Happiness and productivity. Journal of Labor Economics, 33 (4): 789-822.

Sarkar D. 2008. Lattice: Multivariate Data Visualization with R. New York: Springer.

Sasson I .2017. Trends in education-specific life expectancy, data quality, and shifting education distributions: A note on recent research. Demography. 54(3): 1-5.

Shi Z, Ma L, Zhang W, et al. 2022. Differentiation and correlation of spatial pattern and multifunction in rural settlements considering topographic gradients: Evidence from Loess Hilly Region. Journal of Environmental Management, 315: 115127.

Song W, Li H. 2020. Spatial pattern evolution of rural settlements from 1961 to 2030 in Tongzhou District, China. Land Use Policy, 99: 105044.

Wickham H. 2009. ggplot2: Elegant Graphics for Data Analysis. New York: Springer.

Xiao L, Fertner C, Feng C. 2021. Out-migration, rural livelihood and housing in Southwest China. Geografisk

Tidsskrift-Danish Journal of Geography, 121: 128-141.

Zivin J G, Hsiang S M, Neidell M. 2018. Temperature and human capital in the short and long run. Journal of the Association of Environmental and Resource Economists, 5(1): 77-105.

Zivin J G, Song Y, Tang Q, et al. 2020. Temperature and high-stakes cognitive performance: Evidence from the national college entrance examination in China. Journal of Environmental Economics and Management, 104: 102365.